气象观测台站
QIXIANG GUANCE TAIZHAN

户外考察气象环境
HUWAI KAOCHA QIXIANG HUANJING

学生气象实习
XUESHENG QIXIANG SHIXI

户外简易气象观测仪
HUWAI JIANYI QIXIANG GUANCEYI

户外运动专业教学训练系列教程

户外运动气象学
HUWAI YUNDONG QIXIANGXUE

主　　编：冯　明　刘可群　董　范
副 主 编：杨爱萍　邓爱娟　刘凯文
　　　　　高　安　周泽民　周　羽
参编人员：杨　涛　李友信　高婉琳
　　　　　郭庆庆　曹海英　张　俊
　　　　　朱海平

中国地质大学出版社
ZHONGGUO DIZHI DAXUE CHUBANSHE

图书在版编目（CIP）数据

户外运动气象学/冯明,刘可群,董范主编. —武汉：中国地质大学出版社,2015.9
ISBN 978-7-5625-3725-0

Ⅰ. ①户…
Ⅱ. ①冯…②刘…③董…
Ⅲ. ①体育锻炼-气象学
Ⅳ. ①G80-05

中国版本图书馆 CIP 数据核字(2015)第 236886 号

户外运动气象学	冯明　刘可群　董范　主编
责任编辑：段连秀	策划编辑：毕克成　段连秀　责任校对：张咏梅

出版发行：中国地质大学出版社（武汉市洪山区鲁磨路388号）	邮政编码：430074
电　　话：(027)67883511　　传　真：67883580	E-mail:cbb @ cug.edu.cn
经　　销：全国新华书店	http://www.cugp.cug.edu.cn
开本：787mm×960mm 1/16	字数：300千字　印张：15　图版：4
版次：2015年11月第1版	印次：2015年11月第1次印刷
印刷：武汉教文印刷厂	印数：1—1 500 册
ISBN 978-7-5625-3725-0	定价：39.80元

如有印装质量问题请与印刷厂联系调换

户外运动专业教学训练系列教程

编 委 会

主 任 委 员： 王焰新　李致新

副主任委员： 赖旭龙　王勇峰　吕万刚
　　　　　　　张志坚　殷坤龙　刘　锐

委　　　员： 次　落　毕克成　冯　岩　牛小洪
　　　　　　　刘华荣　黄　静　李　伦　代新华
　　　　　　　宋　凯　董卫东　李兆欣　刘良辉
　　　　　　　王　兴　庞　兰　吕占锋　董　利
　　　　　　　李　元　黄江华　陈　刚　刘亚非
　　　　　　　杨　华　邓焰峰

策 划 编 辑： 毕克成　段连秀

总序 1

  户外运动教学是以户外运动项目群所共有的基本知识、技术、技能为主要教学内容，以培养学生参与户外运动及相关竞赛所具有的身体素质、心理品质和适应能力为主要教学目的，帮助学生形成完满人格、全面提高综合素质的系列体育课程，对促进学生成长成才具有独特的、不可替代的重要作用。

  户外运动课程系列教材付梓出版，我由衷地感到高兴。这是近半个世纪来，我校体育教师科研团队在董范教授的带领下，在特色体育教育教学领域中取得的最新科学研究成果。这一系列教材的出版，将有助于更多有志于从事户外运动的人士分享我校特色体育教学和科研成果，促进户外运动教学培训进一步规范高效发展。

  自建校以来，我校就以特色体育为方向，充分发挥学科专业优势，不断拓展体育教育的内容和途径。2012年5月19日8时16分，我校大学生登山队成功从北坡登上海拔8844.43m的珠穆朗玛峰顶峰，成为登上世界最高峰的首支中国大学生登山队，其中我校2011级户外运动专业硕士研究生陈晨成为全国第一位登顶珠峰的在校女大学生。当晚，校友、时任国务院总理温家宝向学校表示热烈祝贺，并指出："这给我们一个重要的启示，那就是只要不畏艰苦和挫折，就一定能够达到光辉的顶点，这应该是我们的传统。"2013年5月4日，在"实现中国梦、青春勇担当"主题团日座谈会上，陈晨同学作为全国大学生代表，畅谈了她去年登顶珠峰的体会，受到习近平总书记的勉励和肯定。2012年9月，我校承办了中国登山协会主办的"中日韩三国大学生登山交流活动",在亚洲户外运动界产生了巨大的反响,进一步促进了我校户外运动的国际影响力。

从20世纪80年代开始,我校就把登山训练引入到课堂教学,把登山的基本技术——攀岩,确定为学校体育必修课教学项目;90年代中期,又在国内首创了集体育学、地理学、管理学、气象学、医学等学科为一体的野外生存体验课,引入了智力与体力相结合的体育项目——定向越野。随后,又率先在国内开设了"户外运动"普修课。2005年开始招收全国第一届社会体育专业(户外运动方向)本科生,由此而成为了全国高校户外运动课程和登山户外运动专门人才的"发源地"。经过我校体育教师多年的教学实践、研究与积累,户外运动的教学内容、方法、手段以及组织形式不断完善,逐渐形成了一整套较科学系统的"课内课外相结合"的教学模式和较全面、丰富、前沿的教学内容体系,得到了社会各界的广泛认同。2012年我校体育课部董范教授主持申报,杨汉、刘华荣、牛小洪、冯岩等骨干教师参与的"坚持特色教育,培养拔尖人才——创建登山户外运动教育教学体系的理论与实践"项目荣获湖北省教学成果一等奖。60多年来,我校先后有1万多名学生接受了各类登山户外运动训练,向国家登山、攀岩队输送了多名高水平专业运动员,王富洲、李致新、王勇峰、次落就是其中的杰出代表。

户外运动的发展急需完善的人才培养体系提供理论支撑。面对社会的迫切需求,我校体育教师结合多年来开展户外运动教学的经验和科研积累,编写了一套面向户外运动相关专业的应用型教材。本系列教材内容丰富而系统,涉及户外运动教学的各个方面,具有如下鲜明的教学与实践特征:

(1)体系完整。本系列教材系统总结了我校长期开展户外运动教学与实践积累的经验,吸收了近些年开展户外运动教学、实践与科研取得的最新成果,深入剖析了各户外运动项目之间的知识结构,并进行了有机组合,整个结构体系十分完整。

（2）内容丰富。本系列教材涵盖户外运动下辖的登山、攀岩、野外生存、定向越野、拓展训练等项目课程,内容涉及户外运动教学、训练、活动与赛事组织、营销等各个方面,教材中的很多内容都是我校优秀体育教师对多年教学、训练、实践成果的经验积累,具有较强的借鉴价值。

（3）注重实践。本系列教材在阐述基本理论的基础上,特别注重学生实践技术与技能的培养和锻炼,力求做到不断强化学生的思维能力、动手能力以及创造性解决问题的能力,促进学生理论知识水平和实践操作能力的全面提高,教学实践操作性强。

对从事户外运动教学、实践、训练与科研的高校教师、研究生、本科生而言,本系列教材均有重要的学习指导价值。希望本系列教材的编写能够成为我国更多高水平、高质量的户外运动教材或专业书籍出版的起点,能吸引更多专业人士参与户外运动的科学研究,为促进我国户外运动事业科学、健康、快速发展做出更大的贡献！

中国地质大学校长

2013 年 6 月

总序 2

  欣闻中国地质大学编写出版户外运动系列配套教材，谨致热烈祝贺。

  户外运动是一项新兴的体育运动，是人们休闲娱乐的重要方式。随着我国经济社会的发展，特别是人民生活水平的提高，人们对高质量、有品位、有个性的生活和休闲娱乐方式越来越看重，并一直在努力追寻。户外运动作为一种愉悦身心、锻炼自我、亲近自然的生活方式受到广大群众的青睐。此项运动在全国发展十分迅猛，据了解，目前我国户外运动活动组织形式多达几十种，各类户外运动俱乐部有 700 余家，每年参与户外运动人数超过 5 000 万人，已逐渐形成了装备制造与销售、竞赛表演、培训服务等市场，有效刺激了户外运动装备、户外运动服务、户外运动赛事，甚至是旅游等相关产业的发展，成为全民健身运动的重要组成部分和经济社会协调发展的重要促进力量，很好地推动了资源节约型和环境友好型社会的建设，传达了积极健康的生活方式和文明行为观念，为增进人与自然的协调发展和社会的和谐开拓了有效的空间。

  促进户外运动健康有序地发展，是全社会非常关注的事情。中国地质大学作为以地球科学为主要特色的重点大学，为我国的登山和户外运动发展做出了卓越的贡献，积累了丰富的成功经验。学校深知该项运动发展离不开高素质专业人才的培育，非常注重规范科学的教材建设，努力改变当前教材和教育教学与蓬勃开展的户外运动及其教育不相适应的状况。多年来，学校一直在酝酿编写户外运动规范教材，总结户外运动实践经验，不断提高户外运动教育教学的针对性和有效性。经过多方面的努力,数易其稿,终于成就了本套系列教材。作者在教材的编写过程中,努力做到体育理论和运动实践的统一,人体运动科学和社会哲学的统一,理念战略和技术方法的统一,全方位、多层次、有重点地展示了户外运动的全貌,有利于广大读者和户外运动爱好者全面系统地掌握户外运动的基本内涵、重大意义、发展趋势、技术要领等知识和技能,从而推动户外运动健康有序地发展。可以说本教材既是开展户外运动教育的好教材,也是广大运动爱好者的理想读物,既有较强的针对性和时效性,又有较强的趣味性和严密的科学性。

与天浮游、幕天席地是古人笃定的最为旷达的生活方式。"天地与我并生,万物与我为一"。处在现代化和都市化进程的人们,在繁缛的生活中向往着奔赴自然。户外运动成为了人们锻炼身体、适意生活、亲近自然、回归自我、愉悦身心的重要方式。而教材的编写和出版发行,必将更大地推动该项运动的科学开展及其理念的普及,推进其大众化、规范化、科学化、系统化。

最后,衷心希望本教材对户外运动及其教学发挥重要的作用,也希望本教材不断完备,臻于至善,为我国户外运动的科学发展做出积极的贡献。

国家体育总局登山运动管理中心主任
中国登山协会常务副主席
2009 年 9 月

前言

户外运动越来越受到人们的喜爱,是人们健身、休闲、娱乐的最好方式之一。

早期的户外运动其实是一种生存手段,采药、狩猎、战争等活动,无一不是人类为了生存或发展而被迫进行的活动。"二战"期间,英国特种部队开始利用自然屏障和绳网进行障碍训练,其目的是为了提高野外作战能力和团队合作能力,这是人类第一次系统地把户外活动有目的地运用到实际中。"二战"后,随着战争的远离和经济的发展,户外活动开始走出军事和求生范畴,成为人类娱乐、休闲和提高生活质量的一种新的生活方式。

从广义上讲,人们在自然条件下的一切活动都称作户外运动。本书所述户外运动,是一个在自然场地或环境中举行的体育项目。它包括的内容很多,有登山、攀岩、悬崖速降和户外举行的体育运动项目。另外,在野外露营、野炊、定向运动、溪水漂流、野外探险等项目也属于户外运动的内容。一般可分为户外体育运动和户外休闲运动。有的项目带有探险性,属于极限和亚极限运动,具有很大的挑战性和刺激性。以上所述的户外运动或多或少会受到气象条件的影响。

体育比赛有"天时、地利、人和"之说,"天时"就是指比赛期间的气象环境,户外运动一定会受气象条件的影响。在户外进行的体育赛事,其受气象条件的影响大致可分为三类。第一类是限制性的,即决定该体育赛事能否进行;第二类是影响比赛成绩,即在不同的风速、温度、湿度、降水和光照条件下,会使比赛成绩有所不同;第三类是影响参赛人员体能的发挥,适宜的气象条件有利于运动员的"超水平"发挥,反之则会受影响。另外,气象条件还会影响观众的情绪和参与程度。在户外进行的休闲运动,气象条件的影响主要有:是否适宜外出;外出时必备的相关用品;按即将发生的天气状况计划行程等。

到户外去运动,除需要了解相关的体育知识和医学知识外,还必须了解在户外运动有关的气象知识,了解与气象有关的自然规律,遵循这些规律来安排户外运动,才能达到我们进行户外运动的目的。对喜欢户外运动的人们,应当对气候特点有所了解;知晓一年四季天气气候变化情况;要多关注不利天气出现的季节,以及它的影响程度;还应了解灾害天气出现后引起的次生灾害。

本书首次将气象学引入户外运动,简要介绍了一般的气象知识,例举了一些与气象有关的户外运动内容。本书力求兼顾专业教学培训与普及户外运动知识,可作为户外运动及相关体育专业的教材,也可作为社会体育指导人员的进修培训教材。

首次将气象学引入户外运动,前无经验可寻,难免有诸多缺点和不足;后望有兴趣者充实加固,使之更趋完善。

拥抱自然,挑战自我,户外运动,气象引路。

编　者
2015 年 8 月 18 日于武汉

目　　录

第一章　气象学概述 (1)
第一节　大气的组成与结构 (1)
第二节　太阳辐射和地球辐射 (9)
第三节　大气温度 (22)
第四节　大气中的水分 (35)
第五节　大气的运动 (51)

第二章　天气学概述 (71)
第一节　天气学 (71)
第二节　灾害性天气 (85)

第三章　气候形成与气候分类 (99)
第一节　气候形成的辐射因子 (101)
第二节　气候形成的环流因子 (115)
第三节　海陆分布对气候的影响 (125)
第四节　冰雪覆盖与气候 (134)
第五节　气候带和气候类型 (140)
第六节　城市气候 (148)
第七节　山地气候 (156)

第四章　气候变化概述 (163)
第一节　气候变化的史实 (163)
第二节　气候变化的因素 (175)
第三节　人类活动对气候的影响 (182)

第五章　户外运动与气象 (190)
第一节　体育与气象 (190)
第二节　气象要素对户外体育锻炼选时的影响 (193)

第三节	田径比赛与气象	(194)
第四节	登山运动与气象	(197)
第五节	野外活动和露营与气象	(208)
第六节	球类运动与气象	(210)
第七节	特种体育运动与气象	(213)

参考文献 ……………………………………………………… (216)

附录一 闪电原理与相关知识 ……………………………… (217)

附录二 山洪与相关知识 …………………………………… (220)

附录三 泥石流与相关知识 ………………………………… (221)

附录四 国家标准《人居环境气候舒适度评价》(GB/T 27963－2011) …… (225)

附录五 国家标准《户外体育运动气象指数(OSMI)》 ………………… (226)

第一章

气象学概述

第一节 大气的组成与结构

地球表层是由大气圈、水圈、土壤圈、生物圈及岩石圈组成。大气是指包围在地球表面的空气层,整个空气层称为大气圈。

地球大气是随着地球的形成而逐步演变的,经过几十亿年的不断更新,才形成今天的状态。一般认为,地球大气经过了原生大气、次生大气和现代大气三个阶段。

原生大气:在地球凝聚诞生的早期,氢、氦、氖等气态物质组成了早期的原生大气层。原生大气寿命很短,在地球形成后不久就消失了。这是因为其被强烈的太阳辐射向外不断散射的粒子流形成的太阳风吹得无影无踪了。另一个原因是地球刚形成时,质量还不大,引力较小,加上内部放射性物质衰变和物质熔化引起能量转换和增温,使分子热运动加剧,氢、氦等相对分子质量较低的气体便逃逸到宇宙空间去了。一般认为早期地球上曾有一阶段不存在大气圈。

次生大气:地球刚形成时,温度比较低,并无分层结构。后来由于地球的重力收缩和放射性物质衰变致热等,才使地球内部温度升高,出现熔融现象,在重力作用下,物质开始分离,地球内部较轻的物质逐渐上升,外部一些较重的物质逐渐下沉,形成一个密度较大的地核。后来地球温度不断下降,地球冷凝成固体。这时地球内部的高温促使火山频频爆发,产生出二氧化碳、甲烷、氮、水汽、硫化氢和氨等相对分子质量较高的气体,在地球引力作用下逐渐积蓄在地球周围,形成了围绕地球的次生大气。地球的水圈,也正是在这个阶段由水汽凝结降落而形成的。大约在地球形成10亿~15亿年后,岩石圈、大气圈和水圈才演化成形。

现代大气:在地热和太阳能的作用下,简单的无机物和甲烷等化合生成氨基酸、核苷酸等有机物并逐步演化为蛋白质。大约在35亿年前,海洋中形成了简单的原始生物(细菌),属于厌氧型的生物,并逐渐演化产生叶绿素,进行光合作用,这就是水体中出现的最早的自养生物——藻类。随着紫外线的光解和光合反应,大量的氧生成了,使地球上开始了生命活动的历程。此时,海洋有效地阻挡了致命的紫外线辐射,使原始生命在海洋中繁衍起来。最后高空氧逐渐增多,在光解作用下产生了臭氧层,它使透过大气的紫外线大大减少,促使植物进入海洋上层,又增加了光合反应的机会,更促进植物生命的进化发展。随着这种相互间的协调和增益过程,直到4亿年前,生命终于跨过了漫长的岁月,从海洋登上了陆地,大气也演变成今天的样子。由此可见,生命正是在大气的参与和保护下,通过以光合作用为主的复杂过程而形成的。

一、大气的组成

大气是一种混合气体,是由多种气体混合组成的气体及悬浮其中的液态和固态杂质所组成。表1-1列举了其气体成分,其中氮(N_2)、氧(O_2)和氩(Ar)三者共占大气总体积的99.97%,其他气体含量甚微。除水汽外,这些气体在自然界的温度和压力下常呈气体状态,而且在标准状况下(气压1013.25hPa,温度0℃),密度约为1293g/m^3。

表1-1 大气的气体组成成分

气体成分	分子式	所占体积(或含量)
氮	N_2	78.09%
氧	O_2	20.95%
氩	Ar	0.93%
二氧化碳	CO_2	0.34ml/l
氖	Ne	1.8×10^{-3}ml/l
氪	Kr	1.0×10^{-3}ml/l
氙	Xe	8.0×10^{-5}ml/l
甲烷	CH_4	2.0×10^{-3}ml/l
氢	H_2	5.0×10^{-4}ml/l
一氧化二氮	N_2O	3.0×10^{-4}ml/l
一氧化碳	CO	$5.0\times10^{-5}\sim2.0\times10^{-4}$ml/l
臭氧	O_3	$2.0\times10^{-5}\sim1.0\times10^{-2}$ml/l
氨	NH_3	4.0×10^{-6}ml/l
二氧化氮	NO_2	1.0×10^{-6}ml/l
二氧化硫	SO_2	1.0×10^{-6}ml/l
硫化氢	H_2S	5.0×10^{-6}ml/l
水汽	H_2O	$1\times10^{-2}\sim1.0\times10^{-3}$ml/l

由于大气中存在着空气的垂直运动、水平运动、湍流运动和分子扩散,使不同高度、不同地区的空气得以进行交换和混合,因而从地面开始,向上直至90km处,空气主要成分(除水汽臭氧和若干污染气体外)的比例基本上是不变的。在90km以上,大气的主要成分仍然是氮和氧,但平均约从80km开始由于紫外线的照射,氧和氮已有不同程度的离解。在100km以上,氧分子已几乎全部离解为氧原子,到250km以上,氮也基本上都解离为氮原子。

1. 氧气

氧气是生物呼吸必需的气体。地球的动物和植物都要进行呼吸,都要在氧化作用中得到热能以维持生命。氧还决定着有机物质的燃烧、腐败及分解过程。植物的光合作用又向大气放出氧并吸收二氧化碳。大气中氧的含量很高,也很稳定,可以满足动物和植物需要。土壤中,植物根部的呼吸,细菌和真菌的活动都要消耗氧气,可是氧的补充过程十分缓慢,氧的含量常常不足。土壤水分过多和土壤板结情况下,植物有时会出现缺氧中毒现象。

2. 氮气

氮气是大气中含量最多的常定气体成分。自然条件下,大气中的氮通过植物的根瘤菌作用,被固定在土壤中,成为植物体内不可缺少的养料。闪电时,大气中的氮和氧结合成氮化物,随降水进入土壤,被植物吸收利用。大气中的氮能够冲淡氧,使氧不致太浓,氧化作用不过于激烈。

3. 二氧化碳

二氧化碳是空气中常见的化合物,常温下是一种无色无味气体,密度比空气略大,能溶于水。它主要来源于燃料的燃烧,有机物的腐烂分解,以及生物的呼吸等。二氧化碳吸收和放射长波辐射的能力强,影响空气温度,也是植物光合作用制造有机物质不可缺少的原料。

大气中,二氧化碳含量不多,平均只有0.03%,且集中在20km以下的低层大气中。二氧化碳含量随地区有差异,人烟稠密的工业区高,可达0.05%或以上,在农村中则含量相对较低。二氧化碳在大气的含量也随时间而变化,一般白天少于夜间,夏季少于冬季。

自工业革命以来,由于大量燃烧煤、石油和天然气等化学燃料,大气中二氧化碳浓度不断增加。夏威夷岛冒纳罗亚观察台和两极监测站的记录显示,1958年二氧化碳浓度为315ppm(ppm表示该物质的体积分数为10^{-6}),1984年为345ppm,年增长超过1ppm。多数科学家预测,到21世纪中叶,二氧化碳浓度仍将继续增加。二氧化碳被认为是造成温室效应的主要气体。关于全球二氧化碳含量增加能否导致空气温度升高以及对气候的影响等问题仍在研究中。

4. 水汽

大气中的水汽来自江、河、湖、海及潮湿物体表面的水分蒸发和植物的蒸腾,并借助空气的垂直交换向上输送。空气中的水汽含量有明显的时空变化,一般情况是夏季多于冬季。低纬度暖水洋面和森林地区的低空水汽含量最大,按体积来说可占大气的 4%,而在高纬度寒冷干燥的陆面上,其含量则极少,可低于 0.01%。从垂直方向而言,空气中的水汽含量随高度的增加而减少。观测证明,在 1.5~2km 高度上,空气中水汽含量已减少为地面的一半;在 5km 高度,减少为地面的 1/10;再向上含量就更少了。

大气中水汽含量虽不多,但它是天气变化中的一个重要角色。在大气温度变化的范围内,它可以凝结或凝华为水滴或冰晶,成云致雨,落雪降雹,成为淡水的主要来源。水的相变和水分循环不仅把大气圈、海洋、陆地和生物圈紧密地联系在一起,而且对大气运动的能量转换和变化,以及对地面和大气温度都有重要的影响。

水汽含量随地区的差异显著,一般低纬度地区比高纬度地区多;海洋上空比陆地上空多。随着空气的水平运动,海洋上空的水汽被带到大陆,所以离海愈远,水汽含量愈少。水汽含量随时间变化,在我国是夏季多于冬季。

5. 臭氧

臭氧在常温、常压下无色,有特臭的气味,具有强氧化作用。大气中臭氧含量虽少,但很重要。臭氧集中在 10~60km 高度之间,在 20~25km 之间浓度最大。臭氧吸收了对生物有害的紫外辐射(波长为 $0.2~0.3\mu m$,以及 $0.302~0.36\mu m$),起到保护作用。在臭氧集中的高度上大气增暖,大约在 50km 附近出现一个暖区,影响大气温度的垂直分布,从而对地球大气环流和气候的形成起着重要的作用。

臭氧含量随纬度的分布是,由赤道向极地减少,并随季节变化,一般春季含量最多,秋季最少。

观测表明,近年来大气平流层中的臭氧有减少的现象,尤以南极为最。据研究这与在制冷工业中人为排放氟氯烃的破坏作用有关。

6. 大气中的杂质

大气中悬浮着各式各样的固态和液态微粒,这些微粒统称杂质。

(1)尘粒:包括烟粒、尘埃、盐粒等。烟粒是燃烧产生的,盐粒一般是由飞溅起的海水细沫蒸发后留在空中的,尘埃来源很多,有被风吹起的沙土,有火山喷发、流星燃烧所产生的细小颗粒及其他宇宙灰尘;还有由花粉、细菌、病毒等组成的有机灰尘。

大气中的含尘量随地区、时间和天气条件而改变。通常是陆上的尘粒多于海上,城市多于乡村。空气的乱流运动对尘粒的分布影响很大,当乱流混合强时,尘粒可散布到高空,反之则集中在下层。由于这个缘故,有居民的地区特别是工业区的近地面层中,阴天的尘粒多于晴天,晚间多于白天,冬季多于夏季。

在这些尘粒中,有些(如盐粒等)易溶于水;有些虽不溶于水,但能为水所润湿,它们都能成为水汽凝结的核心,促进水汽的凝结。此外,这些杂质还能吸收一部分太阳辐射和地面辐射,影响气温和地温,它们浮游在空间,使能见度变坏,严重时可使能见距离降低至几十米甚至几米。(能见度:是指正常人视力能将目标物从背景中区别出来的最大水平距离。白天一般选择离观测点不同距离的目标物,作为估计能见度的依据;夜间则选取观测站周围一定亮度的固定灯光来估计。)

(2)水汽凝结物:水滴或冰晶等。它们常聚集在一起,以云、雾、降水等形式出现,使能见度变坏,并减弱太阳辐射和地面辐射。

除了上述两类杂质外,大气中还存在一些带正电荷或负电荷的小质点。

7. 大气中的污染物

由于工业、交通运输业的发展,在废气不加以回收利用的情况下,空气中增加了许多污染气体。表 1-1 中所列举的一氧化碳、氨、二氧化硫、硫化氢等都是污染气体。它们的含量虽微,但对人类和气候环境都带来一定的危害。

现代工业和交通运输业迅速发展,工厂的烟囱、汽车和火车的排气管排出大量废气和灰粒,经扩散进入大气。因此,各地的大气成分中人为地增加了若干种含量多变的有毒气体和物质,它们污染大气,引起了人们的关注。据监测,目前已有上百种大气污染物,其中对人类环境威胁较大、影响范围较广的污染物有煤粉尘(二氧化硫与烟粒混合而成)、二氧化硫、一氧化碳、二氧化氮、硫化氢和氨等。二氧化硫或氮化物等气体被云雾中的水滴吸收和转化,降下的雨水呈酸性,称酸雨。酸雨使土壤和水体酸化,导致植物叶片枯萎或落叶,乃至死亡,酸雨又能腐蚀建筑物。

目前,解决大气污染的措施有工程措施和生物措施,如采用集尘器和清洗器在排气前清除污染物,以及造林绿化等。

二、大气的结构

大气总质量约 5.3×10^{15} t,其中有 50% 集中在离地 5.5km 以下的层次内,在离地 36~1000km 的大气层中只占大气总质量的 1%。

大气压力和密度随高度的分布如图 1-1 所示。尽管空气密度愈到高空愈小,到 700~800km 高度处,空气分子之间的距离可达数百米远,但即使再向上,大气密度也不会减少到零的程度。大气圈与星际空间之间很难用一个"分界面"把它们截然分开。目前我们只能通过物理分析,确定一个最大高度来说明大气圈的垂直范围。这一最大高度的划定,由于着眼点不同,所得的结论也不同。通常有两种划法:一是着眼于大气中出现的某些物理现象。根据观测资料,在大气中极光是出现高度最高的现象,它可以出现在1200km的高度上,因此可以把大气的上界定为1200km。这种根据在大气中才有,而在星际空间没有的物理现象确定的大气上界,称为大气的物理上界。另一种是着眼于大气密度,用接近于星际的气体密度的高度来估计大气的上界。按照人造卫星探测资料推算,这个上界大约在2000~3000km高度上。

观测证明,大气在垂直方向上的物理性质是有显著差异的。根据温度、成分、电荷等物理性质,同时考虑到大气的垂直运动等情况,可将大气分为五层(图1-1)。

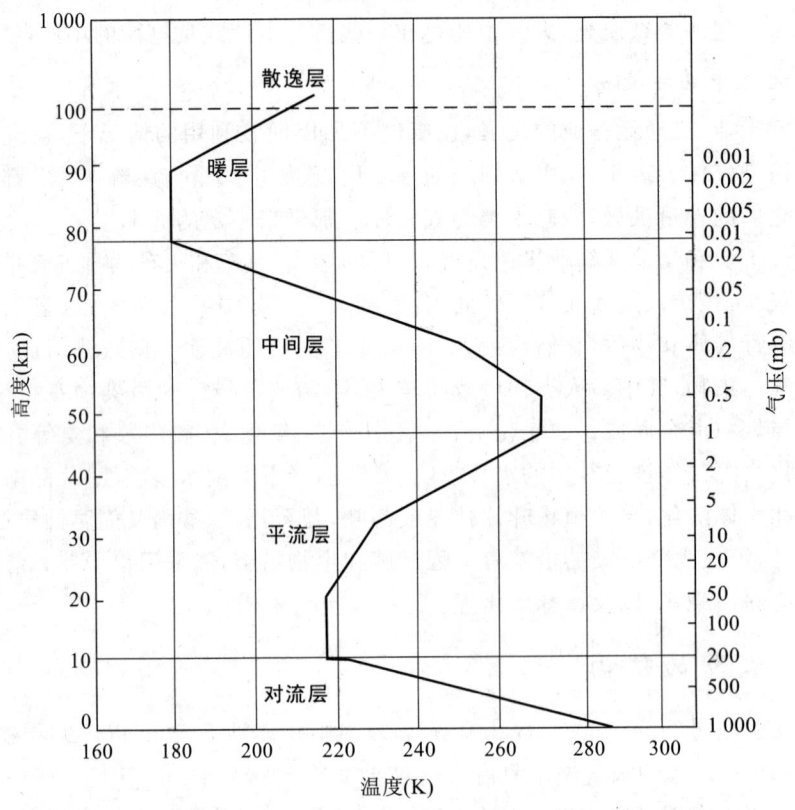

图1-1 大气的垂直结构

1. 对流层

位于大气的最低层，集中了约 75% 的大气质量和 90% 以上的水气质量。其下界与地面相接，上界高度随地理纬度和季节而变化。在低纬度地区平均高度为 17~18km，在中纬度地区平均为 10~12km，极地平均为 8~9km；夏季高于冬季。

常见的云、雾、雨雪等主要大气现象都出现在此层。对流层是对人类生产、生活影响最大的一个层次，也是气象学、气候学研究的重点层次。

对流层有三个主要特征：

(1)气温随高度增加而降低。由于对流层主要是从地面得到热量，因此气温随高度增加而降低。高山常年积雪，高空的云多为冰晶组成，就是这一特征的明显表现。对流层中，气温随高度增加而降低的量值，因所在地区、所在高度和季节等因素而异。平均而言，高度每增加 100m，气温则下降约 0.65℃，这称为气温直减率，也叫气温垂直梯度，通常以 γ 表示：

$$\gamma = -dT/dZ = 0.65℃/100m \tag{1-1}$$

(2)垂直对流运动。由于地表面的不均匀加热，产生垂直对流运动。对流运动的强度主要随纬度和季节的变化而不同。一般情况是：低纬较强，高纬较弱；夏季较强，冬季较弱。因此对流层的厚度从赤道向两极减小。在同一纬度，尤其是中纬度，对流层厚度夏季较大，冬季较小。同大气的总厚度比较起来，对流层是非常薄的，不及整个大气层厚度的 1%。但是，由于地球引力的作用，这一层却集中了整个大气 3/4 的质量和几乎全部的水汽。空气通过对流和湍流运动，高、低层的空气进行交换，使近地面的热量、水汽、杂质等易于向上输送，对成云致雨有重要的作用。

(3)气象要素水平分布不均匀。由于对流层受地表的影响最大，而地表面有海陆分异、地形起伏等差异，因此在对流层中，温度、湿度等的水平分布是不均匀的。

在对流层的最下层称为行星边界层或摩擦层。其范围一般是自地面到 1~2km 高度。边界层的范围夏季高于冬季，白昼高于夜晚，大风和扰动强烈的天气高于平稳天气。在这层里大气受地面摩擦和热力的影响最大，湍流交换作用强，水汽和微尘含量较多，各种气象要素都有明显的日变化。行星边界层以上的大气层称为自由大气。在自由大气中，地球表面的摩擦作用可以忽略不计。在对流层的最上层，介于对流层和平流层之间，还有一个厚度为数百米到 1~2km 的过渡层，称为对流层顶。这一层的主要特征是：气温随高度的增加突然降低缓慢，或者几乎不变，成为上下等温。对流层顶的气温在低纬地区平均为 −83℃，在高纬地区约为 −53℃。该层可阻挡对流层中的对流运动，从而使下边输送上来的水汽微尘聚集在其下方，使该处大气的混浊度增大。

2. 平流层

自对流层顶到 55km 左右为平流层。在平流层内，随着高度的增高，气温最初保持不变或微有上升。大约到 30km 以上，气温随高度增加而显著升高，在 55km 高度上可达 -3℃。平流层这种气温分布特征是和它受地面温度影响很小，特别是存在着大量臭氧能够直接吸收太阳辐射有关。虽然 30km 以上臭氧的含量已逐渐减少，但这里紫外线辐射很强烈，故温度随高度增加得以迅速增高，造成显著的暖层。平流层内气流比较平稳，空气的垂直混合作用显著减弱。

平流层中水汽含量极少，大多数时间天空是晴朗的。有时对流层中发展旺盛的积雨云也可伸展到平流层下部。在高纬度 20km 以上高度，有时在早、晚可观测到贝母云（又称珍珠云）。平流层中的微尘远较对流层中少，但是当火山猛烈爆发时，火山尘可到达平流层，影响能见度和气温。

3. 中间层

自平流层顶到 85km 左右为中间层。该层的特点是气温随高度增加而迅速下降，并有相当强烈的垂直运动。在这一层顶部气温降到 -113～83℃，其原因是由于这一层中几乎没有臭氧，而氮和氧等气体所能直接吸收的那些波长更短的太阳辐射又大部分被上层大气吸收掉了。

中间层内水汽含量极少，几乎没有云层出现，仅在高纬地区的 75～90km 高度，有时能看到一种薄而带银白色的夜光云，但其出现机会很少。这种夜光云，有人认为是由极细微的尘埃所组成。在中间层的 60～90km 高度上，有一个只有白天才出现的电离层，叫做 D 层。

4. 热层

热层又称热成层或暖层，它位于中间层顶以上。该层中，气温随高度的增加而迅速增高。这是由于波长小于 $0.175\mu m$ 的太阳紫外辐射都被该层中的大气物质（主要是原子氧）所吸收的缘故。其增温程度与太阳活动有关，当太阳活动加强时，温度随高度增加很快升高，这时 500km 处的气温可增至 2000K；当太阳活动减弱时，温度随高度的增加增温较慢，500km 处的温度也只有 500K。

热层没有明显的顶部。通常认为在垂直方向上，气温从向上增温至转为等温时，为其上限。在热层中空气处于高度电离状态，其电离的程度是不均匀的。其中最强的有两区，即 e 层（约位于 90～130km）和 F 层（约位于 160～350km）。F 层在白天还分为 F1 和 F2 两区。据研究，高层大气（在 60km 以上）由于受到强太阳辐射，迫使气体原子电离，产生带电离子和自由电子，使高层大气中能够产生电流和磁场，并可反射无线电波。从这一特征来说，这种高层大气又可称为电离层，正是由于高层大气电离层的存在，人们才可以收听到很远地方的无线电台的广播。

此外，在高纬度地区的晴夜，在热层中可以出现彩色的极光。这可能是由于太阳发出的高速带电粒子使高层稀薄的空气分子或原子激发后发出的光。这些高速带电粒子在地球磁场的作用下，向南北两极移动，所以极光常出现在高纬度地区上空。

5. 散逸层

这是大气的最高层，又称外层。这一层中气温随高度增加很少变化。由于温度高，空气粒子运动速度很大，又因距地心较远，地心引力较小，所以这一层的主要特点是大气粒子经常散逸至星际空间，本层是大气圈与星际空间的过渡地带。

从总体来讲，大气是气候系统中最活跃、变化最大的组成部分，它的整体热容量为 5.32×10^{15} mJ，且热惯性小。当外界热源发生变化时，通过大气运动对垂直的和水平的热量传输，使整个对流层热力调整到新热量平衡所需的时间尺度，大约为1个月左右，如果没有补充大气的动能过程，动能因摩擦作用而消耗尽的时间大约也是1个月。

第二节　太阳辐射和地球辐射

一、辐射的基本知识

(一) 辐射与辐射能

辐射是以电磁波形式传递能量的一种方式。自然界中的一切物体，只要其温度高于绝对零度，就会不停地以电磁波的形式向外传递能量，这种传递能量的方式称为辐射。以辐射方式传递的能量称为辐射能，简称辐射。辐射是能量传播方式之一，也是太阳能传输到地球的惟一途径。

辐射能是通过电磁波的方式传输的。电磁波的波长范围很广，从波长 10^{-10} μm 的宇宙射线，到波长达几千米的无线电波。肉眼看得见的是 $0.4 \sim 0.76$ μm 的波长，这部分称为可见光。可见光经三棱镜分光后，成为一条由红、橙、黄、绿、青、蓝、紫等各种颜色组成的光带，其中红光波长最长，紫光波长最短。其他各色光的波长则依次介于其间。波长长于红色光波的，有红外线和无线电波；波长短于紫色光波的，有紫外线、X 射线、γ 射线等，这些射线虽然不能为肉眼看见，但是用仪器可以测量出来（图 1-2）。气象学着重研究的是太阳、地球和大气的热辐射。它们的波长范围大约在 $0.15 \sim 120$ μm 之间。在气象学中，通常以焦耳(J)作为辐射能的单位。单位时间内通过单位面积的辐射能量称辐射通量密度(E)，单位是 W/m²。

辐射通量密度没有限定辐射方向,辐射接受面可以垂直于射线或与之呈一角度。如果指的是投射来的辐射,则称入射辐射通量密度;如果指的是自物体表面射出的辐射,则称放射辐射通量密度。其数值的大小反映物体放射能力的强弱,故称之为辐射能力或放射能力。

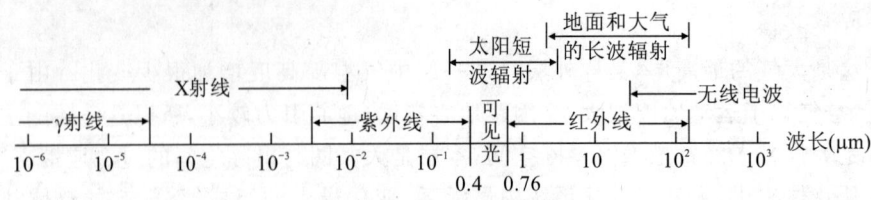

图 1-2 辐射波长范围

(二)物体对辐射的吸收、反射和透射

各种物体,在它向外放出辐射的同时,必然会接受到周围物体向它投射过来的辐射,但投射到物体上的辐射并不能全部被吸收,其中一部分被反射,一部分可能透过物体(图1-3)。

设投射到物体上的总辐射能为 Q_0,被吸收的为 Q_a,被反射的为 Q_r,透过的为 Q_d。根据能量守恒原理

$$Q_0 = Q_a + Q_r + Q_d$$

即

$$Q_a/Q_0 + Q_r/Q_0 + Q_d/Q_0 = 1$$

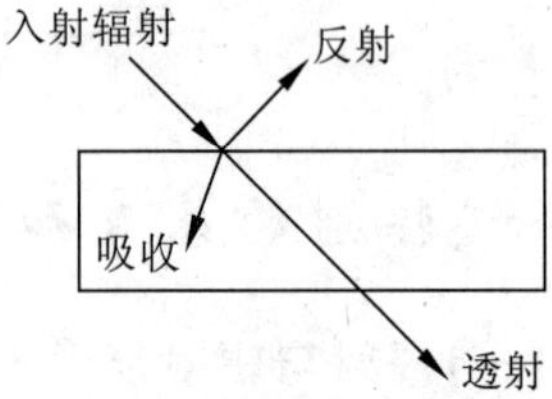

图 1-3 物体对辐射的吸收、反射和透射

式中左边第一项为物体吸收的辐射与投射于其上的辐射之比,称为吸收率(a);第二项为物体反射的辐射与投射于其上的辐射之比,称为反射率(r);第三项为透过物体的辐射与投射于其上的辐射之比,称为透射率(d),则

$$a + r + d = 1$$

a、r、d 都是 0~1 之间变化的无量纲量,分别表示物体对辐射吸收、反射和透射的能力。

物体的吸收率、反射率和透射率大小随着辐射的波长和物体的性质而改变。例如,干洁空气对红外线是近似透明的,而水汽对红外线却能强烈地吸收;雪面对太阳辐射的反射率很大,但对地面和大气的辐射则几乎能全部吸收。

二、太阳辐射

太阳辐射是指太阳向宇宙空间发射的电磁波和粒子流。地球所接受到的太阳辐射能量仅为太阳向宇宙空间放射的总辐射能量的二十亿分之一,但却是地球大气运动的主要能量源泉。

到达地球大气上界的太阳辐射能量称为天文太阳辐射量。在地球位于日地平均距离处时,地球大气上界垂直于太阳光线的单位面积在单位时间内所受到的太阳辐射的全谱总能量,称为太阳常数。太阳常数的常用单位为 W/m^2。因观测方法和技术不同,得到的太阳常数值不同。世界气象组织(WMO)1981 年公布的太阳常数值为 $1368W/m^2$。地球大气上界的太阳辐射光谱的 99% 以上在波长 $0.15\sim4.0\mu m$ 之间。大约 50% 的太阳辐射能量在可见光谱(波长 $0.4\sim0.76\mu m$),7% 在紫外光谱区(波长 $<0.4\mu m$),43% 在红外光谱区(波长 $>0.76\mu m$),最大能量在波长 $0.475\mu m$ 处。由于太阳辐射波长较地面和大气辐射波长(约 $3\sim120\mu m$)小得多,所以通常又称太阳辐射为短波辐射,称地面和大气辐射为长波辐射。太阳活动和日地距离的变化等会引起地球大气上界太阳辐射能量的变化。

太阳辐射通过大气,一部分到达地面,称为直接太阳辐射;另一部分为大气的分子、大气中的微尘、水汽等吸收、散射和反射。被散射的太阳辐射一部分返回宇宙空间,另一部分到达地面,到达地面的部分称为散射太阳辐射。到达地面的散射太阳辐射和直接太阳辐射之和称为总辐射。太阳辐射通过大气后,其强度和光谱能量分布都发生变化。到达地面的太阳辐射能量比大气上界小得多,在太阳光谱上能量分布在紫外光谱区几乎绝迹,在可见光谱区减少 40%,而在红外光谱区增至 60%。

在地球大气上界,北半球夏至时,日辐射总量最大,从极地到赤道分布比较均匀;冬至时,北半球日辐射总量最小,极圈内为零,南北差异最大。南半球情况相反。春分和秋分时,日辐射总量的分布与纬度的余弦成正比。南、北回归线之间的地区,一年内日辐射总量有两次最大,年变化小。纬度愈高,日辐射总量变化愈大。

到达地表的全球年辐射总量的分布基本上呈带状,只有在低纬度地区受到破坏。在赤道地区,由于多云,年辐射总量并不最高。在南北半球的副热带高压带,特别是在大陆荒漠地区,年辐射总量较大,最大值在非洲东北部。

(一)太阳在天空中的位置

太阳在天空中的位置常用太阳高度角(h)和方位角(A)来标定。

1. 太阳高度角

太阳高度角是太阳光线与某测定点地平面的夹角,简称太阳高度,如图 1-4 中

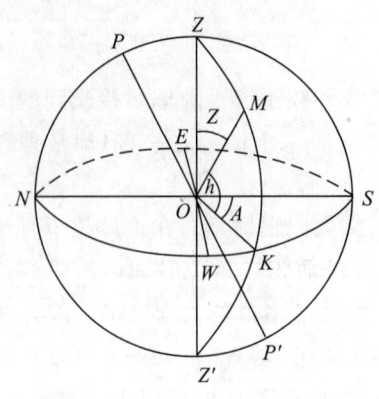

图 1-4 太阳高度角和方位角示意图

NESW 是观测点"O"的真地平,Z 是天顶,OZ 是铅垂线,$NZSZ'$ 是子午圈,NOS 是过测点"O"的子午线,M 是太阳,设

$$\angle MOK = h$$

h 即为太阳高度角。

同一时刻,各纬度上的太阳高度角不等,即使正午时刻也只有个别地区的太阳高度是 90°,称直射;多数地区的太阳高度角小于 90°,称斜射。图 1-5 是北半球春分日正午时太阳高度的分布。由图可见,该日太阳直射赤道,其他地区均为斜射。

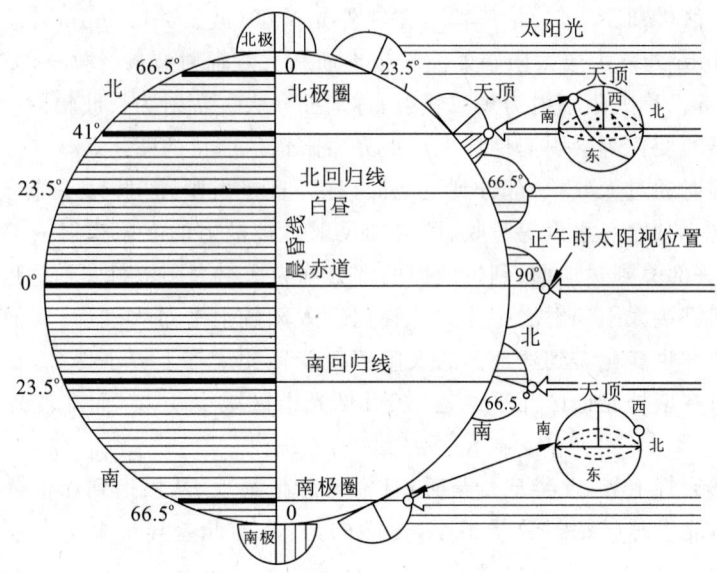

图 1-5 北半球春分日正午时太阳高度

太阳高度具有周期性的日变化规律,即正午时刻最大,日出和日落时为零。图 1-6 是北京地区夏至日太阳高度的日变化曲线。

在北半球,北回归线以南至赤道范围内,一年中有两天正午时太阳直射,赤道上分别是春分日和秋分日。北回归线上,只有夏至日的正午,太阳直射地面。北回归线以北地区,无直射,但全年仍以夏至日的太阳高度最高,冬至日最低。

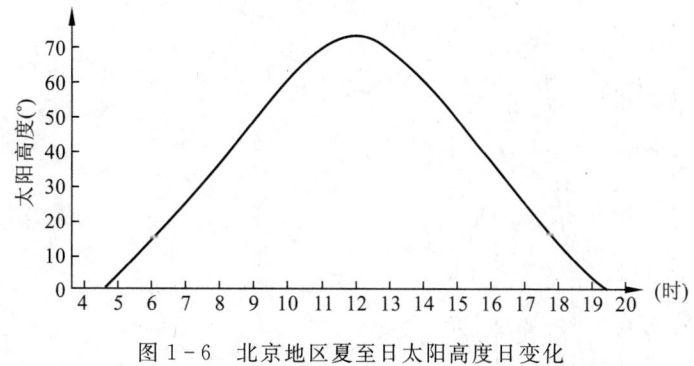

图 1-6　北京地区夏至日太阳高度日变化

2. 太阳方位角

太阳方位角是太阳光线在地平面上的投影线与测定点子午线之间的角度,即图 1-4 中的 $\angle KOS=A$。正午时,$A=0$,定为正南,顺时针取正值,即正西为 $90°$,逆时针取负值,即正东为 $-90°$。一年中只有春分日和秋分日,太阳才是东升西落。北半球,春分日后,太阳日出时的方位逐渐向北偏,纬度愈高,偏角愈大;夏至日偏角最大,以后偏角又渐渐减小。秋分日后,日出时的方位向南偏,直到冬至日,向南偏的角度最大,以后偏角又逐日减小,春分日为 $-90°$。

(二)太阳辐射光谱太阳常数

太阳辐射中辐射能按波长的分布,称为太阳辐射光谱。大气上界太阳光谱中能量的分布曲线(图 1-7 中实线)与 $T=6000K$ 时,根据黑体辐射公式计算的黑体光谱能量分布曲线(图 1-7 中虚线)相比较,非常相似。因此,可以把太阳辐射看作黑体辐射,有关黑体辐射的定律都可应用于太阳辐射。例如利用斯蒂芬-波耳兹曼定律和维恩定律,可以根据太阳辐射强度计算出太阳表面的温度;反之利用天文仪器测得的太阳表面温度,也可以计算出太阳的辐射强度以及辐射最强的波长。

太阳是一个炽热的气体球,其表面温度约为 6000K,内部温度更高。根据维恩定律可以计算出太阳辐射最强的波长 λ_m 为 $0.475\mu m$。这个波长在可见光范围内相当于青光部分。因此,太阳辐射主要是可见光线($0.4\sim0.76\mu m$),此外也有不可见的红外线($>0.76\mu m$)和紫外线($<0.4\mu m$),但在数量上不如可见光多。在全部辐射能中,波长在 $0.15\sim4\mu m$ 之间占 99% 以上,且主要分布在可见光区和红外区,前者占太阳辐射总能量的 50%,后者占 43%,紫外区的太阳辐射能很少,只占总能量的 7%。

(三)太阳常数

太阳辐射通过星际空间到达地球。就日地平均距离来说,在大气上界,垂直于

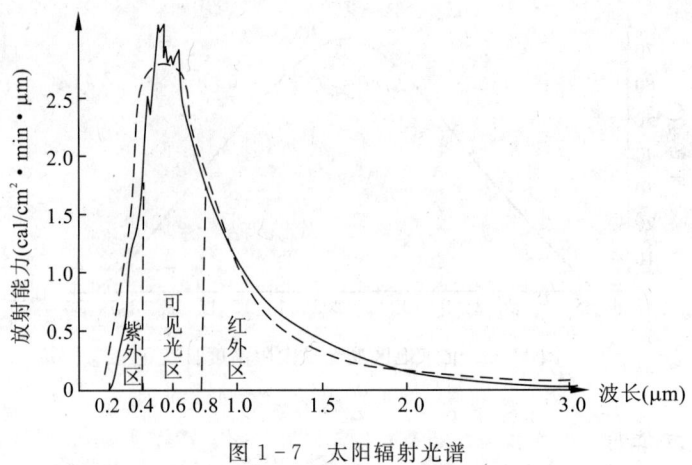

图1-7 太阳辐射光谱

太阳光线的 $1cm^2$ 面积内,1分钟内获得的太阳辐射能量,称太阳常数,用 I_0 表示。太阳常数虽经多年观测研究,由于观测设备、技术以及理论校正方法的不同,其数值常不一致,变动于 $1359\sim1418W/m^2$ 之间。1957年国际地球物理年决定采用 $1380W/m^2$。近年来,根据标准仪器,在高空气球、火箭和人造卫星上约数万次以上的探测,得出太阳常数值约为 $1367(\pm7)W/m^2$,这也是1981年世界气象组织推荐的太阳常数的最佳值。多数文献上采用 $1370W/m^2$。据研究,太阳常数也有周期性的变化,变化范围在 $1\%\sim2\%$,这可能与太阳黑子的活动周期有关。在太阳黑子最多的年份,紫外线部分某些波长的辐射强度可为太阳黑子最少年份的20倍。

(四)太阳辐射在大气中的减弱

太阳辐射光通过大气圈,然后到达地表。由于大气对太阳辐射有一定的吸收、散射和反射作用,使投射到大气上界的太阳辐射不能完全到达地面,所以在地球表面所获得的太阳辐射强度比 $1370W/m^2$ 要小。

图1-8给出了太阳辐射光谱穿过大气时受到减弱的情况。曲线1是大气上界太阳辐射光谱;曲线2是臭氧层下的太阳辐射光谱;曲线3是同时

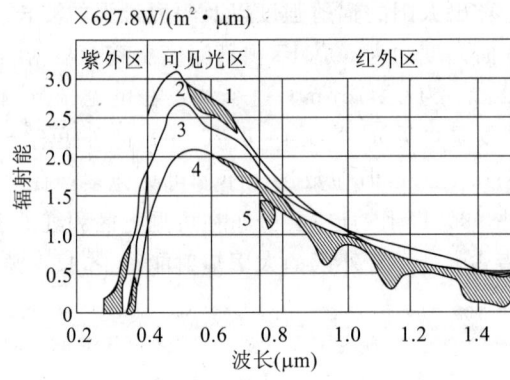

图1-8 太阳辐射光通过大气时的变化

考虑到分子散射作用的光谱;曲线 4 是进一步考虑到粗粒散射作用后的光谱;曲线 5 是将水汽吸收作用也考虑在内的光谱,它也可近似地看成是地面所观测到的太阳辐射光谱。对比曲线 1 和 5 可以看出太阳辐射光谱穿过大气后的主要变化有:①总辐射能有明显地减弱;②辐射能随波长的分布变得极不规则;③波长短的辐射能减弱得更为显著。产生这些变化的原因有以下几方面。

1. 大气对太阳辐射的吸收

太阳辐射穿过大气层时,大气中的氧、水汽、二氧化碳和臭氧等气体分子选择性地吸收一部分太阳辐射能。臭氧主要吸收紫外辐射。氧、水汽和二氧化碳主要吸收红外辐射。在可见光谱区中,也有几个氧的吸收带,但吸收的量不多。

云和雾也能吸收太阳辐射,吸收率随云状而异。

2. 大气对太阳辐射的散射

太阳辐射通过大气时,大气中的各种气体分子、悬浮的水滴和尘埃等微粒都能连续地把入射的电磁波,以相同的波长向四面八方发射,这种现象称散射。散射只改变辐射方向,不改变辐射性质。散射有分子散射和粗粒散射两种。

空气分子的直径小于太阳辐射波长,其散射能力与波长的四次方成反比,称为分子散射。分子散射主要发生在可见光谱区,蓝光($0.425\mu m$)的散射能力约为红光($0.650\mu m$)的 5.5 倍,也比绿光和黄光的散射能力强。蓝光的能量比较多,又因人眼对蓝光视感好,所以人们常说蔚蓝色的天空。

水滴和灰尘等微粒的直径大于太阳辐射波长,它们对各种波长的辐射几乎具有同等的散射能力,称为粗粒散射。空气混浊或阴天和有雾时,天空便呈乳白色。

3. 大气的云层和尘埃对太阳辐射的反射

大气中云层和较大颗粒的尘埃能将太阳辐射中一部分能量反射到宇宙空间去。其中云的反射作用最为显著,太阳辐射遇到云被反射一部分或大部分。反射对各种波长没有选择性,所以反射光呈白色。云的反射能力随云状和云的厚度而不同,高云反射率约 25%,中云为 50%,低云为 65%,稀薄的云层也可反射 10%~20%。随着云层增厚反射增强,厚云层反射可达 90%;一般情况下云的平均反射率为 50%~55%。

上述三种方式中,反射作用最重要,尤其是云层对太阳辐射的反射最为明显,另外还包括大气散射回宇宙以及地面反射回宇宙的部分;散射作用次之,形成了到达地面的散射辐射;吸收作用相对最小。以全球平均而言,太阳辐射约有 30%被散射和漫射回宇宙,称之为行星反射率,20%被大气和云层直接吸收,50%到达地面被吸收。

虽然太阳辐射穿过大气层时被减弱,但平均来说,大约还有大气上界能量的

50%到达地面。

(五)影响太阳辐射减弱的因子

太阳辐射穿过大气时辐射能被减弱,其减弱程度与阳光在大气中经历的路程和大气混浊程度有关,前者用大气光学质量(m)表示,后者用大气透明系数(p)表示。

1. 大气光学质量

如果不考虑地表面的曲率(视作平面)和大气对阳光的折射(取作直线路径),并令太阳高度为90°时,光线穿过大气到达地面所经历的路程是一个大气光学质量(表1-2)。

表 1-2 不同太阳高度(h)时的大气质量数

h	0	5	10	20	30	40	50	60	70	80	90
m	∞	11.47	5.76	2.92	2.00	1.56	1.31	1.15	1.06	1.02	1.00

2. 大气透明系数

在大气中传输时,太阳辐射被减弱。大气透明系数 p 是太阳辐射穿过一个大气光学质量的透射率,p 值小于1。

(六)到达地面的太阳辐射

到达地面的太阳辐射有两部分:一是太阳以平行光线的形式直接投射到地面上的,称为太阳直接辐射;二是经过散射后自天空投射到地面的,称为散射辐射,两者之和称为总辐射。

1. 直接辐射

因阳光斜射,地平面上接受的太阳直接辐射通量 S_b 要小于 S'_b,如图1-9。S_b 与 S'_b 的关系是

$$S_b = S'_b \cdot \sin h$$

从图1-9可看出,太阳辐射投射到与日光垂直的 A' 面(正方形)上的辐射与射到地平面 A(矩形)上的辐射量相等,所以有

$$S'_b \cdot A' = S_b \cdot A$$
$$S_b = S'_b \cdot A'/A$$

即

$$S_b = S'_b \cdot \sin h$$

也可写成

$$S_b = S_0 \cdot p^m \cdot \sinh$$

虽然地平面接受的太阳直接辐射与大气透明系数、大气光学质量和太阳高度三者有关,但是大气光学质量也是太阳高度的函数,因此,S_b 取决于 p 和 h 两个因子。当 p 一定时,S_b 随太阳高度增高而增大;当 h 一定时,S_b 随大气透明系数 p 增大而增加。

直接辐射有显著的年变化、日变化和随纬度的变化。这种变化主要由太阳高度角

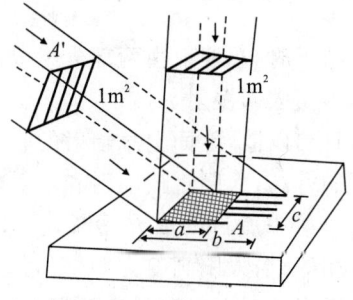

图 1-9 地面上的太阳辐射

决定。在一天当中,日出、日没时太阳高度最小,直接辐射最弱;中午太阳高度角最大,直接辐射最强。同样道理,在一年当中,直接辐射在夏季最强,冬季最弱。如图 1-10 是北京直接辐射的年变化,从中即可看出以上所述。以纬度而言,低纬度地区一年各季太阳高度角都很大,地表面得到的直接辐射较中高纬度地区大得多。

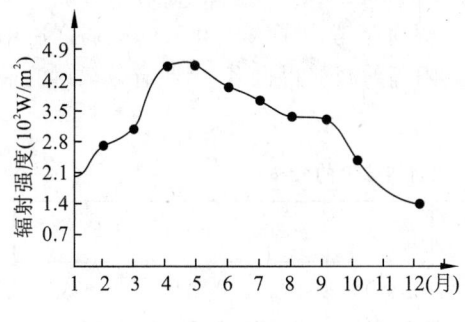

图 1-10 北京直接辐射的年变化

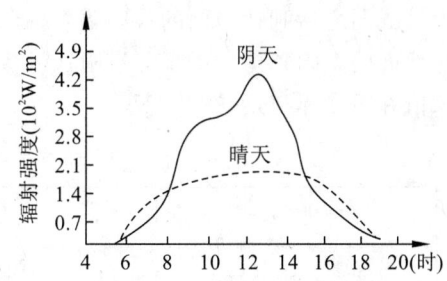

图 1-11 重庆散射辐射的日变化

2. 散射辐射

散射辐射(用 S_d 表示)的强弱也与太阳高度角及大气透明度有关。太阳高度角增大时,到达近地面层的直接辐射增强,散射辐射也就相应地增强;相反,太阳高度角减小时,散射辐射也弱。大气透明度不好时,参与散射作用的质点增多,散射辐射增强;反之,减弱。云也能强烈地增大散射辐射。图 1-11 是在重庆观测到的晴天和阴天的散射辐射值。由图可见,阴天的散射辐射比晴天的大得多。

同直接辐射类似,散射辐射的变化也主要决定于太阳高度角的变化。一日内正午前后最强,一年内夏季最强。

3. 总辐射

太阳总辐射(S_t)是地面上接受的太阳直接辐射和太阳漫射辐射之和,即

$$S_t = S_b + S_d$$

晴天时,总辐射由两部分组成,而且 S_b 远大于 S_d。阴天时,太阳被云遮蔽,总辐射等于太阳漫射。

日出以前,地面上总辐射的收入不多,其中只有散射辐射;日出以后,随着太阳高度的升高,太阳直接辐射和散射辐射逐渐增加。但前者增加得较快,即散射辐射在总辐射中所占的成分逐渐减小;当太阳高度升到约等于 8° 时,直接辐射与散射辐射相等;当太阳高度为 50° 时,散射辐射值仅相当总辐射的 10%～20%;到中午时太阳直接辐射与散射辐射强度均达到最大值;中午以后二者又按相反的次序变化。云的影响可以使这种变化规律受到破坏。例如,中午云量突然增多时,总辐射的最大值可能提前或推后,这是因为直接辐射是组成总辐射的主要部分,有云时直接辐射的减弱比散射辐射的增强要多的缘故。在一年中总辐射强度(指月平均值)在夏季最大,冬季最小。

总辐射随纬度的分布一般是,纬度愈低,总辐射愈大。反之就愈小。表 1-3 是根据计算得到的北半球年总辐射纬度分布的情况,其中可能总辐射是考虑了受大气减弱之后到达地面的太阳辐射;有效总辐射是考虑了大气和云的减弱之后到达地面的太阳辐射。由于赤道附近云多,太阳辐射减弱得也多,因此有效辐射的最大值并不在赤道,而在 20°N。

表 1-3 北半球年总辐射随纬度的分布

纬度(°N)	64	50	40	30	20	0
可能总辐射(W/m²)	139.3	169.9	196.4	216.3	228.2	248.1
有效总辐射(W/m²)	54.4	71.7	98.2	120.8	132.7	108.8

据研究,我国年辐射总量最高的地区在西藏,为 $212.3～252.1 W/m^2$。青海、新疆和黄河流域次之,为 $159.2～212.3 W/m^2$。而长江流域与大部分华南地区反而减少,为 $119.4～159.2 W/m^2$。这是因为西北、华北地区晴朗干燥的天气较多,总辐射也较大;长江中下游云量多,总辐射较小;西藏海拔高度大,总辐射量也大。

4. 总辐射的日变化和年变化

太阳高度是影响总辐射的主要因子,所以总辐射也有日变化,其特征是:夜间总辐射为零,日出后逐渐增加,正午时出现最大值,午后又渐渐减少(图 1-12)。晴天情况下,上述规律具有普遍性。如果一日中云量多变,则上述日变化规律常常被破坏。

一年中,太阳高度和昼长有变化,所以太阳辐射也有年变化,一般是夏季最大,冬季最小(图1-13)。北京地区总辐射的年变化中,夏季正逢雨季,阴雨日多,太阳辐射显著减少,以致全年最高值出现在5月份。各地总辐射年变化型不完全一样,低纬度地区和干湿两季分明的地区较为复杂些。

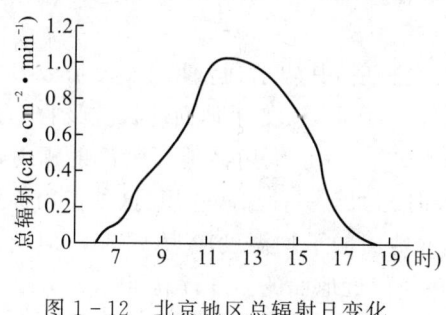

图1-12 北京地区总辐射日变化　　图1-13 北京地区总辐射年变化

一日内,每一时刻太阳总辐射之和就是太阳总辐射的日总量。它不仅取决于太阳高度和大气透明系数,还和太阳照射时间有关。

一年内,太阳总辐射日总量之和就是太阳总辐射的年总量。

三、地面和大气的辐射

太阳辐射虽然是地球上的主要能源,但因为大气本身对太阳辐射直接吸收很少,而水、陆、植被等地球表面(又称下垫面)却能大量吸收太阳辐射,并经转化供给大气,从这个意义来说,下垫面是大气的直接热源。因此,在研究大气热状况时,必须了解地面和大气之间交换热量的方式及地-气系统的辐射差额。

1. 地面辐射

地面能吸收太阳短波辐射,同时按其本身的温度不断地向外放射长波辐射(长波辐射是指波长大于 $4\mu m$ 的辐射)。大气对太阳短波辐射几乎是透明的,吸收很少,但对地面的长波辐射却能强烈吸收。

地面日夜不停地向上发射长波辐射,称地面辐射,以 L_e 表示地面辐射通量,单位是 W/m^2。地面温度一般在 $-40 \sim 40$℃之间。如果把地面近似地视作黑体,则根据辐射定律可估算出地面长波辐射通量为 $(1.67 \times 10^2 \sim 5.55 \times 10^2) W/m^2$ 之间。L_e 比太阳常数 S_0 小得多,但是与到达地平面的太阳直接辐射通量相似。地面发射的电磁波长主要在 $4 \sim 40\mu m$ 之间,发射能量最大的波长是 $10\mu m$ 附近。地面长波辐射通过大气层时,大气中的水汽、二氧化碳和水滴等吸收了绝大部分的地面辐射能,其中尤以水汽的吸收能力最强。可见,地面辐射是低层大气的主要能量源泉。

2. 大气辐射

大气也是辐射体。大气也按其本身的温度,向外放射长波辐射。通过长波辐射,地面和大气之间,以及大气中气层和气层之间,相互交换热量,并也将热量向宇宙空间散发。

大气辐射中,射向地面的部分称为大气逆辐射,其辐射通量用 La 表示。大气逆辐射传输到地面,大部分能量被地面吸收,反射不多。如果地面的长波吸收率是 A,那么地面吸收的大气逆辐射通量为 $A \cdot La$。大气逆辐射使地面因放射辐射而损耗的能量得到一定的补偿,由此可见大气对地面有一种保暖作用,这种作用称为大气的保温效应。据计算,如果没有大气,近地面的平均温度应为 $-23℃$,但实际上近地面的均温是 $15℃$,也就是说大气的存在使近地面的温度提高了 $38℃$。

3. 地面有效辐射

地面有效辐射是地面辐射与地面吸收的大气逆辐射之差,以 Ln 表示。有

$$Ln = L_0 - A \cdot La$$

地面有效辐射说明了地面与大气间,在长波辐射的交换过程中,地面所获得或失去的净长波辐射能。当"Ln"为正值时,地面损失长波辐射能;"Ln"为负值时,地面获得长波辐射能。通常情况下,地面温度高于大气温度,地面有效辐射为正值。这意味着通过长波辐射的放射和吸收,地表面经常失去热量。只有在近地层有很强的逆温及空气湿度很大的情况下,有效辐射才可能为负值,这时地面才能通过长波辐射的交换而获得热量。

影响有效辐射的主要因子有:地面温度、空气温度、空气湿度和云况。一般情况下,在湿热的天气条件下,有效辐射比干冷时小,有云覆盖时比晴朗天空条件下有效辐射小;空气混浊度大时比空气干洁时有效辐射小;在夜间风大时有效辐射小;海拔高度高的地方有效辐射大,当近地层气温随高度显著降低时,有效辐射大;有逆温时有效辐射小,甚至可出现负值。此外,有效辐射还与地表面的性质有关,平滑地表面的有效辐射比粗糙地表面有效辐射小;有植物覆盖时的有效辐射比裸地的有效辐射小。

有效辐射具有明显的日变化和年变化。其日变化具有与温度日变化相似的特征。在白天,由于低层大气中垂直温度梯度增大,所以有效辐射值也增大,中午 $12\sim14$ 时达最大;而在夜间由于地面辐射冷却的缘故,有效辐射值也逐渐减小,在清晨达到最小。当天空有云时,可以破坏有效辐射的日变化规律。有效辐射的年变化也与气温的年变化相似,夏季最大,冬季最小。但由于水汽和云的影响使有效辐射的最大值不一定出现在盛夏。我国秦岭、淮河以南地区有效辐射秋季最大,春季最小;华北、东北等地区有效辐射则春季最大,夏季最小,这是由于水汽和云况的影响。

4. 大气对长波辐射的吸收

大气对长波辐射的吸收非常强烈，吸收作用不仅与吸收物质及其分布有关，而且还与大气的温度、压强等有关。大气中对长波辐射的吸收起重要作用的成分有水汽、液态水、二氧化碳和臭氧等。它们对长波辐射的吸收同样具有选择性。

图 1-14 描绘了整个大气对长波辐射的放射与透射光谱。由图看出，大气在整个长波段，除 $8\sim 12\mu m$ 一段外，其余的透射率近于零，即吸收率为 1。$8\sim 12\mu m$ 处吸收率最小，透明度最大，称为"大气窗口"。这个波段的辐射，正好位于地面辐射能力最强处，所以地面辐射有 20% 的能量透过这一窗口射向宇宙空间。在这一窗口中 $9.6\mu m$ 附近有一狭窄的臭氧吸收带，对于地面放射的 $14\mu m$ 以上的远红外辐射，几乎能全部吸收，故此带可以看成近于黑体。

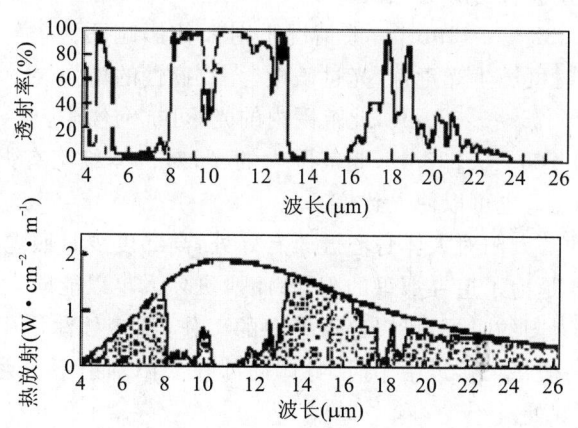

图 1-14　大气对长波辐射的吸收谱与放射谱

水汽对长波辐射的吸收最为显著，除 $8\sim 12\mu m$ 波段的辐射外，其他波段都能吸收。并以 $6\mu m$ 附近和 $24\mu m$ 以上波段的吸收能力最强。

液态水对长波辐射的吸收性质与水汽相仿，只是作用更强一些，厚度大的云层表面可当作黑体表面。

二氧化碳有两个吸收带，中心分别位于 $4.3\mu m$ 和 $14.7\mu m$。第一个吸收带位于温度为 $200\sim 300K$ 绝对黑体的放射能量曲线的末端，其作用不大，第二个吸收带为 $12.9\sim 17.1\mu m$，比较重要。

四、太阳辐射对户外活动的影响

太阳辐射中的红外光谱区放射的红外辐射对人体皮肤有刺激作用，红外辐射因波长不同而产生的生物作用不同，长波红外辐射被皮肤表层吸收，短波红外辐射被皮肤深层吸收。人体皮肤接受长波红外辐射后,可引起块状红斑,停止照射后立即消失。过强的红外辐射,可穿透并损伤视网膜,引起白内障。因此,观察日全蚀时必须戴护目镜。较长时间接受红外辐射照射,会引起眼结膜、角膜疼痛发炎。反复多次接受红外辐射,皮肤容易出现色素沉着。当然,适量的红外辐射可以消毒、杀菌和取暖。

可见光辐射对人体高级神经有明显作用。红色具有温暖、兴奋作用,使人精神振奋,神经反应迅速,肌肉张力增强;但持续感知红色,使人很快疲劳。蓝、紫色具有凉爽和降低机体神经反应,使人镇静。黄色能促进心和肺的活动,增加机体抵抗力。绿是生命之色,绿色光不含对眼睛有害的光线,对人体神经系统、大脑皮层和眼睛视网膜最适合,多看绿色可以保护眼睛。

紫外光辐射按波长可分为三段。

A 段:波长 $0.32\sim0.40\mu m$,一般情况下对人体影响不大,当它与某些医用化学物质相互作用时可产生光毒性、光过敏性、光致癌性的增强。

B 段:波长 $0.275\sim0.320\mu m$,此范围内的光,可抗佝偻病。

C 段:波长 $0.200\sim0.275\mu m$,此范围内的光,对机体细胞有强烈的破坏作用,可以用来消毒、杀菌,也可以使人致癌。

因此,适当的晒太阳对人体身心健康有好处,高纬度少日照地区的人喜欢到西班牙去旅游,主要是为了追寻那里的阳光;而西班牙人也以能向全球出售阳光而自豪。英国人在有太阳的时候,可以停下手中的工作,到室外沐浴阳光。除纬度 60° 以北的地区外,一般每天接近中午时,身体局部在太阳辐射下照射半小时,对身体健康和美容都有好处。

第三节 大气温度

一、海陆的增温和冷却的差异

大气的热能主要来自地面,而地面情况有很大的差别。不同的地面情况对大气的增温和冷却有不同的影响。海洋和陆地、高山和深谷、高原和平原、林地和草地、湿区和干区等对大气的增温和冷却有不同的影响,其中海洋和陆地的差异最大。

首先,在同样的太阳辐射强度下,海洋所吸收的太阳能多于陆地所吸收的太阳能,这是因为陆面对太阳光的反射率大于水面。就平均状况而论,陆面和水面的反射率之差约为 $10\%\sim20\%$。同样条件下的水面吸收的太阳能比陆面吸收的太阳能多 $10\%\sim20\%$。

其次,陆地所吸收的太阳能分布在很薄的地表面上,而海水所吸收的太阳能分布在较厚的水层中。这是因为陆地表面的岩石和土壤对于各种波长的太阳辐射都是不透明的,而水除了对红色光和红外线不透明外,对于紫外线和波长较短的可见光是相当透明的。同时,陆地所获的太阳能主要依靠传导向地下传播,而水还有其他更有效的方式,如波浪、洋流和对流作用。这些作用使得水的热能发生垂直和水平的交换。因此,陆面所得太阳辐射集中于表面一薄层,以致地表急剧增温,这也就加强了陆面和大气之间的显热交换;反之,水面所得太阳辐射分布在较厚的一个层次,以致水温不易增高,也就相对地减弱了水面和大气之间的显热交换。据测陆面所得的太阳辐射传给大气的约占半数,而水体所得的太阳辐射传给空气的不过0.5%。

此外,海面有充分水源供应,以致蒸发量较大,失热较多,这也使得水温不容易升高。而且,空气因水分蒸发而有较多的水汽,以致空气本身有较大的吸收热量的能力,也就使得气温不易降低。陆地上的情况则正好相反。

最后,岩石和土壤的比热小于水的比热。一般常见的岩石比热大约是 $0.8374J/(g·K)$,而水的比热是 $4.1868J/(g·K)$。因此对等量热能的接受,如果使1g水的温度变化1℃,则使1g岩石的温度变化大约是5℃。常见岩石(例如花岗岩)的密度约 $2.5g/cm^3$。因此,如果等量热能使一定体积水的温度发生1℃的变化,那末该热能可使同体积岩石发生2℃的变化。

由于上述差异,海陆热力过程的特点是互不相同的。大陆受热快,冷却也快,温度升降变化大;而海洋上则温度变化缓慢。如大洋中,年最高及最低气温的出现要比大陆延迟一两个月。

二、空气的增温和冷却

根据分子运动理论,空气的冷热程度只是一种现象,它实质上是空气内能大小的表现。当空气获得热量时,其内能增加,气温也就升高;反之,空气失去热量时,内能减小,气温也就随之降低。空气内能变化既可由空气与外界有热量交换而引起;也可由外界压力的变化对空气作用,使空气膨胀或压缩而引起。在前一种情况下,空气与外界有热量交换,称为非绝热变化;在后一种情况下,空气与外界没有热量交换,称为绝热变化。

1. 气温的非绝热变化

空气与外界交换热量有如下几种方式,即传导、辐射、对流、湍流和蒸发凝结(包括升华、凝华)。

(1)传导。空气是依靠分子的热运动将能量从一个分子传递给另一个分子,从而达到热量平衡的传热方式。空气与地面之间,空气团与空气团之间,当有温度差异时,就会以传导方式交换热量。但是地面和大气都是热的不良导体,所以通过这种方式交换的热量很少,其作用仅在贴地气层中较为明显。因在贴地气层中,空气密度大,单位距离内的温度差异也较大。

(2)辐射。辐射是物体之间依各自温度以辐射方式交换热量的传热方式。大气主要依靠吸收地面的长波辐射而增热,同时,地面也吸收大气放出的长波辐射,这样它们之间就通过长波辐射的方式不停地交换着热量。空气团之间也可以通过长波辐射而交换热量。

白天,近地面气层中辐射的输入有地面长波辐射和太阳短波辐射,还有空气分子发射的长波辐射,即大气辐射(输出的)。由于输入辐射大于输出辐射,空气层中的热量有盈余,空气增热,温度随之升高,从而使一地的气温随时间逐渐升高。夜间,空气分子的长波辐射输出量超过了输入量,空气层中的热量减少,温度降低,这时一地的气温随时间逐渐下降。就一年来说,夏季类似于白天,冬季类似于夜间。可见,辐射热交换引起的气温变化具有周期性变化的特征。

(3)对流。当暖而轻的空气上升时,周围冷而重的空气便下降来补充。这种升降运动,称为对流(图1-15)。通过对流,上下层空气互相混合,热量也就随之得到交换,使低层的热量传递到较高的层次。这是对流层中热量交换的重要方式。

(4)湍流。空气的不规则运动称为湍流,又称乱流(图1-16)。由于地面受热不均匀,或地面粗糙不平,使小规模的空气产生无规则的运动。湍流是在空气层相互之间发生摩擦或空气流过粗糙不平的地面时产生的。有湍流时,相邻空气团之间发生混合,热量也就得到了交换。湍流是摩擦层中热量交换的重要方式。湍流总是把热量从较热的地方传输到较冷的地方。白天,由湍流运动使热量向上传输,因此气温升高。夜间,湍流运动将热量向下传输给地面,气温降低。

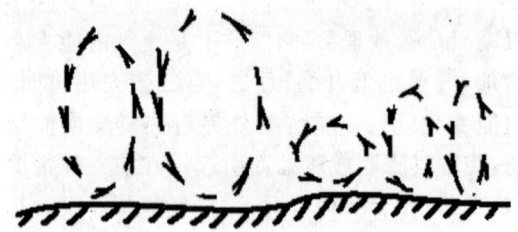

图1-15 空气的对流　　　　图1-16 空气的湍流

(5)蒸发(升华)和凝结(凝华)。水在蒸发(或冰在升华)时要吸收热量;相反,水汽在凝结(或凝华)时,又会放出潜热。如果蒸发(升华)的水汽,不是在原处凝结(凝华),而是被带到别处去凝结(凝华),就会使热量得到传送。例如,从地面蒸发的水汽,在空中发生凝结时,就把地面的热量传给了空气。因此,通过蒸发(升华)

和凝结(凝华),也能使地面和大气之间、空气团与空气团之间发生潜热交换。由于大气中的水汽主要集中在 5km 以下的气层中,所以这种热量交换主要在对流层下半层起作用。

以上分别讨论了空气与外界交换热量的方式,事实上,同一时间对同一团空气而言,温度的变化常常是几种作用共同引起的。哪个为主,哪个为次,要看具体情况。在地面与空气之间,最主要的是辐射。在气层(气团)之间,主要依靠对流和湍流,其次通过蒸发、凝结过程的潜热出入,进行热量交换。

2. 气温的绝热变化

一块空气有热量的收入或支出时,可以引起温度变化。但是,如果不与外界交换热量,仅由于空气本身的体积变化,也会引起这块空气温度的改变。空气块与环境不发生热量交换,称为绝热条件。绝热情况下的温度变化过程,叫做绝热变化过程。上升的空气块,因为外界气压减小、气块体积膨胀,此时气块对外作功。因为气块上升过程中是绝热的,作功的能量全部依赖于气块本身内能的减少,所以它的温度就会降低。反之,气块绝热下沉时,因外界压力增大、气块体积被压缩,外界空气对它作了功,所作的功全部用于增加它的内能,从而温度增高。可见,空气在铅直运动中会发生温度的绝热变化。

干空气,包括水汽未饱和的湿空气,在绝热上升或绝热下沉过程中的温度变化叫干绝热变化。它每上升 100m,温度降低 0.98℃,近似地视为 1℃;下降 100m,则增温 1℃。这个温度变化率称为干绝热梯度(或干绝热直减率),用 $\gamma_d = 1℃/100m$ 表示。

饱和湿空气,即在上升和下沉时空气块都维持饱和状态,这时,温度的绝热变化称为湿绝热变化。其温度变化率称为湿绝热垂直梯度(或湿绝热直减率),用 γ_m 表示,数值为 $0.5℃/100m$ 左右。γ_m 比 γ_d 小。这是因为在湿绝热过程中,上升冷却引起凝结,凝结时释放出潜热,对气块有升温作用,缓和了气块上升冷却的程度。下沉增热时,空气块中携带的云滴蒸发,维持了空气的饱和状态,由于蒸发耗热,下沉时的增温也比干绝热情况为少。空气下沉时,如果没有携带云块,则下沉时按干绝热梯度改变其温度,即每下沉 100m,则增温 1℃。

空气作铅直运动时,由于与周围空气进行热量交换所造成的温度变化,通常比其自身绝热变化小得多,因此为了简单起见,考虑铅直运动中的空气温度变化时,可以把它当作绝热过程来看。

必须注意,干绝热梯度 γ_d 和湿绝热梯度 γ_m 指的是同一块空气处在不同位置时的温差。但是,温度梯度 γ,表示不同高度上的不同空气块的温差,即表示大气层中温度的铅直分布。所以,γ_d 和 γ_m 的含义与 γ 是不相同的。也有人称 γ 为环境温度梯度。

三、大气的稳定度

许多天气现象的发生,都和大气稳定度有密切关系。大气稳定度是指气块受任意方向扰动后,返回或远离原平衡位置的趋势和程度。它表示在大气层中的个别空气块是否安于原在的层次,是否易于发生垂直运动,即是否易于发生对流。假如有一团空气受到对流冲击力的作用,产生了向上或向下的运动,那末就可能出现三种情况:如果空气团受力移动后,逐渐减速,并有返回原来高度的趋势,这时的气层,对于该空气团而言是稳定的;如空气团一离开原位就逐渐加速运动,并有远离起始高度的趋势,这时的气层,对于该空气团而言是不稳定的;如空气团被推到某一高度后,既不加速也不减速,这时的气层,对于该空气团而言是中性气层。

据计算,大气层中温度的垂直梯度 $\gamma>3.24℃/100m$ 时,上层的空气密度大于下层的密度,可以造成自动对流现象。自由大气中,一般没有那么大的温度梯度,不会发生自动对流。但是,由于大气层温度铅直分布情况的不同,值不同,已有的扰动和对流,有时可以得到发展而加强,有时则受到抑制而减弱。空气的铅直运动究竟是受到加强还是受到减弱,决定于大气的铅直稳定度。

大气的铅直稳定度可分为三种情况:一是向上或向下运动着的空气块,具有返回原高度的趋势,则称这时的大气是稳定的;二是如果离开原位向上或向下运动后,都将继续沿此方向运动,这时的大气称为不稳定的;三是如果被推到另一高度后,既不继续沿此方向运动,也不回复原位,这时的大气便是中性状态。

大气是否稳定,决定于大气层温度铅直梯度值。下面以未饱和空气为例说明。

图1-17为一空气团未饱和时大气的稳定度。图中A、B、C分别为不同的铅直梯度(γ值不同)情况。圆圈表示空气块,圆圈内的数字表示气块移到不同位置上的温度。圆圈外的数字是环境的温度。

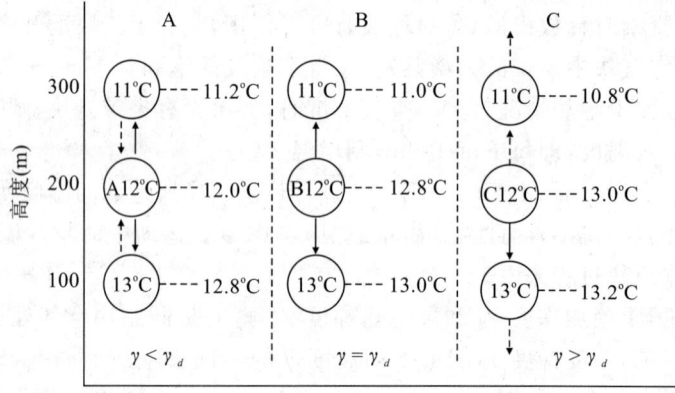

图1-17 空气团未饱和时大气的稳定度

如果大气层温度铅直分布 $\gamma<\gamma_d$（图中 A 情况），假设 $\gamma=0.8℃/100m$，200m 处空气块的温度为 12.0℃。该气块受外力作用上升到 300m 处，它按干绝热变化降温，温度降为 11.0℃，而周围温度为 11.3℃。此时，空气块的密度大于周围空气的密度，即它的重力大于它所受到的浮力，因而，空气块有返回原高度的趋势。如果该空气块下降到 100m 处，它按干绝热变化升温，温度由 12.0℃升为 13.0℃，比周围空气温度高些。这时，气块密度比四周空气的小，气块所受浮力大于重力，故有返回原高度的趋势。可见 $\gamma<\gamma_d$ 时，对未饱和空气而言，大气处于稳定状态。

如果 $\gamma=\gamma_d=1.0℃/100m$（图中 B 情况），图中 100m、200m、300m 三个高度上气温分别为 13.0℃、12.0℃、11.0℃。对运动的气块来说，不管上升或下降，其本身按干绝热变化，在任一高度上，气块温度均与周围气温相等。作用在空气块上的重力与浮力相等，不造成加速度。所以 $\gamma=\gamma_d$ 时，对未饱和空气而言，大气为中性状态。

如果 $\gamma>\gamma_d$（图中 C 情况），假设 $\gamma=1.2℃/100m$，200m 处空气块的温度亦为 12.0℃。它上升到 300m 时，其本身温度按干绝热变化降温至 11.0℃，它高于周围空气的温度（10.8℃），则气块所受的浮力大于重力，因而会加速上升。如果下降到 100m 处，其本身温度为 13.0℃，低于周围空气的温度（13.2℃）故要加速下降。由此可见，$\gamma>\gamma_d$ 时（称为超绝热状态），对未饱和空气而言，大气处于不稳定状态。

从上面的分析可知，γ 越小，大气越稳定。在逆温情况下，$\gamma>0$，大气极为稳定，阻碍对流和乱流的发展。γ 越大，则大气越不稳定。当地面强烈受热时，或高空有冷平流时，可出现不稳定状态，将有助于对流的加强和云的发展。

同理可以推知，对饱和空气而言，若 $\gamma<\gamma_m$，大气是稳定的；若 $\gamma=\gamma_m$，大气是中性的；若 $\gamma>\gamma_m$，则大气是不稳定的。因为 $\gamma_m<\gamma_d$，当 $\gamma<\gamma_m$ 时，必然有 $\gamma<\gamma_d$，因此，不论空气是否饱和，大气都是稳定状态。$\gamma<\gamma_m$ 称为绝对稳定。

四、对流层中气温随高度的分布

气温随高度增加而降低是对流层的主要特征之一。当太阳辐射通过大气层时，大气可以直接吸收太阳辐射但量不多，增热作用不大。大气主要吸收地面发射的长波辐射而增热。因此，对大气来说，它的直接和主要的热源是地面。贴地层空气离地面近，获得的长波辐射热多，气温高，随高度增加，气温降低。必须指出，上述气温高度的分布特征仅仅指的是一般情况。实际的气温观测表明，气温随高度的分布还有其他的型式。

根据某地、某一时刻各高度上的气温测定值，可绘制成气温随高度的分布曲线，称为温度层结曲线或温度层结（图 1-18）。对流层中各高度上温度分布的型式有：高度增加，气温降低；有些气层中，高度增加，气温增加，称为逆温层，简称逆

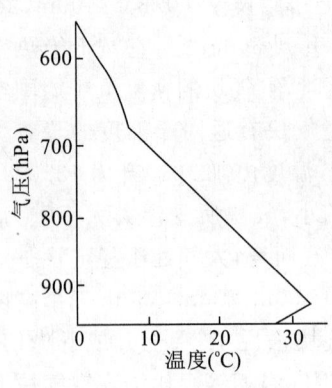

图1-18 流层中气温的层结

温。此外,还可能出现高度增加,气温不变,称为等温层。

逆温层中,冷而重的空气在下层,暖而轻的空气在上层。逆温层内空气的对流和乱流常被抑制,大气处于稳定状态,所以逆温层又称为阻挡层。根据逆温形成原因,有辐射逆温、平流逆温、下沉逆温、锋面逆温等。

1. 辐射逆温

晴朗微风(或无风)的夜间,由于地面强烈辐射冷却而形成的逆温,称为辐射逆温。图1-19表明辐射逆温的生消过程。图中(a)为辐射逆温形成前的气温垂直分布情形;在晴朗无云或少云的夜间,地面很快辐射冷却,贴近地面的气层也随之降温。由于空气愈靠近地面,受地表的影响愈大,所以离地面愈近,降温愈多,离地面愈远,降温愈少,因而形成了自地面开始的逆温[图中(b)情况];随着地面辐射冷却的加剧,逆温逐渐向上扩展,黎明时达最强[图中(c)情况];日出后,太阳辐射逐渐增强,地面很快增温,逆温便逐渐自下而上地消失[图中(d)、(e)情况]。

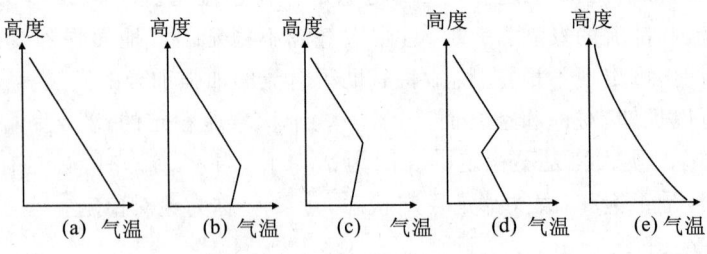

图1-19 辐射逆温的生消过程

辐射逆温厚度从数十米到数百米,在大陆上常年都可出现,以冬季最强。夏季夜短,逆温层较薄,消失也快。冬季夜长,逆温层较厚,消失较慢。在山谷与盆地区域,由于冷却的空气还会沿斜坡流入低谷和盆地,因而常使低谷和盆地的辐射逆温得到加强,往往持续数天而不会消失。

2. 湍流逆温

由于低层空气的湍流混合而形成的逆温,称为湍流逆温。其形成过程可用图1-20来说明。图中 AB 为气层原来的气温分布,气温直减率(γ)比干绝热直减率(γ_d)小,经过湍流混合以后,气层的温度分布将逐渐接近于干绝热直减率。这是因为湍流运动中,上升空气的温度是按干绝热直减率变化的,空气升到混合层上部时,它的温度比周围的空气温度低,混合的结果,使上层空气降温。空气下沉时,情况相反,会使下层空气增温。所以,空气经过充分的湍流混合后,气层的温度直减率就逐渐趋近于绝热直减率。图中 CD 是经过湍流混合后的气温分布。这样,在湍流减弱层(湍流混合层与未发生湍流的上层空气之间的过渡层)就出现了逆温层 DE。

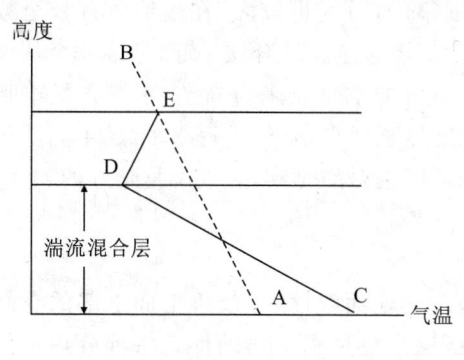

图 1-20　湍流逆温的形成

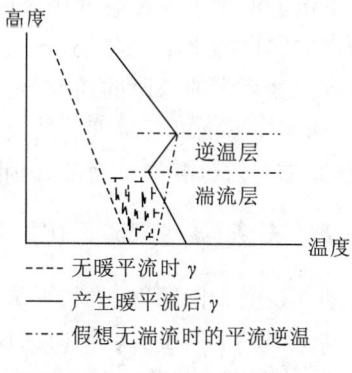

图 1-21　平流逆温的形成

3. 平流逆温

暖空气平流到冷的地面或冷的水面上,会发生接触冷却作用,愈近地表面的空气降温愈多,而上层空气受冷地表面的影响小,降温较少,于是产生逆温现象。这种因空气的平流而产生的逆温,称平流逆温(图 1-21)。但是平流逆温的形成仍和湍流及辐射作用分不开。因为既是平流,就具有一定风速,这就产生了空气的湍流,较强的湍流作用常使平流逆温的近地面部分遭到破坏,使逆温层不能与地面相联,而且湍流的垂直混合作用使逆温层底部气温降得更低,逆温也愈加明显。另外,夜间地面辐射冷却作用,可使平流逆温加强,而白天地面辐射增温作用,则使平流逆温减弱,从而使平流逆温的强度具有日变化。

4. 下沉逆温

如图 1-22 所示,当某一层空气发生下沉运动时,因气压逐渐增大,以及因气层向水平方向的辐散,使其厚度减小($h' < h$)。如果气层下沉过程是绝热的,而且气层内各部分空气的相对位置不发生改变,这样空气层顶部下沉的距离要比底部下沉的距离大,其顶部空气的绝热增温要比底部多。于是可能有这样的情况:当下沉到某一高度上,空气层顶

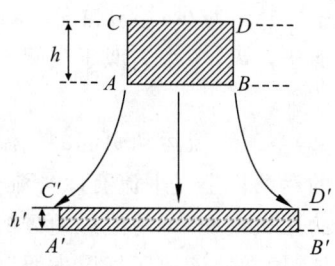

图 1-22　下沉逆温的形成

部的温度高于底部的温度,而形成逆温。例如,设某气层从空中下沉,起始时顶部为3500m,底部为3000m(厚度500m),它们的温度分别为−12℃和−10℃,下沉后顶部和底部的高度分别为1700m和1500m(厚度200m)。假定下沉是按干绝热变化的,则它们的温度分别增高到6℃和5℃,这样逆温就形成了。这种因整层空气下沉而造成的逆温,称为下沉逆温。

下沉逆温多出现在高气压区内,范围很广,厚度也较大,在离地数百米至数千米的高空都可能出现。冬季,下沉逆温常与辐射逆温结合在一起,形成一个从地面开始有着数百米的深厚的逆温层。由于下沉的空气层来自高空,水汽含量本来就不多,加上在下沉以后温度升高,相对湿度显著减小,空气显得很干燥,不利于云的生成,原来有云也会趋于消散,因此在有下沉逆温的时候,天气总是晴好的。

五、大气温度的变化

地面接受太阳辐射、吸收大量热能,改变地面温度,也改善地面上部的空气温度和其下部的土壤温度。同时又以长波辐射、显热和潜热的形式将部分热量传输给大气,从而失去热量。从长时间平均看,热量得失总和应该平衡,因此地面的平均温度维持不变。但在某一段时间内,可能得多于失,地面有热量累积而升温,从而导致支出增加,趋于新的平衡。反之,当失多于得时,地面将伴随着降温过程。由于在这种热量收支平衡过程中,太阳辐射处于主导地位,因此随着日夜、冬夏的交替,地面的温度也会相应地出现日变化和年变化,且变化的幅度与纬度、天气及地表性质等影响热量平衡的控制因子有关。此外地面温度的变化也会通过非绝热因子传递给大气,大气温度也会相应出现变化。

1.近地层气温变化的原因

(1)辐射热交换引起的气温变化。白天,近地面气层中辐射的输入有地面长波辐射和太阳短波辐射,还有空气分子发射的长波辐射,即大气辐射(输出的)。由于输入辐射大于输出辐射,空气层中的热量有盈余,空气增热,温度随之升高,从而使一地的气温随时间逐渐升高。夜间,空气分子的长波辐射输出量超过了输入量,空气层中的热量减少,温度降低,这时一地的气温随时间逐渐下降。就一年来说,夏季类似于白天,冬季类似于夜间。可见,辐射热交换引起的气温变化具有周期性变化的特征。

(2)空气平流运动引起的气温变化。空气的平流运动是指空气分子在水平方向上的运动。空气平流有冷平流与暖平流之分。冷平流是指冷空气沿水平方向向较暖的区域流动,可使流经地区的气温降低。如冬季,当西伯利亚冷空气南下,入侵一地时,常使该地区气温大幅度下降。暖平流是指暖空气沿水平方向向较冷的区域流动,可使流经地区的气温升高。一般低纬度的空气温度比较高,输向高纬度地区时,可使那里的气温有不同程度的升高,这就是暖平流。冷平流和暖平流是非周期性的,任何时刻都可以出现。

(3)乱流运动引起的气温变化。由于地面受热不均匀,或地面粗糙不平,使小规模的空气产生无规则的运动,称为乱流。乱流运动经常出现。乱流总是把热量从较热的地方传输到较冷的地方。白天,由乱流运动使热量向上传输,因此气温升高。夜间,乱流运动将热量向下传输给地面,气温降低。

此外,空气的铅直运动,以及空气中的水相变化对气温也有影响。但是,最为经常性的,对近地层气温有影响的传热过程是上述三种物理过程。

2. 气温的日变化

大气边界层的温度主要受地表面增热与冷却作用的影响而发生变化。例如,白天当地表面吸收了太阳辐射能而逐渐增热,通过辐射、分子运动、湍流及对流运动和潜热输送等方式将热量传递给边界层大气,使大气温度随之升高;夜间地表面因放射长波辐射而冷却,使边界层大气温度也随之降低。因而引起边界层大气温度的日变化。而地表面对大气边界层温度的影响是与地表面的性质(森林、草原、沙漠、不同类型的土壤等)有关的。广阔洋面上的冷暖洋流也影响洋面上空的大气。

此外,大气中的水平运动与垂直运动都会引起局地气温的变化。例如暖平流移来时,会使局地上空的气温升高。冷平流移来时则会使局地上空的气温下降。大气中的垂直运动使得垂直方向上热量分布趋于一致。当地表面受热时,垂直交换作用使地表面增热现象减弱。当地表面冷却时,交换作用使降温现象减小。

近地层气温日变化的特征是:在一日内有一个最高值,一般出现在午后14时左右;有一个最低值,一般出现在日出前后。一天中气温的最高值与最低值之差,称为气温日较差,其大小反映气温日变化的程度。

一天中正午太阳辐射最强,但最高气温却出现在午后两点钟左右。这是因为大气的热量主要来源于地面。地面一方面吸收太阳的短波辐射而得热,另一方面又向大气输送热量而失热。若净得热量,则温度升高。若净失热量,则温度降低。这就是说,地温的高低并不直接决定于地面当时吸收太阳辐射的多少,而决定于地面储存热量的多少。早晨日出以后随着太阳辐射的增强,地面净得热量,温度升高。此时地面放出的热量随着温度升高而增强,大气吸收了地面放出的热量,气温也跟着上升。到了正午太阳辐射达到最强。正午以后,地面太阳辐射强度虽然开始减弱,但得到的热量比失去的热量还是多些,地面储存的热量仍在增加,所以地温继续升高,长波辐射继续加强,气温也随着不断升高。到午后一定时间,地面得到的热量因太阳辐射的进一步减弱而少于失去的热量,这时地温开始下降。地温的最高值就出现在地面热量由储存转为损失,地温由上升转为下降的时刻。这个时刻通常在午后13时左右。由于地面的热量传递给空气需要一定的时间,所以最高气温出现在午后14时左右。随后气温便逐渐下降,一直下降到清晨日出之前地面储存的热量减至最少为止。所以最低气温出现在清晨日出前后,而不是在半夜。

气温日变化的另一特征是日较差的大小与纬度、季节和其他自然地理条件有关。日较差最大的地区在副热带,向两极减小。热带地区的平均日较差约为12℃,温带约为8～9℃,极圈内为3～4℃。日较差夏季大于冬季,但最大值并不出现在夏至日。这是因为气温日较差不仅与白天的最高温度值有关,还取决于夜间的最低温度值。夏至日,中午太阳高度角虽最高,但夜间持续时间短,地表面来不及剧烈降温而冷却,最低温度不够低。所以,中纬度地区日较差最大值出现在初夏,最小值出现在冬季。海洋上日较差小于大陆。盆地和谷地由于坡度及空气很少流动之故,白天增热与夜间冷却都较大,日较差大。而小山峰等凸出地形区,地表面对气温影响不大,日较差小。气温日较差还与地面的特性和天气情况等有关。例如沙漠地区日较差很大,潮湿地区日较差较小。

就天气情况来说,如果有云层存在,则白天地面得到的太阳辐射少,最高气温比晴天低。而在夜间,云层覆盖又不易使地面热量散失,最低气温反而比晴天高。所以阴天的气温日较差比晴天小。

从以上所述可知,在任何地点,每一天的气温日变化,既有一定的规律性,又不是前一天气温日变化的简单重复,而是要考虑上述诸因素的综合影响。

气温日变化的极值出现时间随离地面的高度增大而后延,振幅随离地高度的增大而减小。冬季约在0.5km高度处日振动已不明显,但夏季日振动可扩展到1.5～2.0km高度处。

3. 气温的年变化

气温的年变化和日变化在某些方面有着共同的特点,如地球上绝大部分地区,在一年中月平均气温有一个最高值和一个最低值。由于地面储存热量的原因,使气温最高值和最低值出现的时间,不是在太阳辐射最强和最弱的一天(北半球夏至和冬至),也不是在太阳辐射最强和最弱一天所在的月份(北半球6月和12月),而是比这一时段要落后1～2个月。大体而论,海洋上落后较多,陆地上落后较少。沿海落后较多,内陆落后较少。就北半球来说,中、高纬度内陆的气温以7月为最高,1月为最低。海洋上的气温以8月为最高,2月为最低。

一年中月平均气温的最高值与最低值之差,称为气温年较差。气温年较差的大小与纬度、海陆分布等因素有关。赤道附近,昼夜长短几乎相等,最热月和最冷月热量收支相差不大,气温年较差很小;愈到高纬度地区,冬夏区分明显,气温的年较差就很大。例如我国的西沙群岛(16°50′N)气温年较差只有6℃,上海(31°N)为25℃,海拉尔(49°13′N)达到46.7℃。图1-23给出了不同纬度气温年变化的情况。低纬度地区气温年较差很小,高纬度地区气温年较差可达40～50℃。

如以同一纬度的海陆相比,大陆区域冬夏两季热量收支的差值比海洋大,所以陆上气温年较差比海洋大得多。在一般情况下,温带海洋上年较差为 11℃,大陆上年较差可达到 20～60℃。

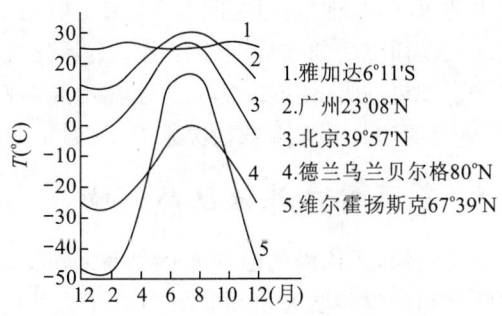

图 1-23　不同纬度气温的年变化

根据温度年较差的大小及最高、最低值出现的时间,可将气温的年变化按纬度分为四种类型。

(1)赤道型。它的特征是一年中有两个最高值,分别出现在春分和秋分以后,因赤道地区春秋分时中午太阳位于天顶。两个最低值出现在冬至与夏至以后,此时中午太阳高度角是一年中的最小值。这里的年较差很小,在海洋上只有 1℃ 左右,大陆上也只有 5～10℃ 左右。这是因为该地区一年内太阳辐射能的收入量变化很小之故。

(2)热带型。其特征是一年中有一个最高(在夏至以后)和一个最低(在冬至以后),年较差不大(但大于赤道型),海洋上一般为 5℃,在陆地上约为 20℃ 左右。

(3)温带型。一年中也有一个最高值,出现在夏至后的 7 月,一个最低值出现在冬至以后的 1 月。其年较差较大,并且随纬度的增加而增大。海洋上年较差为 10～15℃,内陆一般达 40～50℃,最大可达 60℃。另外,海洋上极值出现的时间比大陆延后,最高值出现在 8 月,最低值出现在 2 月。

(4)极地型。一年中也是一次最高值和一次最低值,冬季长而冷,夏季短而暖,年较差很大是其特征。

特别要指出的是,随着纬度的增高,气温日较差减小而年较差却增大。这主要是由于高纬度地区,太阳辐射强度的日变化比低纬度地区小,即纬度高的地区,在一天内太阳高度角的变化比纬度低的地区小,而太阳辐射的年变化在高纬地区比低纬地区大的缘故。

4.气温的非周期性变化

气温的变化还时刻受着大气运动的影响,所以有些时候,气温的实际变化情形,并不像上述周期性变化那样简单。例如 3 月以后,我国江南正是春暖花开的时节,却常常因为冷空气的活动而有突然转冷的现象。秋季,正是秋高气爽的时候,往往也会因为暖空气的来临而突然回暖。这种非周期性变化,在以后有关章节还将进一步叙述。

由此可见，某地气温除了由于太阳辐射的变化而引起的周期性变化外，还有因大气的运动而引起的非周期性变化。实际气温的变化，就是这两个方面共同作用的结果。如果前者的作用大，则气温显出周期性变化；相反，就显出非周期性变化。不过，从总的趋势和大多数情况来看，气温日变化和年变化的周期性还是主要的。

六、气温对户外活动的影响

众所周知，人体内的温度变化是很小的，一般在 36.5～37.0℃ 之间。人体内与皮肤之间的温差要大于 2℃，才有利于人体的有效散热。人穿了衣服后，无论外界如何寒冷，只要人体表面在 33℃ 的空气中，就会感觉温暖。在 0.5m/s 的微风条件下，处于静止状态的裸露人体，要保持正常体温，环境温度应为 28～30℃；若从事轻微活动，环境温度只需 22℃；若在静止状态下，穿少量衣服，环境温度只需 23℃。这说明在一定的环境中正常体温的保持除衣着外，还与人所处的状态有关。人的皮肤对 27～32℃ 之间温度最敏感，高于或低于这一范围，感觉灵敏度降低，环境温度若高于 32℃，人就会产生热感，温度越高，热感愈烈。

人体散热有以下几个途径：①传导：体内热能到达体表，直接传导给与体表接触的物体；②对流：对流散热约占人体全部散热的 15%，正常情况下，与人体周围的 1～2mm 厚的薄空气层的湿度和温度有关；③辐射：即肌体以发射红外线方式来散热。在一般情况下，以辐射方式散发热量大约是总散热量的 40%～60%；④蒸发：即通过汗液的蒸发来散发热量。

空气温度直接影响散热量的大小，空气温度低时有利于传导、对流和辐射散热，空气温度高时使辐射散热减少，但汗液增多使蒸发散热加大。空气中水汽含量的多少直接关系到汗液的蒸发快慢，影响蒸发散热的多少。

据研究，有利于工作的环境温度是 15～20℃，17℃ 最适宜从事脑力劳动。超过这个温度范围，就或多或少地会影响工作效率。气象部门确定日最高气温高于 32℃ 的日子称为"暑热日"，把日最高气温高于 35℃ 的日子称为"炎热日"，日最高气温高于 37℃ 的日子称为"酷暑日"。为避免受暑热和寒冷，夏季位于炎热地区的人们若要进行户外活动，应向北方气温凉爽的地区流动；冬季，位于严寒地区的人们若要进行户外活动，应向温暖和阳光充足的地区流动。

气象上以候平均气温低于 0℃ 的时期作为严寒日的指标。我国冬季南北温差大，大兴安岭北部是我国最冷的地方，1月份平均气温达 −30℃ 左右，平均最低气温在 −39℃ 以下，1969年2月13日漠河曾出现 −52.5℃ 的最低气温；而南岭以南1月平均气温一般在 10℃ 以上，海南岛南部和台湾南部能上升到 18℃ 以上。因此南方成为我国冬季的旅游热点，海南岛的三亚市、广西的北海市已成为我国的避寒胜地。

气象条件与体育运动的密切关系，今天已越来越引起体育界和气象界的重视。气温对运动员的植物神经系统、内分泌功能以及血压等有影响。不同的气温条件会对运动员产生不同影响。冷暖适宜、风和日丽的天气会使大型体育运动会的开幕式和闭幕式增色，运动比赛中充分利用有利的气象条件对发挥水平、创造佳绩有帮助，多年来体育界和气象界的专家们进行了专门的研究，这里仅作简单介绍。

室内比赛的射箭、拳击、网球、柔道、射击等项目的适宜气温为 13～16℃。篮球、垒球为 10～13℃。羽毛球为 7℃。对于体操运动，新手 17℃ 合适，而训练有素的老运动员则以 13～14℃ 为宜。

35℃ 以上高温酷暑会造成运动员中暑休克；严寒天气除冰雪运动外，不宜开展其他室外体育运动。

从肌肉能发挥较好作用角度来说，气温对田径赛的最适宜温度范围是 17～22℃，田赛运动要求的温度高一些为 20～22℃ 左右，而径赛则要低一些为 17～20℃。温度过低可使血压上升。较高的气温对长跑有利，但不能过高，不然就有副作用，如 1967 年 7 月 18 日在日本举行的马拉松比赛中，由于当时气温已超过 30℃，比赛途中许多运动员病倒。

马拉松长跑（全程 42.195km）是运动会主要比赛项目之一。马拉松的成绩好坏，除对运动员的体质和技能有较高的要求外，气象条件也起到重要作用。有人估计：一次马拉松长跑，运动员约消耗 3000 千卡的能量。能量代谢所产生的热量可由人体每小时吸入的氧气和呼出的二氧化碳计算出来，这要求运动员具有特殊的呼吸和利用大量氧气的能力及高效率散热的本领。如果运动过程中产生的热量全部储存在体内，则运动员的体温将以约为 0.2℃/分的速度上升，事实上运动员到达终点时体温仅增加 1～2℃，这说明人体具有高效率的散热机制。人体和环境之间的热交换除与人的体质、皮肤特性、出汗率、呼吸散热及衣着有关外，还受空气的温度和湿度、风速和辐射等影响。也就是说，气象条件对运动员的散热能力起着重要的作用，直接影响到马拉松成绩的好坏。

第四节　大气中的水分

空气湿度是说明大气干湿程度的物理量，它取决于空气中水汽含量的多少。空气中的水汽主要来自海洋、湖泊、河流及潮湿土壤的蒸发，或来自植物的蒸腾。由于它本身的分子扩散和空气的运动传递而散布于大气之中。在一定条件下，水汽又凝结，出现云、雾等许多天气现象，并以雨、雪等降水物返回陆地和水面。地球上的水分就是通过蒸发、凝结和降水等物理过程构成了水分循环。因此，地球上水分循环过程对地-气系统的热量平衡和天气变化起着非常重要的作用。

一、空气湿度

空气湿度是表示大气中水汽量多少的物理量。大气湿度状况与云、雾、降水等关系密切。大气湿度常用下述物理量表示。

1. 水汽压和饱和水汽压

大气压力是大气中各种气体压力的总和。水汽和其他气体一样,也有压力。大气中的水汽所产生的压力称水汽压(e)。它的单位和气压一样,也用百帕(hPa)表示。显然,大气中水汽含量越多,水汽压越大;水汽含量越少,水汽压越小。

在温度一定情况下,单位体积空气中的水汽量有一定限度,如果水汽含量达到此限度,空气就呈饱和状态,这时的空气,称饱和空气。饱和空气的水汽压(E)称饱和水汽压,也叫最大水汽压,因为超过这个限度,水汽就要开始凝结。实验和理论都可证明,饱和水汽压随温度的升高而增大。在不同的温度条件下,饱和水汽压的数值是不同的。纯水面(平面)上的饱和水汽压仅与温度有关,可用马格努斯经验式计算,即

$$E = E_0 \cdot 10[at/(b+t)]$$

式中:E_0 是气温时纯水面上的饱和水汽压,$E_0 = 6.1 \text{hPa}$;t 是蒸发面的温度,单位 ℃,气象学上用气温代替;a 和 b 是与蒸发面性质有关的两个常数,水面上 $a=7.5, b=235$;冰面上 $a=9.5, b=265$。由上式可见,温度升高,饱和水汽压按指数律增大,同温度下,冰面上的饱和水汽压小于水面上的饱和水汽压(表 1-4)。

表 1-4 不同温度下的饱和水汽压(hPa)

温度(℃)	-30	-20	-10	0	10	20	30
冰面	0.38	1.03	2.00	6.11	—	—	—
水面	0.51	1.25	2.86	6.11	12.3	23.4	42.5

2. 相对湿度

相对湿度(f)就是空气中的实际水汽压与同温度下的饱和水汽压的比值(用百分数表示),即

$$f = e/E \times 100\%$$

相对湿度的大小反映了空气离饱和的程度。当空气饱和时,$e=E$,$f=100\%$,未饱和时,$e<E$,$f<100\%$;过饱和时,$e>E$,$f>100\%$。

相对湿度与水汽压、温度有关。在一定温度下,即饱和水汽压为定值时,相对湿度仅与水汽压有关,水汽压大,相对湿度也大;反之,水汽压小,相对湿度也小。

在水汽压一定的情况下,相对湿度仅与温度有关,温度高,相对湿度小;温度低,相对湿度大。

3. 饱和差

在一定温度下,饱和水汽压与实际空气中水汽压之差称饱和差(d)。即 $d=E-e$,d 表示实际空气距离饱和的程度。饱和差大,说明空气中水汽含量少,空气干燥;当空气饱和时,$f=100\%$,$e=E$,则 $d=0$。在研究水面蒸发时常用到 d,它能反映水分子的蒸发能力。

4. 比湿

在一团湿空气中,水汽的质量与该团空气总质量(水汽质量加上干空气质量)的比值,称比湿(q)。其单位是 g/g,即表示每一克湿空气中含有多少克的水汽。也有用每千克质量湿空气中所含水汽质量的克数表示的,即 g/kg。

$$q = m_w/(m_d + m_w)$$

式中:m_w 为该团湿空气中水汽的质量;m_d 为该团湿空气中干空气的质量。据此公式和气体状态方程可导出

$$q = 0.622e/P$$

注意式中气压(P)和水汽压(e)须采用相同单位(hPa)。

由上式知,对于某一团空气而言,只要其中水汽质量和干空气质量保持不变,不论发生膨胀或压缩,体积如何变化,其比湿都保持不变。因此在讨论空气的垂直运动时,通常用比湿来表示空气的湿度。

5. 水汽混合比

一团湿空气中,水汽质量与干空气质量的比值称水汽混合比(γ)即:(单位:g/g)

$$\gamma = m_w/m_d$$

据其定义和气体状态方程可导出

$$\gamma = 0.622e/(P-e)$$

6. 露点

在气压不变、水汽含量无增减情况下,未饱和空气冷却降温而达到饱和状态时,其温度称为露点温度,简称露点(t_d),单位为℃。虽然露点是一温度值,它却反映了空气中的水汽含量。露点温度对应的饱和水汽压即为实际水汽压,露点和实际水汽压有如下关系式。

$$e = E_0 \cdot 10[(a+t_d)/(b+t_d)]$$

由上式看出,露点愈高,水汽压愈大;露点低,水汽压小。

空气经常处于未饱和状态,所以露点常常低于气温,只有空气呈饱和状态时,

露点等于气温。气温与露点之差为温度露点差,两者的差值如同相对湿度一样,反映了空气的饱和程度;差值为正,说明空气处于未饱和状态,差值愈大,空气愈干燥;差值为零,空气饱和;差值为负,则空气处于过饱和状态。

7. 绝对湿度

单位容积的湿空气中含有的水汽质量,称为绝对湿度(a),单位是千克/米³(kg/m^3)。绝对湿度就是空气中的水汽密度。

如果绝对湿度的单位取 g/m^3,e 的单位取 mm,那么两者有如下的关系:

$$a = 289e/T$$

式中:T 是以绝对温度 K 表示的气温。

由上式可知,当气温等于16℃(289K)时,在数值上有 $a=e$。在一般温度下,当要求不很精确时,常常以 mm 为单位的水汽压值视作绝对湿度,必须注意两者的单位不同。

上述各种表示湿度的物理量:水汽压、比湿、水汽混合比、露点、绝对湿度基本上表示空气中水汽含量的多寡。而相对湿度、饱和差、温度露点差则表示空气距离饱和的程度。

二、相对湿度的日变化和年变化

1. 相对湿度的日变化

晴天情况下,相对湿度的日变化特点是:最高值出现在清晨,最低值出现在午后(图1-24)。相对湿度的最高值与最低值出现的时间与气温相反。温度升高时,虽然蒸发加强,近地面层大气中的水汽含量增加,水汽压增大一些,但午后乱流强,低层大气中的水汽常被带到高空,导致近地面层大气中的水汽含量增加不多。可是随温度增加时,饱和水汽压按指数律增大得很多,这样相对湿度反而减小。反之,温度降低时,相对湿度增大。可见,在相对湿度的日变化中,气温是影响相对湿度的主导因子。

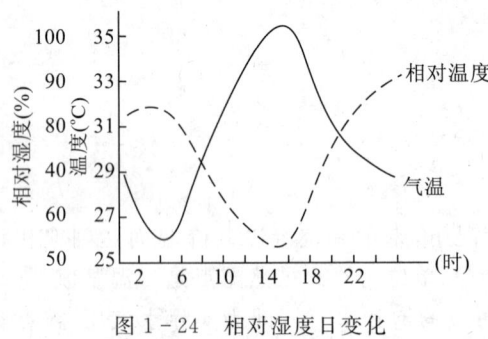

图1-24 相对湿度日变化

必须指出,在阴天或多云天气下,上述相对湿度的日变化规律常被破坏。

2. 相对湿度的年变化

一般来说,冬季相对湿度最大,夏季最小,它与气温的年变化相反。但是我国在季风气候区内,相对湿度的年变化与气温的年变化大体一致,夏季气温最高时,相对湿度最大,冬季或春季,相对湿度最小(图1-25)。其原因是,夏季我国大陆上的盛行气团来自海洋,带来充沛的水汽,水汽压大;冬季盛行气团来自干燥的内陆,水汽极少,水汽压小;春季气温回升快,相对湿度低。

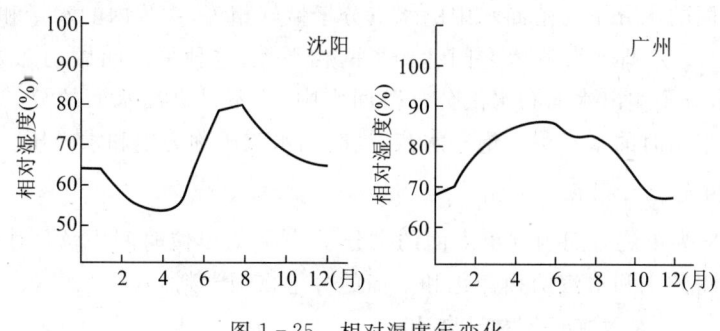

图1-25 相对湿度年变化

三、水相变化

在自然界中,常有由一种或数种处于不同物态的物质所组成的系统。在几个或几组彼此性质不同的均匀部分所组成的系统中,每一个均匀部分叫做系统的一个相。例如水的三种形态:气态(水汽)、液态(水)和固态(冰),称为水的三相。由于物质从气态转变为液态的必要条件之一是温度必须低于它本身的临界温度,而水的临界温度为 $t_k=374K$,大气中的水汽基本集中在对流层和平流层内,该处大气的温度不但永远低于水汽的临界温度,而且还常低于水的冻结温度,因此水汽是大气中唯一能由一种相转变为另一种相的成分。这种水相的相互转化就称为水相变化。

1. 水相变化的物理过程

从分子运动论看,水相变化是水的各相之间分子交换的过程。例如,在水和水汽两相共存的系统中,水分子在不停地运动着。在水的表面层,动能超过脱离液面所需的功的水分子,有可能克服周围水分子对它的吸引而跑出水面,成为水汽分子,进入液面上方的空间。同时,接近水面的一部分水汽分子,又可能受水面水分子的吸引或相互碰撞,运动方向不断改变,其中有些向水面飞去而重新落回水中。单位时间内跑出水面的水分子数正比于具有大速度的水分子数,也就是说,该数与温度成正比。温度越高,速度大的水分子就越多,因此,单位时间内跑出水面的水分子也越多。落回水中的水汽分子数则与系统中水汽的浓度有关。水汽浓度越大,单位时间内落回水中的水汽分子也越多。

起初,系统中的水汽浓度不大,单位时间内跑出水面的水分子比落回水中的水汽分子多,系统中的水就有一部分变成了水汽,这就是蒸发过程。

蒸发的结果使系统内的水汽浓度加大,水汽压也就增大了,这时分子碰撞的机会增多,落回水面的水汽分子也就增多。如果这样继续下去,就有可能在同一时间内,跑出水面的水分子与落回水中的水汽分子恰好相等,系统内的水量和水汽分子含量都不再改变,即水和水汽之间达到了两相平衡,这种平衡叫做动态平衡(因为这时仍有水分子跑出水面和水汽分子落回水中,只不过进出水面的分子数相等而已)。动态平衡时的水汽称为饱和水汽,当时的水汽压称为饱和水汽压。

2. 水相变化的判据

假设 N 为单位时间内跑出水面的水分子数,n 为单位时间内落回水中的水汽分子数,则得到水和水汽两相变化和平衡的分子物理学判据,即

$N>n$ 蒸发(未饱和)

$N=n$ 动态平衡(饱和)

$N<n$ 凝结(过饱和)

但在气象工作中不测量 N 和 n,所以不能直接应用以上判据。我们可以通过用水汽的气体状态方程,水汽压(e)与水汽密度的关系,即水汽密度大时,e 也大,n 亦多。用类似关系来列出另一判据,即

$E>e$ 蒸发(未饱和)

$E=e$ 动态平衡(饱和)

$E<e$ 凝结(过饱和)

若 E_s 为某一温度下对应的冰面上的饱和水汽压,与以上类似也可得到冰和水汽两相变化和平衡的判据,即

$E_s>e$ 升华

$E_s=e$ 动态平衡

$E_s<e$ 凝华

上面说明了水相变化是可以由实测的水汽压值 e 与同温度下的饱和水汽压值 E(或 E_s)之间的比较来判定的。

3. 水相变化中的潜热

在水相的转变过程中,还伴随着能量的转换。蒸发过程中,由于具有较大动能的水分子脱出液面,使液面温度降低。如果保持其温度不变,必须自外界供给热量,这部分热量等于蒸发潜热 L,L 与温度有如下的关系

$$L=(2500-2.4t)\times 10^3$$

根据上式,当 $t=0℃$ 时,$L=2.5\times 10^6 J/kg$。而且 L 是随温度的升高而减小

的。不过在温度变化不大时,L 的变化是很小的,所以一般取 L 为 $2.5×10^6 J/kg$。当水汽发生凝结时,这部分潜热又将会全部释放出来,这就是凝结潜热。在同温度下,凝结潜热与蒸发潜热相等。

同样,在冰升华为水汽的过程中也要消耗热量,该热量包含两部分,即由冰融化为水所需消耗的融解潜热和由水变为水汽所需消耗的蒸发潜热。融解潜热为 $3.34×10^5 J/kg$。所以,若以 L_s 表示升华潜热,则有

$$L_s=(2.5×10^6+3.34×10^5)J/kg=2.8×10^6 J/kg$$

四、蒸发

气象学中蒸发是指常温情况下(即温度低于沸点时),液面上水的汽化现象,即水汽由液面上逸出。海洋、江河、湖泊等水体,以及土壤中的水都在不断地蒸发,其水汽进入大气中,随着空气的铅直运动和水平运动,水汽由地表带到高空,由水体上空被带到陆地上空,所以蒸发是水循环中的重要环节之一。

1. 水面蒸发

实验指出,水面的蒸发率与水面上空气的饱和水汽压同实际水汽压的差成正比,与水面上的气压成反比,并随水面上风速的增加而增大(不是正比关系)。其关系式如下:

$$E_w = C·(E-e)/P$$

上式是道尔顿蒸发公式。式中:E_w 是水面蒸发率;E 是该水面温度(常用水面上的气温代替)下的饱和水汽压;e 是水面上空的实际水汽压;$E-e$ 是空气的饱和差;P 是气压;C 是与风速有关的比例系数。

从上式可以看出,饱和差$(E-e)$大,蒸发率大。饱和差大,表明空气中还能容纳较多的水汽分子才达到饱和状态,而水汽分子来自蒸发面上水的蒸发,所以蒸发率大。反之,饱和差小,蒸发率也小。

风速也影响蒸发率。静风时,蒸发面上空的水汽依靠分子扩散,十分缓慢。有风时,乱流强,风带走了蒸发面上空的饱和湿空气,并不断地输入不饱和的新鲜空气,这种空气能容纳的水汽多,加速蒸发,蒸发率大。

在静止空气中,气压也影响水面的蒸发率。因为气压的高低反映了空气分子的密度,压强大说明水分子挣脱液面时受到的阻力大,抑制蒸发,蒸发率小。空气流动时,气压与其他气象因子相比,可忽略不计。

对纯净水面来说,蒸发率仅决定于气象因子,但是自然界中很少出现这种理想情况,如海水中常常溶有盐分。海水是溶液,溶液中分子间的吸引力比纯水分子间的引力大。所以在相同气象条件下,溶液面的蒸发率小于纯水面的蒸发率。

2. 蒸发量

蒸发率难以测定，日常工作中多用蒸发量。蒸发量是指一段时间（一日、一月或一年）内，由于蒸发而消耗的水量，以单位面积上失去的水层的厚度计，单位毫米（mm）。目前，各级气象台站使用蒸发器测定蒸发量。但蒸发器所测得的蒸发量与自然水面的蒸发量还有一定的误差。

实际下垫面（下垫面是指地球表面，包括陆面、水面和冰雪表面等）蒸发到大气中的水分是很能难精确测量和计算出的。如果下垫面足够湿润，水分能持续并充分地供给蒸发的需要，这种情况下的蒸发量称为最大可能蒸发量，又称蒸发力，单位同蒸发量。

五、凝结和凝华

凝结是指大气中的水汽变为液态水的过程；凝华是水汽不经历液态阶段，直接变为固态的冰晶。当大气中的水汽含量达到饱和状态，并有凝结核时，便出现凝结或凝华现象。因此，大气中水汽凝结或凝华的一般条件：一是有凝结核或凝华核的存在；二是大气中水汽要达到饱和或过饱和状态。

1. 凝结核

在大气中，水汽压只要达到或超过饱和，水汽就会发生凝结，但在实验室里却发现，在纯净的空气中，水汽过饱和到相对湿度为300%～400%，也不会发生凝结。实验得出，纯净空气的相对湿度达到400%～800%，水汽分子才会自身凝结。实际大气中，这样大的过饱和状态是不存在的。这是因为作不规则运动的水汽分子之间引力很小，通过相互之间的碰撞不易相互结合为液态或固态水。只有在巨大的过饱和条件下，纯净的空气才能凝结。然而巨大的过饱和在自然界是不存在的。大气中存在着大量的吸湿性微粒物质，它们比水汽分子大得多，对水分子吸引力也大，从而有利于水汽分子在其表面上的集聚，使其成为水汽凝结核心。这种大气中能促使水汽凝结的微粒，叫凝结核，其半径一般为10^{-7}～10^{-3}cm，而且半径越大，吸湿性越好的核周围越易产生凝结。凝结核的存在是大气产生凝结的重要条件之一。

2. 大气中水汽含量达到过饱和状态的过程

大气中水汽含量达到过饱和有两条途径：一是在一定温度下增加空气中的水汽含量，即水汽压增大，并出现实际水汽压大于该气温下的饱和水汽压，即$e>E$。二是大气中水汽含量不变，空气冷却，气温降低，饱和水汽压随之减小，当时实际水汽压满足饱和或过饱和状态时，水汽凝结。大气中常见的凝结现象以第二条途径居多。

显然,第一条途径中,必须具有蒸发源,且蒸发面的温度高于气温的情况下才有可能出现 $e>E$。如果冷空气流经暖水面,水面温度高于气温,暖水面蒸发,水汽分子进入冷空气中,水汽含量增加并达到过饱和状态,出现凝结现象。秋季和冬季早晨,在江、海、湖泊等大面积水体面上出现的雾(称蒸发雾)就属于这种过程。此外,雨后转晴,地面增热,土壤蒸发迅速,乱流弱时也可使贴地层空气中的水汽含量出现过饱和状态。

但是,自然界中以第二条途径为多,即空气冷却到露点以下,空气呈饱和或过饱和状态。大气中常见的降温过程有以下几种:

(1)绝热冷却。指空气在上升过程中,因体积膨胀对外做功而导致空气本身的冷却。随着高度升高,温度降低,饱和水汽压减小,空气至一定高度就会出现过饱和状态。这一方式对于云的形成具有重要作用。

(2)辐射冷却。指在晴朗无风的夜间,由于地面的辐射冷却,导致近地面层空气的降温。当空气中温度降低到露点温度以下时,水汽压就会超过饱和水汽压产生凝结。辐射雾就是水汽以这种方式凝结形成的。

(3)平流冷却。暖湿空气流经冷的下垫面时,将热量传递给冷的地表,造成空气本身温度降低。如果暖空气与冷地面温度相差较大,暖空气降温较多,也可能产生凝结。

(4)混合冷却。当温差较大,且接近饱和的两团空气水平混合后,也可能产生凝结。由于饱和水汽压随温度的改变呈指数曲线形式(图1-26)。就可能使混合后气团的平均水汽压比混合气团平均温度下的饱和水汽压大。图1-26中 A 和 B 分别代表两个未饱和气团的状态,A 气团的温度为 t_1,水汽压为 e_1,饱和水汽压为 E_1。B 气团的温度为 t_2,水汽压为 e_2,饱和

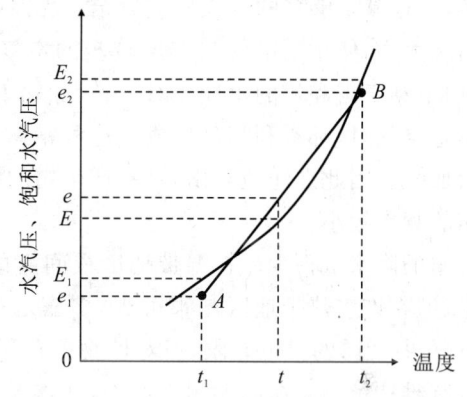

图1-26 气团水平混合后而产生凝结

水汽压为 E_2。混合后,空气的温度即为原来两团空气的平均温度(即横坐标上 t_1 与 t_2 之中点),对应的饱和水汽压为 E。由于混合是水平方向进行的。混合后的水汽压 e,即为 e_1 与 e_2 的平均值(即纵坐标上 e_1 与 e_2 之中点)。从图上可以看出,这两团空气混合后,水汽压大于饱和水汽压,即 $e>E$,可以产生凝结。例如我国新疆地区就有因不同气团混合而产生的雾。若两气团原来的湿度比较小,则混合后也难以发生凝结。

在上述几种过程中,冷却通常是主要的。对形成雾来说,由于凝结出现在贴近地面的气层中,因此辐射冷却、平流冷却是主要的;对形成云来说,由于凝结是在一定高度上,因而绝热冷却就成为主要的了。

六、凝结物

水汽的凝结既可产生于空气中,也可产生于地表或地物上。前者有云和雾,后者有露、霜、雾凇和雨凇等。

(一)露和霜

傍晚或夜间,地面或地物由于辐射冷却,使贴近地表面的空气层也随之降温,当其温度降到露点以下,即空气中水汽含量过饱和时,在地面或地物的表面就会有水汽的凝结。如果此时的露点温度在0℃以上,在地面或地物上就出现微小的水滴,称为露。如果露点温度在0℃以下,则水汽直接在地面或地物上凝华成白色的冰晶,称为霜。有时已生成的露,由于温度降至0℃以下,冻结成冰珠,称为冻露,实际上也归入霜的一类。

形成露和霜的气象条件是晴朗微风的夜晚。夜间晴朗有利于地面或地物迅速辐射冷却。微风可使辐射冷却在较厚的气层中充分进行,而且可使贴地空气得到更换,保证有足够多的水汽供应凝结。无风时可供凝结的水汽不多,风速过大时由于湍流太强,使贴地空气与上层较暖的空气发生强烈混合,导致贴地空气降温缓慢,均不利于露和霜的生成。对于霜,除辐射冷却形成外,在冷平流以后或洼地上聚集冷空气时,都有利于其形成。这种霜称为平流霜或洼地霜,它们又常因辐射冷却而加强。因此在洼地与山谷中,产生霜的频率较大。在水边平地和森林地带,产生霜的频率较小。

露的降水量很少。在温带地区夜间露的降水量约相当于0.1～0.3mm的降水层,但在许多热带地区却很可观,多露之夜可有相当于3mm的降水量,平均约1mm左右。露的量虽有限,但对植物很有利,尤其在干燥地区和干热天气,夜间的露常有维持植物生命的功用。例如,在埃及和阿拉伯沙漠中,虽数月无雨,植物还可以依靠露水生长发育。

霜和霜冻是有区别的。霜是指白色固体凝结物,霜冻是指在农作物生长季节里,地面和植物表面温度下降到足以引起农作物遭受伤害或者死亡的低温。有霜时农作物不一定遭受霜冻之害。有霜冻时可以有霜出现(白霜),也可以没有霜出现(黑霜)。因此,我们要预防的是霜冻而不是霜。霜冻,尤其是早霜冻(或初霜冻)和晚霜冻(或终霜冻)对农作物威胁较大,应引起重视,并需采取熏烟、浇水、覆盖等预防措施。

(二)雨凇

雨凇是降落在地面物体上的过冷却的毛毛雨滴或小雨滴迅速冻结而成的毛玻璃状或透明的紧密冰层,外面光滑或略有隆突。雨凇常在气温 0~3℃ 时出现,在垂直面上和水平面上均能生成,但以近地面物体的迎风面上为多,如树干和树枝上、电线上、柱上以及草上等。在细长物体(电线、树枝等)上的各面都可有雨凇粘附。

雨凇的厚度有时可达几厘米,能将树枝和电线压断,对交通运输、电讯及农林业生产都有很大影响。如 1977 年 10 月 26 日—29 日,从辽宁到河北北部遭受严重的雨凇灾害。据河北省塞罕坝机械林场统计,全场有 38 133.3ha 落叶松人工林和杨桦次生林受灾。受灾面积占全场有林地面积的 52%。受灾区大部分树冠折断,有的树杆也折断。灾区的电线上也有 7cm 长的冰柱。

(三)雾凇

雾凇常见于冬季寒冷且有雾的天气里。雾凇是形成于树枝上、电线上或其他地物迎风面上的白色疏松的微小冰晶或冰粒。根据其形成条件和结构可分为以下两类。

1. 晶状雾凇

晶状雾凇主要由过冷却雾滴蒸发后,再由水汽凝华而成。它往往在有雾、微风或静稳以及温度低于 −15℃ 时出现。由于冰面饱和水汽压比水面小,因而过冷却雾滴就不断蒸发变为水汽,凝华在物体表面的冰晶上,使冰晶不断增长。这种由物体表面冰晶吸附过冷却雾滴蒸发出来的水汽而形成的雾凇叫晶状雾凇。它的晶体与霜类似,结构松散,稍有震动就会脱落。在严寒天气,有时在无雾情况下,过饱和水汽也可直接在物体表面凝华成晶状雾凇,但增长较慢。

2. 粒状雾凇

粒状雾凇往往在风速较大,气温在 −2~−7℃ 时出现。它是由过冷却的雾滴被风吹过,碰到冷的物体表面迅速冻结而成的。由于冻结速度很快,因而雾滴仍保持原来的形状,所以呈粒状。它的结构紧密,能使电线、树枝折断,对交通运输、通讯、输电线路等有一定影响。

(四)雾

雾是指悬浮于近地面气层中的大量微小的水滴或冰晶,使水平能见度小于 1km 的一种天气现象。如果能见度在 1~10km 范围内,则称为轻雾。雾的下界接地。雾中水滴半径平均为 $2~5\mu m$。雾多乳白色,但城市和工业区出现雾时,也可带土黄色或灰色。在极寒冷的天气里(气温在 −20℃ 以下),雾中以冰晶为多,可呈暗灰色。

根据雾形成的天气条件,可将雾分为气团雾及锋面雾两大类。气团雾是在气团内形成的,锋面雾是锋面活动的产物。根据气团雾的形成条件,又可将它分为冷却雾、蒸发雾及混合雾三种。根据冷却过程的不同,冷却雾又可分为辐射雾、平流雾及上坡雾等。其中最常见的是辐射雾和平流雾。

1. 辐射雾

辐射雾是由地面辐射冷却使贴地气层变冷而形成的。有利于形成辐射雾的条件是:①空气中有充足的水汽;②天气晴朗少云;③风力微弱(1~3m/s);④大气层结稳定。

辐射雾的厚度随空气的冷却程度及风力而定。如只在贴近地面的气层内,温度降到露点以下,而且风力微弱,则形成低雾。低雾的高度在2~100m之间,有时低雾厚度不到2m,薄薄地蒙蔽在地面上,这种雾称为浅雾。低雾的形成常与近地层的逆温层有关,它的上界常与逆温层的上界一致。低辐射雾常在秋天的黄昏、夜晚或早晨日出之前出现在低洼地区。在日出前后,浓度达最大。上午8~10时,由于逆温层被破坏,低雾即随之消失。如空气冷却作用所及高度增大,辐射雾能伸展到几百米高。这种辐射雾称高雾,范围很广,能持续多日不散,仅在白天稍有减弱。辐射雾多出现在高气压区的晴夜,它的出现常表示晴天。例如,冬半年我国大陆上多为高压控制,夜又较长,特别有利于辐射雾的形成。

辐射雾有明显的地方性。我国四川盆地是有名的辐射雾区,其中重庆冬季无云的夜晚或早晨,雾日几乎占80%,有时还可终日不散,甚至连续几天。

城市及其附近,烟粒、尘埃多,凝结核充沛,因此特别容易形成浓雾(常称都市雾)。如果机场位于城市的下风方,这种雾就会笼罩机场,严重地影响飞机的起飞和着陆。

2. 平流雾

平流雾是暖湿空气流经冷的下垫面而逐渐冷却形成的。海洋上暖而湿的空气流到冷的大陆上或者冷的海洋面上,都可以形成平流雾。

形成平流雾的有利天气条件是:①下垫面与暖湿空气的温差较大;②暖湿空气的湿度大;③适宜的风向(由暖向冷)和风速(2~7m/s);④层结较稳定。

因为只有暖湿空气与其流经的下垫面之间存在较大温差时,近地面气层才能迅速冷却形成平流逆温,而这种逆温起到限制垂直混合和聚集水汽的作用,使整个逆温层中形成雾。适宜的风向和风速,不但能源源不断地送来暖湿空气,而且能发展一定强度的湍流,使雾达到一定的厚度。

平流雾的范围和厚度一般比辐射雾大,在海洋上四季皆可出现。由于它的生消主要取决于有无暖湿空气的平流,因此只要有暖湿空气不断流来,雾可以持久不消,而且范围很广。海雾是平流雾中很重要的一种,有时可持续很长时间。在我国沿海,以春夏为多雾季节,这是因为平流性质的海雾,只当夏季风盛行时才能到达陆上。

在陆上,由于平流冷却和辐射冷却的共同作用而形成平流辐射雾。此外,还有冷气流流经暖水面时产生的蒸发雾,稳定的空气沿高地或山坡上升时因绝热冷却而形成的上坡雾,以及冷暖性质不同的气团交界处形成的锋面雾等。

3. 雾对户外运动及人们生活的危害

雾是地面气温下降,饱和水汽在尘埃、微粒、细菌等凝结核上凝结的小水滴,是常见的自然现象。秋冬季由于地表辐射逆温作用,雾天出现频繁。说到雾,人们就会想起它对交通出行的危害。大雾天造成的交通事故很多,也很惨重。而且,雾对人类的户外运动危害也是很大的。

首先,雾有较强的吸附性。雾滴在低空飘移时,由于不断与污染物碰撞,能使污染物积聚,让雾的有害成分大增。据测定,雾滴中酸、胺、酚、重金属微粒、尘埃、病菌含量比通常大气高出几十倍。

其次,雾滴中含有的二氧化硫、硫化氢等物对金属腐蚀性很大,使外露金属物件寿命缩短。据统计,全球每年被酸雾锈蚀的钢铁有上千万吨。

再次,雾对农作物危害也很大,在农作物、水果、蔬菜生长过程中粘附上有害雾滴,不仅会使果实蔬菜长上斑点,而且能促进霉菌的生长。某些农作物在开花期,若遇上持续的雾天,可造成1~3成的减产。

最后,由于大气污染、形成雾的凝结核性质的变化,雾对人体的危害越来越严重,人在呼吸了污染雾后,使鼻炎、咽炎、支气管炎、肺癌发病率明显增多。

为减轻雾对人类的危害,最主要的是控制大气污染,减少自由大气中有害凝结核的数量。

(五)云

云是悬浮在大气中的小水滴,或冰晶微粒,或二者混合的可见聚合体,有时还含有一些较大的雨滴和冰雪粒。云和雾的区别是:云底不接地,且有一定的高度和形状。云滴的半径多数在 $2\sim15\mu m$ 之间,比雾中的水滴大。在云的形成过程中,使空气中水汽达到饱和以绝热冷却为主,雾则以辐射冷却和平流冷却为主。

1. 云的分类

云的外貌千变万化,使得云的分类十分困难,目前通用的方法是根据云的特性和形成过程将云区分归类的体系。在气象观测上最为通用的是世界气象组织1956年在国际云图中公布的分类体系。我国以这一分类体系为基础,根据云的基本外形将云分成三族十属(表1-5),再根据外形特色、排列情况、透光程度、附从云以及是否从其他云演变而来等,进一步分为二十九类。其中大多数与国际形态学分类法中的云种相同,少数则为国际的云属和云类名称。我国云的分类中有密卷云和伪卷云,而国际分类中这两种云统称为密卷云。又如我国所用云的英文名称和简写字与国际分类略有差别,但对外提供资料时,则须完全执行国际分类法的规定。在分类时,首先根据云底高度将云分成高云、中云和低云三族,再区分为十属。高云云底高度一般在 6km 以上;中云云底高度一般为 2~6km;低云云底高度为 0.1~2.0km。

表 1-5　云的分类

云族	云属	符号	高度(m)	特征
高云	卷云	Ci	7000~8000	由微小冰晶组成,一般不产生降水
	卷积云	Cc	6000~8000	
	卷层云	Cs	6000~8000	
中云	高积云	Ac	3000~6000	由水滴组成,As 增厚时可有降水
	高层云	As	2000~5000	
低云	层积云	Sc	1000~2000	由水滴、冰晶、雪花组成,Ns 云产生大量降水,有时层云中有毛毛雨,Cb 云产生阵性降水
	层云	St	一般<2000	
	雨层云	Ns	一般<2000	
	积云	Cu	云底 500~1500	
	积雨云	Cb	云底 100~2000	

2. 云形成的条件

大气中凝结的重要条件是,要有凝结核的存在,以及空气达到过饱和。对于云的形成来说,其过饱和主要是由空气垂直上升所进行的绝热冷却引起的。上升运动的形式和规模不同,形成的云的状态、高度、厚度也不同。大气的上升运动主要有如下四种方式。

(1)热力对流:指地表受热不均和大气层结不稳定引起的对流上升运动。由对流运动所形成的云多属积状云。

(2)动力抬升:指暖湿气流受锋面、辐合气流的作用所引起的大范围上升运动。这种运动形成的云主要是层状云。

(3)大气波动:指大气流经不平的地面或在逆温层以下所产生的波状运动。由大气波动产生的云主要属于波状云。

(4)地形抬升:指大气运行中遇地形阻挡,被迫抬升而产生的上升运动。这种运动形成的云既有积状云,有波状云和层状云,通常称之为地形云。

七、降水

降水是指地面上从大气中获得的各种形式的降水物,包括从云中下降的液态水(如雨),或固态水(如雪、冰雹、霰等),还有地面和近地面气层中的水汽凝结物(如露、霜、雾等)。在一定时段内,上述各种形式的降水,未经蒸发、渗透、流失,在水平面上积聚的水层厚度(包括固体降水融化后)称为降水量,以毫米(mm)为单位。我国大部分地区处于中纬度,露、霜、雾等凝结物的水量不多,不计入降水量内。

(一)降水的种类

由于云的温度、气流分布等状况的差异,降水具有不同的形态,如雨、雪、霰、雹。雨:自云体中降落至地面的液体水滴。雪:从混合云中降落到地面的雪花形态的固体水。霰:从云中降落至地面的不透明的球状晶体,由过冷却水滴在冰晶周围冻结而成,直径为2~5mm。雹:是由透明和不透明的冰层相间组成的固体降水,呈球形,常降自积雨云。

同时,降水的性质也有差异,可分为连续性、阵性降水和毛毛雨状降水三种。连续性降水:降水持续时间较长,强度稳定少变,降水范围大,降水主要来自高层云和雨层云。阵性降水:降水开始和结束都很突然,变化快,强度大,范围小,降水来自浓积云和积雨云。毛毛状降水:这种降水的水滴极小,强度很小,雨滴细如牛毛,俗称毛毛雨。

降水强度,是指单位时间内的降水量,通常时间单位取10分钟、1小时或1日。按降水强度可划分为小雨、中雨、大雨、暴雨、大暴雨、特大暴雨;或小雪、中雪、大雪等(表1-6)。

表1-6 降水的量级

种类	降水强度等级					
雨 (mm/d)	小雨 <10.0	中雨 10.0~24.9	大雨 25.0~49.9	暴雨 50.0~99.9	大暴雨 100~199.9	特大暴雨 ≥200.0
雪 (mm/d)	小雪 <2.5		中雪 2.5~5.0		大雪 >5.0	

(二)雨和雪的形成

1. 雨的形成

由液态水滴(包括过冷却水滴)所组成的云体称为水成云。水成云内如果具备了云滴增大为雨滴的条件,并使雨滴具有一定的下降速度,这时降落下来的就是雨或毛毛雨。由冰晶组成的云体称为冰成云,而由水滴(主要是过冷却水滴)和冰晶共同组成的云称为混合云。从冰成云或混合云中降下的冰晶或雪花,下落到 0℃以上的气层内,融化以后也成为雨滴下落到地面,形成降雨。

在雨的形成过程中,大水滴起着重要的作用。当水滴半径增大到 2~3mm 时,水分子间的引力难以维持这样大的水滴,在降落途中,就很容易受气流的冲击而分裂,通过"连锁反应",使大水滴下降,小水滴继续存在,形成新的大水滴。这是上升气流较强的水成云和混合云中形成雨的重要原因。

2. 雪的形成

在混合云中,由于冰水共存使冰晶不断凝华增大,成为雪花。当云下气温低于 0℃时,雪花可以一直落到地面而形成降雪。如果云下气温高于 0℃时,则可能出现雨夹雪。雪花的形状极多,有星状、柱状、片状等,但基本形状是六角形。

雪花之所以多呈六角形,花样繁多,是因为冰的分子以六角形为最多,对于六角形片状冰晶来说,由于它的面上、边上和角上的曲率不同,相应地具有不同的饱和水汽压,其中角上的饱和水汽压最大,边上次之,平面上最小。在实有水汽压相同的情况下,由于冰晶各部分饱和水汽压不同,其凝华增长的情况也不相同。例如当实有水汽压仅大于平面的饱和水汽压时,水汽只在面上凝华,形成的是柱状雪花。当实有水汽压大于边上的饱和水汽压时,边上和面上都会发生凝华。由于凝华的速度还与曲率有关,曲率大的地方凝华较快,故在冰晶边上凝华比面上快,多形成片状雪花。当实有水汽压大于角上的饱和水汽压时,虽然面上、边上、角上都有水汽凝华,但尖角处位置突出,水汽供应最充分,凝华增长得最快,故多形成枝状或星状雪花。再加上冰晶不停地运动,它所处的温度和湿度条件也不断变化,这样就使得冰晶各部分增长的速度不一致,形成多种多样的雪花。

(三)各类云的降水

不同的云,由于其水平范围、云高、云厚、云中含水量、云中温度和升降气流等情况不同,因而降水的形态、强度、性质也随之而有差异。

1. 层状云的降水

层状云一般包括高层云、层积云、雨层云和卷层云。卷层云是冰晶组成的,由于冰面饱和水汽压小于同温度下水面饱和水汽压,使冰晶可以在较小的相对湿度(可以小于 100%)情况下增大。但是,因卷层云中含水量较小,云底又高,所以除了在冬季高纬度地区的卷云可以降微雪以外,卷层云一般是不降水的。

雨层云和高层云经常是混合云,所以云滴的凝华增大和冲并增大作用都存在,雨层云和高层云的降水与云厚和云高有密切关系。云厚时,冰水共存的层次也厚,有利于冰晶的凝华增大,而且云滴在云中冲并增大的路程也长,因此有利于云滴的增大。云底高度低时,云滴离开云体降落到地面的路程短,不容易被蒸发掉,这就有利于形成降水。所以对雨层云和高层云来说,云愈厚、愈低,降水就愈强。雨层云比高层云的降水大得多,也主要是这个缘故。

由于层状云云体比较均匀,云中气流也比较稳定,所以层状云的降水是连续性的,持续时间长,降水强度变化小。

2.积状云的降水

积状云一般包括淡积云、浓积云和积雨云。

淡积云由于云薄,云中含水量少,而且水滴又小,所以一般不降水。

浓积云是否降水则随地区而异。在中高纬度地区,浓积云很少降水。在低纬度地区,因为有丰富的水汽和强烈的对流,浓积云的厚度、云中含水量和水滴都较大,虽然云中没有冰晶存在,但水滴之间冲并作用显著,故可降较大的阵雨。

积雨云是冰水共存的混合云,云的厚度和云中含水量都很大,云中升降气流强,因此云滴的凝华增长和冲并作用均很强烈,致使积雨云能降大的阵雨、阵雪,有时还可下冰雹。

积状云的降水是阵性的。一方面是由于它的云体水平范围与垂直伸展的尺度差不多,也就是说它的水平范围小,经过一个地方用不了多少时间,因而降水的起止很突然;另一方面是由于积状云中,升降气流多变化,上升气流强时,降水物被"托住"降落不下来。当上升气流减弱或出现下沉气流时,降水物骤然落下,也使降水具有阵性。

3.波状云的降水

波状云由于含水量较小,厚度不均匀,所以降水强度较小,往往时降时停,具有间歇性。层云只能降毛毛雨,层积云可降小的雨、雪和霰。高积云很少降水。但在我国南方地区,由于水汽比较充沛,层积云也可产生连续性降水,高积云有时也可产生降水。

第五节 大气的运动

大气时刻不停地运动着,运动的形式和规模复杂多样。既有水平运动,也有垂直运动。既有规模很大的全球性运动,也有尺度很小的局地性运动。大气的运动使不同地区、不同高度间的热量和水分得以传输和交换,使不同性质的空气得以相互接近、相互作用,直接影响着天气、气候的形成和演变。

大气运动的产生和变化直接决定于大气压力的空间分布和变化。因而,研究大气运动常常从大气压力的时空分布和变化入手。

大气的水平运动称为风。风是向量,包括风向和风速。风向指风的来向,通常用8个或16个方位来表示,如东风、东南风等;风速指单位时间内空气水平移动的距离,用米/秒(m/s)或风级表示。

风与气压场的水平分布和变化具有密切关系。

一、气压

气压是大气压强的简称。在静止空气中,任何一个地点的气压是指从地面到大气上界,单位面积的整个空气柱的重量。各地气压不等的原因或是气柱长短不一,或是空气密度不同(图1-27)。

气象站用来测定气压的水银气压表是根据托里拆利实验原理制成的。气压表玻璃管中水银柱对底面(单位面积)产生的压强等于大气压强。气象学上气压的测量单位以前用毫米水银柱高(mmHg),通常所说的一个标准大气压是指温度为0℃,纬度45°,海平面高度上测得的气压,其数值为760mmHg。

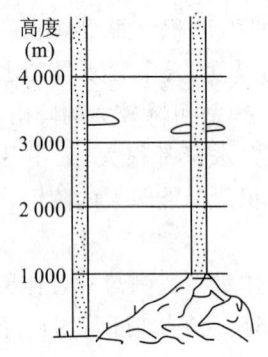

图1-27 气压随高度变化与空气密度的关系

物理学上压强的法定单位是帕斯卡,简称帕(Pa)。气象学上用百帕(hPa)作为大气压强的单位。过去大气压强的单位是毫巴(mb)。几种气压单位的关系为:

$$1mmHg=1.333mb\approx 4/3mb$$
$$1mb=0.75mmHg\approx 3/4mmHg$$
$$1hPa=100Pa=1mb$$

(一)气压随时间的变化

某地气压的变化,实质上是该地上空空气柱重量增加或减少的反映,而空气柱的重量是其质量和重力加速度的乘积。重力加速度通常可以看作是定值,因而一地的气压变化就决定于其上空空气柱中质量的变化,气柱中质量增多了,气压就升高。质量减少了,气压就下降。空气柱质量的变化主要是由热力和动力因子引起。热力因子是指温度的升高或降低引起的体积膨胀或收缩、密度的增大或减小以及伴随的气候辐合或辐散所造成的质量增多或减少。动力因子是指大气运动所引起的气柱质量的变化,根据空气运动的状况可归纳为下列三种情况。

1. 水平气流的辐合与辐散

空气运动的方向和速度常不一致。有时运动的方向相同而速度不同,有时速度相同而方向各异,也有时运动的方向、速度都不相同。这样可能引起空气质量在某些区域堆聚,而在另一些地区流散。图 1-28a、c 表示了各点的空气都背着同一线或同一点散开,而且前面空气运动速度快,后面的运动速度慢,显然这个区域里的空气质点会逐渐向周围流散,引起气压降低,这种现象称为水平气流辐散。相反,图 1-28b、d 表示各点空气向着同一点或同一线集聚,而且前面空气质点运动速度慢,后面运动速度快,结果这个区域里空气质点会逐渐聚积起来,引起气压升高,这种现象称水平气流辐合。实际大气中空气质点水平辐合、辐散的分布比较复杂,有时下层辐合、上层辐散,有时下层辐散、上层辐合,在大多数情况下,上下层的辐散、辐合交互重叠非常复杂。因而某一地点气压的变化要依整个气柱中是辐合占优势还是辐散占优势而定。

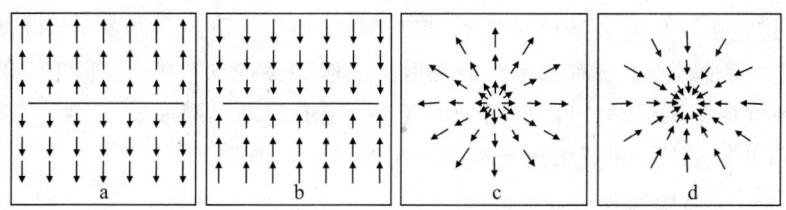

图 1-28　水平气流的辐散(a、c)和辐合(b、d)
图中箭头方向表示空气质点运动方向;箭头长度表示空气质点运动速度

2. 不同密度气团的移动

不同性质的气团,密度往往不同。如果移到某地的气团比原来气团密度大,则该地上空气柱中质量会增多,气压随之升高。反之该地气压就要降低。例如冬季大范围强冷空气南下,流经之地空气密度相继增大,地面气压随之明显上升。夏季时暖湿气流北上,引起流经之处密度减小,地面气压下降。

3. 空气垂直运动

当空气有垂直运动而气柱内质量没有外流时,气柱中总质量没有改变,地面气压不会发生变化。但气柱中质量的上下传输,可造成气柱中某一层次空气质量改变,从而引起气压变化。图 1-29 中位于 A、B、C 三地上空某一高度上 a、b、c 三点的气压,在空气没有垂直运动时应是相等的。而当 B 地有空气上升运动时,空气质量由低层向上输送,b 点因上空气柱中质量增多而气压升高。C 地有空气下沉运动,空气质量由上层向下层输送,c 点因上空气柱中质量减少而气压降低。由于近地层空气垂直运动通常比较微弱,以致空气垂直运动对近地层气压变化的影响也较微小,可忽略不计。

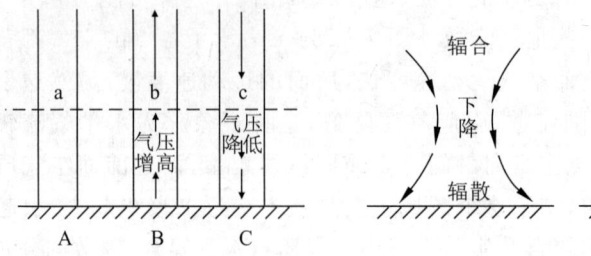

图 1-29 空气垂直运动和　　图 1-30 水平气流的辐合、辐散和
气压变化的关系　　　　　　垂直运动的相互关系

实际大气中气压变化并不由单一情况决定,而往往是几种情况综合作用的结果,而且这些情况之间又是相互联系、相互制约、相互补偿的。如图 1-30 所示,上层有水平气流辐合、下层有水平气流辐散的区域必会有空气从上层向下层补偿,从而出现空气的下沉运动。反之,则会出现空气上升运动。同理,在出现空气垂直运动的区域也会在上层和下层出现水平气流的辐合和辐散。

(二)气压的周期性变化

气压的周期性变化是指在气压随时间变化的曲线上呈现出有规律的周期性波动,明显的是以日为周期和以年为周期的波动。

地面气压的日变化有单峰、双峰和三峰等型式,其中以双峰型最为普遍,其特点是一天中有一个最高值、一个次高值和一个最低值、一个次低值(图 1-31)。一般是清晨气压上升,9~10 时出现最高值,以后气压下降,到 15~16 时出现最低值,此后又逐渐升高,到 21~22 时出现次高值,以后再度下降,到次日 3~4 时出现次低值。最高、最低值出现的时间和变化幅度随纬度而有区别,热带地区气压日变化最为明显,日较差可达 3~5hPa。随着纬度的增高,气压日较差逐渐减小,到纬度 50°日较差已减至不到 1hPa。

气压日变化的原因比较复杂,现在还没有公认的解释。一般认为同气温日变化和大气潮汐密切相关。比如气压一日波(单峰型)同气温的日变化关系很大。当白天气温最高时,低层空气受热膨胀上升,升到高空向四周流散,引起地面减压;清晨气温最低时,空气冷却收缩,气压相应升到最高值。只是由于气温对气压的影响作用需要经历一段过程,以致气压极值出现的相时落后于气温。同时,气压日变化的振幅同气温一样随海陆、季节和地形而有区别,表现出陆地大于海洋、夏季大于

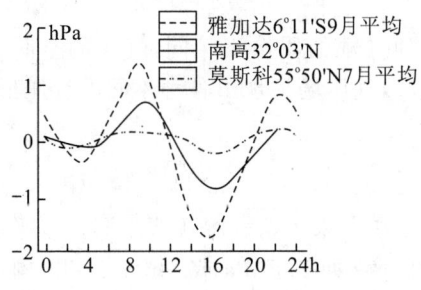 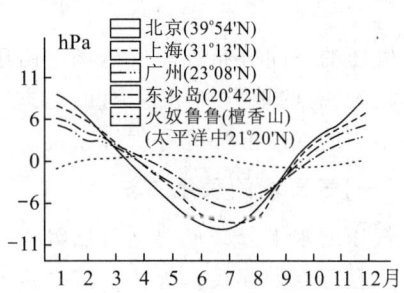

图1-31 不同地方气压日变化曲线　　　图1-32 不同地方气压年变化曲线

冬季、山谷大于平原。气压的半日波（双峰型）可能同一日间增温和降温的交替所产生的整个大气半日振动周期，以及由日月引起的大气潮相关。至于三峰型气压波似应与一日波、半日波以及局部地形条件等综合作用有关。

气压年变化是以一年为周期的波动，受气温的年变化影响很大，因而也同纬度、海陆性质、海拔高度等地理因素有关。在大陆上，一年中气压最高值出现在冬季，最低值出现在夏季，气压年变化值很大，并由低纬向高纬逐渐增大。海洋上一年中气压最高值出现在夏季，最低值出现在冬季，年较差小于同纬度的陆地。高山区一年中气压最高值出现在夏季，是空气受热，气柱膨胀、上升，质量增加所致，而最低值出现在冬季，是空气受冷，气柱收缩、空气下沉、高山质量减少的结果（图1-32）。

（三）气压的非周期性变化

气压的非周期性变化是指气压变化不存在固定周期的波动，它是气压系统移动和演变的结果。通常在中高纬度地区气压系统活动频繁，气团属性差异大，气压非周期性变化远较低纬度明显。如以24h气压的变化量来比较，高纬度地区可达10hPa，低纬度地区因气团属性比较接近，气压的非周期变化量很小，一般只有1hPa。

一个地方的地面气压变化总是既包含着周期性变化，又包括着非周期性变化，只是在中高纬度地区气压的非周期性变化比周期性变化明显得多，因而气压变化多带有非周期性特征。在低纬度地区气压的非周期性变化比周期性变化弱小得多，因而气压变化的周期性比较显著。当然，遇有特殊情况时也会出现相反的情况。

二、气压场

气压的空间分布称为气压场。由于各地气柱的质量不相同,气压的空间分布也不均匀,有的地方气压高,有的地方气压低,气压场呈现出各种不同的气压形势,这些不同的气压形势统称气压系统。

(一)气压场的表示方法

气压的水平分布形势通常用等压线或等压面来表示。等压线是同一水平面上各气压相等点的连线。等压线按一定气压间隔(如 2.5hPa 或 5hPa)绘出,构成一张气压水平分布图。若绘制的是海平面的等压线,就是一张海平面气压分布图。若绘制的是 5000m 高空的等压线,就成为一张 5000m 高空的气压水平分布图(等高面图)。等压线的形状和疏密程度反映着水平方向上气压的分布形势。

等压面是空间气压相等点组成的面。如 700hPa 等压面上各点的气压值都等于 700hPa。由于气压随高度递减,因而在某一等压面以上各处的气压值都小于该等压面上气压值,等压面以下各处则反之。用一系列等压面的排列和分布可以表示空间气压的分布状况。

实际大气中由于下垫面性质的差异、水平方向上温度分布和动力条件的不均匀,以致同一高度上各地的气压不可能是一样的。因而等压面并不是一个水平面,而像地表形态一样,是一个高低起伏的曲面。等压面起伏形势同它附近水平面上的气压高低分布有着对应关系。等压面下凹部位对应着水平面上的低压区域,等压面愈下凹,水平面上气压低得愈多。等压面向上凸起的部位对应着水平面上的高压区域,等压面愈上凸,水平面上高压愈强大。根据这种对应关系,可求出同一时间等压面上各点的位势高度值,并用类似绘制地形等高线的方法,将某一等压面上相对于海平面的各位势高度点投影到海平面上,就得到一张等位势高度线(等高线)图,此图能表示该等压面的形势,故这种图称为等压面图。图 1-33 中 P 为等压面,H_1、H_2、H_3…为高度间隔相等的若干等高面,它们分别与等压面 P 相截(截线以虚线表示),每条截线都在等压面 P 上,所以截线上各点的气压值均相等,将这些截线投影到水平面上,便得出 P 等压面上距海平面高度分别为 H_1、H_2、H_3…的许多等高线。由图可见,与等压面凸起部位相对应的是由一组闭合等高线构成的高值区域,高度值由中心向外递减;同理,与等压面下凹部位相对应的是由一组闭合等高线构成的低值区域,高度值由中心向外递增。因此,平面图中等高线的高、低中心即代表气压的高低中心,而且等高线的疏密同等压面的缓陡相对应,等压面陡的地方,如图中 A、B 处,对应于 A'、B' 处的密集等高线,等压面平缓的地方如图中 C、D 处,对应于 C'、D' 处的稀疏等高线。

气象上等高线的高度不是以米为单位的几何高度,而是位势高度。位势高度

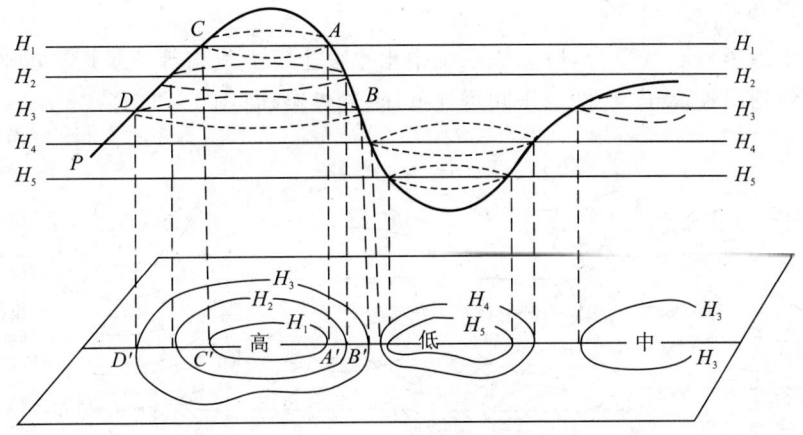

图 1-33 等压面和等高线的关系

是指单位质量的物体从海平面(位势取为零)抬升到 Z 高度时,克服重力所作的功,又称重力位势,单位是位势米。在 SI 制中,1 位势米定义为 1kg 空气上升 1m 时,克服重力作了 9.8J 的功,也就是获得 9.8J/kg 的位势能,即

$$1 \text{ 位势米} = 9.8\text{J/kg}$$

位势高度与几何高度的换算关系为

$$H = g_\varphi Z / 9.8$$

式中:H 为位势高度(位势米);Z 为几何高度(m);g_φ 为纬度 φ 处的重力加速度(m/s^2)。当 g_φ 取 $9.8 m/s^2$ 时,位势高度 H 和几何高度 Z 在数值上相同,但两者物理意义完全不同,位势米是表示能量的单位,几何米是表示几何高度的单位。由于大气是在地球重力场中运动着,时刻受到重力的作用,因此用位势米表示不同高度气块所具有的位能,显然比用几何高度要好。

气象部门日常工作所分析的等压面图有 850hPa、700hPa、500hPa、3000hPa、2000hPa、100hPa 等,它们分别代表 1500m、3000m、5500m、9000m、12 000m、16 000m 高度附近的水平气压场。海平面气压场一般用等高面图(零高度面)来分析,必要时也用 1000hPa、等压面图来代替。

(二)气压系统的空间结构

气压系统存在于三度空间中,在静力平衡下,气压系统随高度的变化同温度分布密切相关。因此气压系统的空间结构往往由于与温度场的不同配置状况而有差异。当温度场与气压场配置重合(温度场的高温、低温中心分别与气压场的高压、低压中心相重合)时,称气压系统是温压场对称。当温度场与气压场的配置不重合时,称气压系统是温压场不对称。

1. 温压场对称系统

由于温压场配置重合,所以该系统中水平面上等温线与等压线是基本平行的。系统中包括暖性高压、冷性低压和暖性低压、冷性高压(图1-34)。

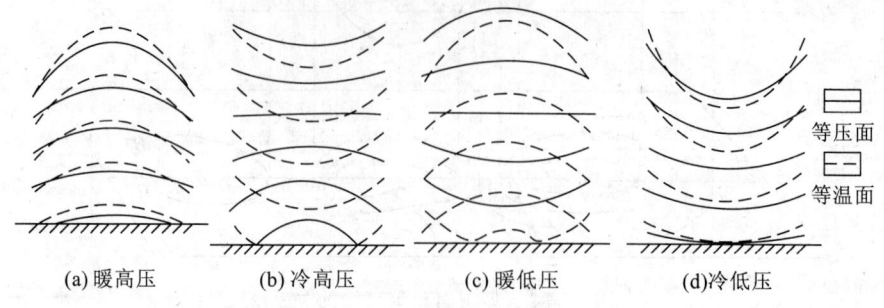

(a)暖高压　　(b)冷高压　　(c)暖低压　　(d)冷低压

图1-34　不同温压场配置垂直剖面图

暖性高压。高压中心区为暖区,四周为冷区,等压线和等温线基本平行,暖中心与高压中心基本重合的气压系统。由于暖区单位气压高度差大于周围冷区,因而高压的等压面凸起程度随高度增加不断增大,即高压的强度愈向高空愈增强。

冷性低压。低压中心区为冷区,四周为暖区,等温线与等压线基本平行,冷中心与低压中心基本重合的气压系统。因为冷区单位气压高度差小于周围暖区,因而冷低压的等压面凹陷程度随高度增加而增大,即冷低压的强度愈向高空愈增强。

暖性低压。低压中心为暖区,暖中心与低压中心基本重合的气压系统。由于暖区的单位气压高度差大于周围冷区,所以低压等压面凹陷程度随高度升高而逐渐减小,最后趋于消失。如果温压场结构不变,随高度继续增加,暖低压就会变成暖高压系统。

冷性高压。高压中心为冷区,冷中心与高压中心基本重合的气压系统。因为冷区单位气压高度差小于周围暖区,因而高压等压面的凸起程度随高度升高而不断减小,最后趋于消失。若温压场结构不变,随高度继续增加,冷高压会变成冷低压系统。

由上可见,暖性高压和冷性低压系统不仅存在于对流层低层,还可伸展到对流层高层,而且其气压强度随高度增加逐渐增强,这类系统称为深厚系统。而暖性低压和冷性高压系统主要存在于对流层低空,称浅薄系统。

2. 温压场不对称系统

温压场不对称系统是指地面的高、低压系统中心同温度场冷暖中心配置不相重合的系统。这种气压系统，中心轴线不是铅直的，而发生偏斜。地面低压中心轴线随高度升高不断向冷区倾斜，高压中心轴线随高度升高不断向暖区倾斜。北半球中高纬度的冷空气多从西北方向移来，因而低压中心轴线常常向西北方向

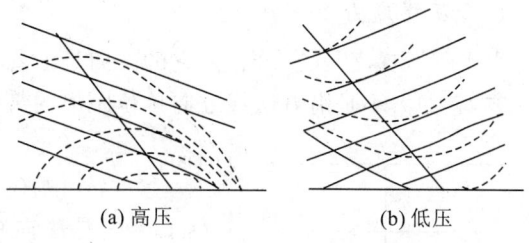

(a) 高压　　(b) 低压

图 1-35　温压场不对称系统图

倾斜，而高压的西南侧比较温暖，高压中心轴线多向西南方向倾斜（图1-35）。

大气中气压系统的温压场配置绝大多数是不对称的，对称系统是很少的，因而气压系统的中心轴线大多是倾斜的，系统的结构随高度发生改变的，气压系统的温压场结构对于天气的形成和演变有着重要影响。

三、气压与风

风，即是大气的水平运动。多数情况下是由于气压的水平分布不均引起的。大气的水平运动对于大气中水分、热量的输送和天气、气候的形成、演变起着重要的作用。

空气一刻不停地运动着。空气的运动可以分解为水平运动和铅直运动两个分量。空气的水平运动称为风。风是向量，包括风向和风速。风向指风的来向，通常用8个或16个方位来表示。风速指单位时间内空气水平移动的距离，用米/秒（m/s）或风级表示。

风对地球上的热量和水分输送起着重要作用，它直接影响天气的变化。风把二氧化碳不断地输送到叶片周围，促进光合作用。风又能传播花粉和种子，对树木繁殖与森林更新有很大作用。当然，风速过大，对树木也有许多不利，会引起风折、风倒，风速过大，人体感觉不适，交通受到阻碍，影响人们的户外活动。

风与气压场的水平分布和变化有着密切关系。

（一）作用于运行空气质点上的力

空气的水平运动与其他任何物体的运动一样，都是在力的作用下产生的，空气质点受力的情况不同，其运动状态也不同。作用于空气质点的力，除重力之外，尚有由于气压分布不均而产生的气压梯度力，由于地球自转而产生的地转偏向力，由于空气层之间、空气与地面之间存在相对运动而产生的摩擦力，由于空气作曲线运动时产生的惯性离心力。这些力在水平分量之间的不同组合，构成了不同形式的大气水平运动。

1. 气压梯度力

水平气压梯度是一个向量,它的方向是沿着等压线的法线方向,指向气压减小的一方,它的大小是沿着法线方向单位距离的气压差(图1-36)。其表达式是

$$G_N = -\Delta P/\Delta N$$

式中:G_N 是气压梯度;ΔP 是气压差;ΔN 是法向距离差。由于 ΔN 正方向的气压总是降低的,即 ΔP 为负值,但 G_N 取正值,因此在前加一负号。$-\Delta P/\Delta N$ 可以分解为水平气压梯度 $-\Delta P/\Delta n$ 和垂直气压梯度 $-\Delta P/\Delta Z$。水平气压梯度的单位通常用"百帕/赤道度"表示(1 赤道度是赤道经度相差一度的纬圈长度,其值约为111km)。观测表明,水平气压梯度值很小,一般为1~3hPa/赤道度,而垂直气压梯度在大气低层可达1/10m 左右,即相当于水平气压梯度的 10 万倍,因而气压梯度的方向几乎与垂直气压梯度方向一致,等压面近似水平面。

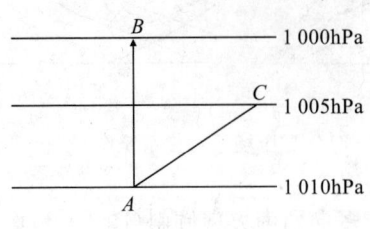

图1-36 水平气压梯度示意图
(梯度方向AB)

实际大气中,由于空气密度分布的不均匀,单位体积空气块质量也是不等的。根据牛顿第二定律,在相同的气压梯度力作用下,对于密度不同的空气所产生的运动加速度是不同的,密度小的空气所产生的运动加速度比较大,密度大的空气所产生的运动加速度比较小。因此,用气压梯度难以比较各地空气运动的速度。在气象上讨论空气水平运动时,通常取单位质量的空气作为讨论对象,并把在气压梯度存在时,单位质量空气所受的力称为气压梯度力,通常用 G 表示,即

$$G = -1/\rho \cdot \Delta P/\Delta N$$

$$G = \frac{1}{-\rho}\frac{\Delta P}{\Delta N}$$

式中:ρ 是空气密度;ΔP 是两等压面间的气压差;ΔN 是两等压面间的垂直距离。气压梯度力的方向由高压指向低压,其大小与气压梯度 $-\Delta P$ 成正比,与空气密度 ρ 成反比。气压梯度力可以分解为水平气压梯度力(G_n)和垂直气压梯度力(G_z),即:

$$G_n = -\frac{1}{\rho}\frac{\partial P}{\partial n}$$

$$G_z = -\frac{1}{\rho}\frac{\partial P}{\partial z}$$

在大气中气压梯度力垂直分量比水平分量大得多,但是重力与 G_z 始终处于平衡状态,因而在垂直方向上一般不会造成强大的垂直加速度。而水平气压梯度力

虽小,由于没有其他实质力与他相平衡,在一定条件下却能造成较大的空气水平运动。

2. 地转偏向力

空气是在转动着的地球上运动的,当运动的空气质点依其惯性沿着水平气压梯度力方向运动时,对于站在地球表面的观察者看来,观测者在确定空气水平运动的方向时,是以固定于观测点水平面上的直角坐标系,即 X 轴指向正东, Y 轴指向正北的标准坐标系为参照系。该坐标系随地球自转而变动(图 1-37)。也就是说,参照系不是牛顿参照系。这样站在转动地球上的观测者所测得的空气运动是相对运动,不能用牛顿第二定律来描述力与运动加速度之间的关系。为了解决这一矛盾,只有把地球自转作为一个力,才能运用牛顿定律。这个力是由于地球自转运动引起的、假想的力,称为地球自转偏向力。在大尺度的空气运动中,地转偏向力是一个非常重要的力。

任意纬度上的水平地转偏向力 A ,可由下式表达:

$$A = 2\Omega V \sin\varphi$$

式中: Ω 为地球自转角速度($\Omega=2\pi$ 弧度/24$=7.29\times10^{-5}$ rad/s); V 为运动速度(风速); φ 为纬度。

可见,水平地转偏向力 A 具有如下几个重要特征:

(1)只有物体相对于地面运动时,才有偏向力,物体静止时,即当 $V=0$ 时, $A=0$ 。

(2)地转偏向力的大小与物体的水平运动速度和所在纬度的正弦成正比,在水平运动速度(风速)相同的情况下,纬度越高,水平地转偏向力越大。因此,在极地($\varphi=90°$)水平地转偏向力最大,即 $A=2\Omega V$;在赤道($\varphi=0$)没有水平地转偏向力,即 $A=0$ 。

(3)地转偏向力是一种视力和假想力,只改变运动方向,不改变运动速率。在北半球,水平地转偏向力垂直指向物体运动(即风向)的右方;在南半球则指向左方。

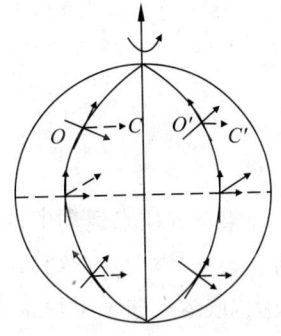

图 1-37 水平地转偏向力对风的影响

在北半球,由于水平地转偏向力,使风向偏离了水平气压梯度力的方向,并向右偏转。为了说明这一现象,参照图 1-37。如果空气质点在水平气压梯度力的作用下,沿着力的方向即 OC 方向运动(东北偏东);若力不变,则质点运动方向也不变。但是观测者和坐标系随着地球自西向东旋转,

经 Δt 时刻后,观测者由 O 点转移到 O' 点,他判断空气质点的运动方向为东南偏东(即 $O'C'$)。可见空气质点偏离了水平气压梯度力的方向,并偏向其右方。

水平地转偏向力不可忽视(除赤道外)。例如 $V=10m/s$,那么在纬度 $30°$ 处,1kg 空气受的水平地转偏向力为 0.7×10^{-3} N。这个数值与水平气压梯度为 1hPa/111km,1kg 空气所受的水平气压梯度力相当,故一般不可忽略。

3. 惯性离心力

空气质点作曲线运动时,在转动系统内的观察者看来,空气质点时刻受到一个离开曲率中心向外的力的作用,这个力是由于物体为保持惯性方向运动而产生的,因此称为惯性离心力。

惯性离心力的方向垂直于运动方向,由曲率中心向外,其大小与物体转动角速度 ω 平方和半径 r 的乘积成正比(图1-38)。对单位质量的物体而言,惯性离心力的表达式为

$$C=\omega^2 r$$

因为 ωr 是物体转动的线速度 V,代入上式得

$$C=V^2/r$$

上式表明了惯性离心力的大小与线速度的平方成正比,与曲率半径成反比。

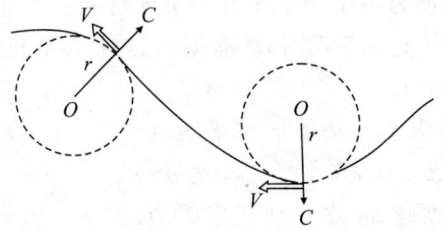

图 1-38 曲线运动中惯性离心力的方向

如果空气质点运动的曲率半径为 500km,风速为 10m/s,则 1kg 空气受到的惯性离心为 0.2×10^{-2} N,它比水平地转偏向力小得多。但是如果空气质点的运动速度很大,或运动曲率半径很小时,惯性离心力也可以很大,并超过水平地转偏向力。

4. 摩擦力

两个相互接触的物体作相对运动时,接触面之间产生阻碍物体运动的力,称为摩擦力。

空气运动中受到的摩擦力,可分为外摩擦力和内摩擦力。

外摩擦力是空气运动时受到下垫面的阻碍,使其速度减小的力。它的方向与空气运动方向相反,大小与空气运动速度(风速)和摩擦系数成正比,其表达式为

$$F = -kV$$

式中:F 为外摩擦力;k 为外摩擦系数(与下垫面粗糙程度有关);V 为风速;负号表示外摩擦力的方向与运动方向相反。

内摩擦力是空气内部各层之间由于速度大小或方向不同时而产生的互相牵制的力。下层空气受到的总摩擦力是外摩擦力与内摩擦力的矢量和。

摩擦力对空气运动的影响以近地面层较为显著,随高度增加其影响逐渐减弱,到 1~2km 高度以上,摩擦力的影响可以忽略不计。

上述几种力对空气运动的影响,在不同的条件下是不同的。水平地转偏向力在高纬度地区或大尺度运动中影响较大,而在低纬度特别是赤道地区则可忽略不计;摩擦力只在摩擦层中起作用,在自由大气中则不必考虑;惯性离心力对于曲率半径较大的空气运动影响较小。偏向力、摩擦力和离心力只存在于运动的空气中,它们虽不能使空气由静止变为运动状态,却能改变空气运动的速度或方向。而气压梯度力则是空气运动的原动力。

(二)气压场中的风

1.自由大气中的风与气压场

观测表明,在自由大气中,除赤道地区外,风向几乎与等压线平行。下面介绍两种不同气压场分布下的风:地转风和梯度风。

(1)地转风。自由大气中,当气压场分布是平直等压线时,空气只在水平气压梯度力和水平地转偏向力作用下运动,当这两个力处于平衡时(大小相等、方向相反),空气就沿着等压线作匀速直线运动,这种风称为地转风。图 1-39 为北半球地转风形成过程示意图。在平直等压线气压场中,空气在水平气压梯度力作用下,开始从高压向低压流动,受水平地转偏向力作用向右偏转(北半球)。在水平气压梯度力不断作用下,风速不断增加,地转偏向力也随之增大,风向不断向右偏转。当地球偏向力增大到与水平气压梯度力大小相等、方向相反时,空气运动就进入相

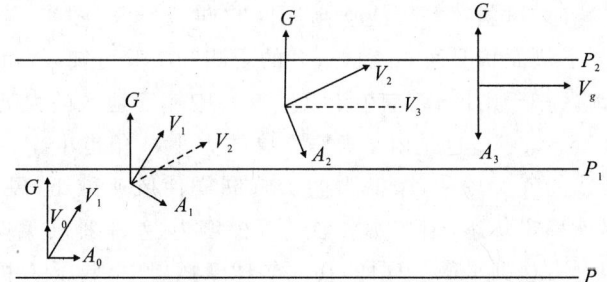

图 1-39 北半球地转风形成过程示意图

V_g.地转风;V.风;G.水平气压梯度;A.水平地转偏向力

对平衡状态,风向停止偏转,风速趋于稳定,风沿等压线吹,形成地转风。地转风与气压场的关系是:地转风沿等压线吹,在北半球背风而立,低压在左方,高压在右方;南半球则相反。这个规律,称为白贝罗风压定律。

(2)梯度风。空气质点作曲线运动时,除受水平气压梯度力和水平地转偏向力的作用外,还有惯性离心力作用。当这三个力达到平衡时,空气质点就沿等压线作匀速曲线运动,这种风称为梯度风。图 1-40 为高压和低压区中的梯度风,V_G 和 V_D 分别为高、低气压区中的梯度风矢量;G、A 和 C 分别为水平气压梯度力、水平地转偏向力和惯性离心力的矢量。可以看出,在北半球,高压中的梯度风沿等压线切线方向顺时针方向吹,低压中的梯度风沿等压线切线方向逆时针方向吹;在南半球则相反。梯度风方向与气压场的关系,仍然遵循风压定律。

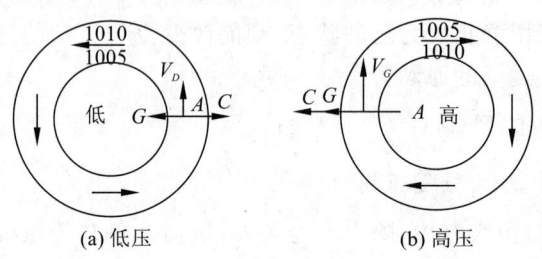

图 1-40　高、低气压区中的梯度风

2. 摩擦层中的风与气压场

摩擦层中,摩擦力(特别是外摩擦力)对风的影响很大,它不仅使风速减小,风向受到干扰,而且破坏了地转风的平衡关系,表现出风斜穿等压线从高压区吹向低压区。

在摩擦层中,如果气压场为平直等压线,当水平气压梯度力、水平地转偏向力和摩擦力达到平衡时,风斜穿等压线从高压区吹向低压区(图 1-41)。风向与等压线的交角(α)因下垫面状况而异。从众多的观测和实验可知,偏角 α 在海洋上小于陆地上,平原地区小于山区,高空小于低空。在中纬度地区的大陆上,α 角为 45°~60°,海洋上为 15°~20°。这是由于海洋上摩擦力小,α 角也小。

在闭合等压线的气压场中,摩擦力的影响同样使风速减小,风向偏于低压一方。这时风要保持稳定状态,则必须水平气压梯度力、水平地转偏向力、惯性离心力和摩擦力等四个力达到平衡。这样,在北半球摩擦层中,低压区中的空气则沿逆时针方向由四周向中心辐合,高压中的空气则沿顺时针方向由中心向四周辐散(图 1-42)。

摩擦层中无论等压线分布形式如何,摩擦力总是使风斜穿等压线,从高压区吹向低压区。在北半球,背摩擦风而立,高压区在右后方,低压区在左前方;在南半球则相反。

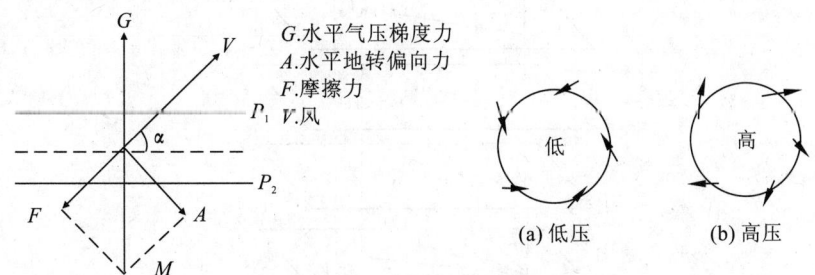

图 1-41　摩擦层内平直等压线中的风　　图 1-42　北半球摩擦层内低压与高压中的风

(三)大气中的风

1. 阵性风

风向不定,风速忽大忽小的现象,称为风的阵性。风的阵性与空气的乱流运动有关。一般来说,风的阵性在山区比平原地区明显,低空比高空明显,白天比夜间明显,午后最显著。

2. 风的日变化

在气压场形势稳定少变的情况下,低层大气的风常常表现出一定的日变化规律,其特点是:日出后风速随时间逐渐增大,风向逐渐顺时针改变。显然,这种变化与乱流交换日变化有关。白天乱流交换强,高层大气中具有较大动量的空气随乱流传输到下层,使下层风速增大;夜间乱流交换弱,低层大气得不到高层大气的动量,因而风速比白天小。必须指出,当有强的天气系统过境时,上述日变化规律可能被扰乱或掩盖。

风的日变化规律,晴天比阴天显著,夏季比冬季显著,陆地上比海洋上显著。

3. 风的年变化

风的年变化和当地的自然地理条件有关。北半球中纬度地区,一般风速最大值出现在冬季,最小值出现在夏季。我国处于亚欧大陆东岸,东、南两面临海,冬季大陆为高压控制,夏季为低压盘踞,盛行风向随季节改变,大部分地区夏季多偏南风,冬季多偏北风。

4. 风随高度的变化

在摩擦层中,绝大多数情况下,风速随高度增加而增大,风向随高度而顺时针

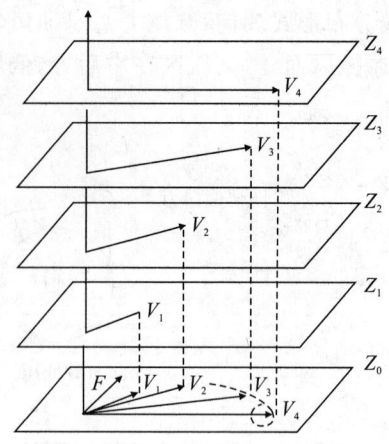

图1-43 风随高度的变化示意图

(北半球)改变。图1-43是北半球摩擦层中风随高度变化的示意图。图中V_1,V_2,V_3,…,V分别代表Z_1,Z_2,Z_3,…,Z高度上的风矢量。这种变化可用各高度上受力不同来解释。高度增加,摩擦力减小,因此风速随高度增加而增大,风向与等压线的交角α随高度逐渐减小,风向则不断向右偏转(北半球),摩擦层以上,风向就平行于等压线,风速接近于地转风速。在实际大气中,风随高度的变化比较复杂,特别是近地面气层(离地面10m左右),虽然风向随高度变化不大,但风速随高度增加很快。

5. 地方性风

在大范围气压场比较均匀,气压梯度比较小的情况下,由于下垫面性质和形状不同,不同地区的风也可以有很大差异,这种与地方特点有关的局部地区的风,称为地方性风。由于地面热力性质不同而出现的以一日为周期的地方风有海陆风、山谷风等;由于地形的动力影响而出现的地方性风,有焚风、峡谷风等。下面介绍这些地方性风的形成及其特点。

(1)山谷风。在山地中,白天风从山谷吹向山坡,夜间风从山坡吹向山谷。前者称为谷风,后者称为山风,合称为山谷风。

山谷风是由于接近山坡的空气与同高度谷底上空的空气间,因白天增热与夜间失热程度不同而产生的一种局地的热力环流。

白天,山坡接受太阳辐射,增温很快,靠近山坡的空气也随之增温,而同高度谷底上空的空气因距地面较远,增温较少,于是山坡上的热空气沿山坡上升。在某高度上出现了由山坡上空指向谷底上空的水平气压梯度,这里的空气由山坡流向山谷上空,并增加了谷底的气压,在下层出现了由谷底指向山坡的水平气压梯度,空气由谷底流向山坡形成谷风环流(图1-44)。

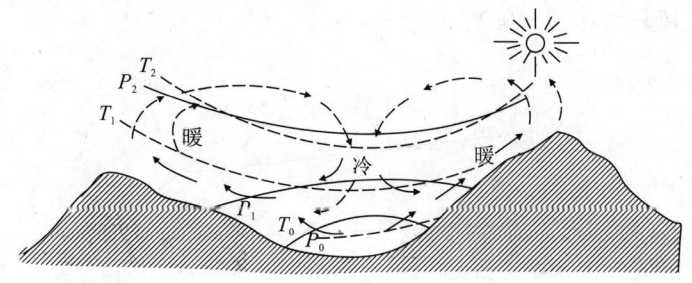

图1-44 谷风

夜间,山坡由于辐射冷却,降温很快,山坡附近的空气也随之降温,而同高度谷底上空的空气冷却较慢,形成了与白天相反的热力环流,下层风由山坡吹向山谷,上层风则由山谷吹向山坡,形成山风环流(图1-45)。

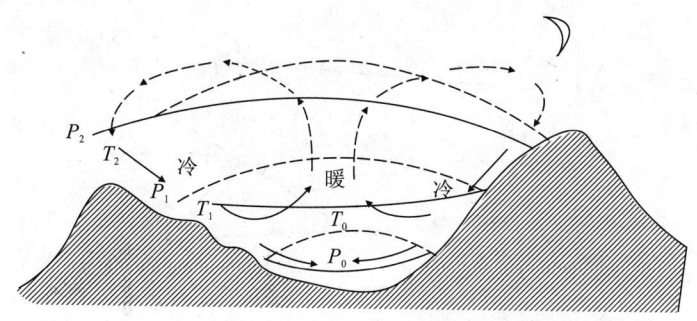

图1-45 山风

一年中,山谷风以夏季最明显;一天中,谷风比山风强。山风转换为谷风的时间在上午10时左右,谷风转换为山风的时间则在日落以后。在背阴的峡谷中,谷风出现的时间会延后,持续时间也缩短。山风与谷风的转换时刻,一般出现短时间的静风。

(2)海陆风。在海岸线附近,由于海陆的热力性质不同,造成白天近地层风从海洋吹向陆地,夜间由陆地吹向海洋,前者称为海风,后者称为陆风,合称为海陆风。

海陆表面的热力性质不同,白天陆地增热比海洋强烈,陆地上的气温高于海洋上的气温,陆地空气受热膨胀,空气向上输送,在某高度上出现了从陆地指向海洋的水平气压梯度,空气由陆地上空流向海洋上空,从而增大了海洋上低层空气的压力,出现了从海洋指向陆地的水平气压梯度,空气从海洋流向陆地,形成海风环流

(图 1-46)。夜间,陆面冷却比海洋快,形成同白天相反的环流:下层风从陆地吹向海洋,上层风从海洋吹向陆地(图 1-47)。

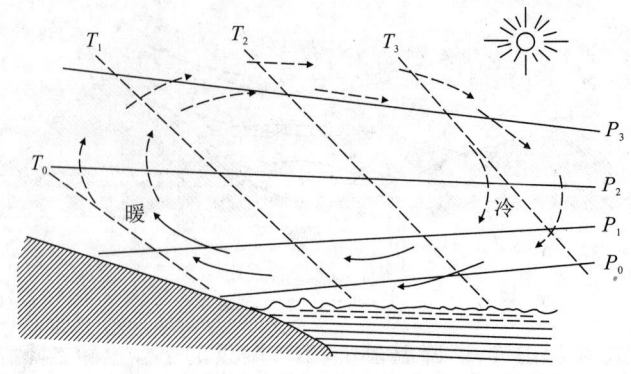

图 1-46 海风环流

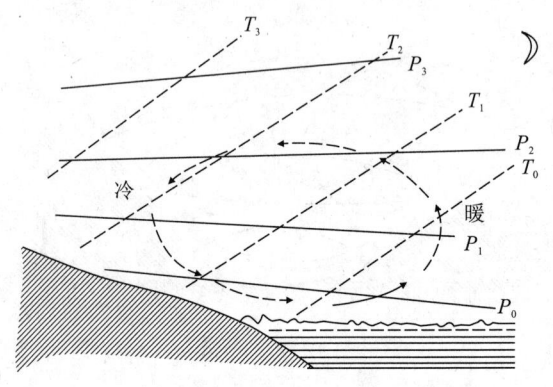

图 1-47 陆风环流

由于摩擦力的影响,海陆风并不与海岸线垂直而是有一个偏角。海陆温差最大的地方也是海陆风发展最强烈的地方。在内陆地区,大的湖岸和河岸附近,也有类似于海陆风的水陆风现象出现。

海风一般比陆风强,这与白天海陆温差大,以及陆地上空气不稳定而有利于对流发展有关。海陆风的转换时间随地方条件和天气条件而异,一般是陆风在上午 8~11 时转为海风,13~15 时海风最强,日落后转为陆风。阴天时,海陆风转换时间要推迟 2~3 小时。海陆风转换时刻也出现短时静风。海陆风对海岸线附近地区的小气候具有一定的调节作用,加上沿岸气流的辐合上升,常常形成低云、雾,甚至降水。

(3)峡谷风。在两山之间或河谷等喇叭口地形地带,当气流进入狭窄的谷口时,因气流在这里密集而形成强风区,这种因地形狭管效应而形成的风,称为峡谷风。

我国地形复杂,峡谷风现象并不鲜见。如台湾海峡、云南下关、新疆阿拉山口等地,因地形影响常出现峡谷风。

(4)焚风。沿高大山脉背风坡吹下的干热风,称为焚风。当未饱和湿空气越山时,在山的迎风坡被迫上升,先按干绝热直减率上升冷却,到一定高度空气达到饱和,水汽开始凝结。这支气流继续上升,则按湿绝热直减率降低温度,并有大量水汽在上升过程中凝结降落。气流过山后,顺坡下沉,由于凝结物已全部停留或降落在迎风坡,因此气流过山顶后已成未饱和状态;按干绝热直减率下沉增温,于是在背风坡的中部或山麓出现了高温而干燥的焚风。

图 1-48 是气流过山形成的焚风。设有一山岭高 3000m,气流越山之前起始温度 $t_0=20℃$,相对湿度 $u_0=70\%$;水汽压 $e_0=2.29$mmHg;凝结高度 $H=500$m,湿绝热直减率平均为 $0.6℃/100$m,到达背风山麓时气温升到 $30℃$,相对湿度下降到 14%。

焚风在山地任何时间、任何季节都可出现。初春时,焚风可使积雪融化,有利于灌溉;夏末时,焚风可使粮食、水果早熟,但强大的焚风会引起森林火灾和旱灾。

干燥的焚风,可使人鼻子和眼睛发痒,有的还出现胃病、神志不清等症状。焚风袭击时,空气中产生大量的正电离子,影响人的情绪。户外运动,特别是登山运动要时刻提防焚风对人员的影响。

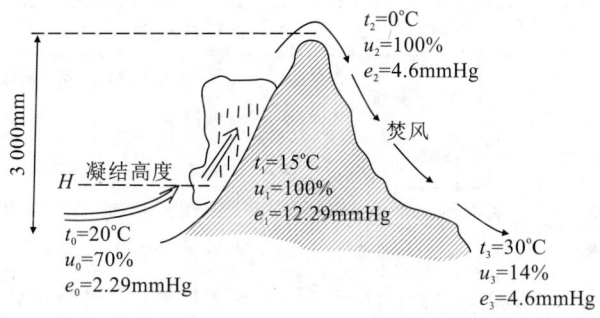

图 1-48 焚风的形成

(四)风的分级

风是气象变化的主要因素之一,虽然看不见,摸不着,但却可以通过人的感官感受其清爽和危害。根据人的感官,可以凭目力来估测风向和风速的等级。我们把风划分为13级(表 1-7)。6级以上的大风被认为是不利于户外运动的。

表 1-7 风的分级

级别	风速(m/s)	海边景象	陆地物景象
静风	≤0.2	静、稳	静、烟直升
一级	0.3～1.5	普通渔船略觉摇动	烟顺着风偏斜,显示出风向,但风向标不能转动
二级	1.6～3.3	渔船张帆时每小时可随风移行2～3km	人的脸上感觉有风,树叶有轻微响声;风向标开始转动
三级	3.4～5.4	渔船渐觉簸动,每小时可随风移行5～6km	树叶及细枝摇动不息,红旗飘展
四级	5.5～7.9	渔船满帆时,风使船身倾向一边	能吹起地面的灰尘和纸片;有叶小树的树枝摇动
五级	8.0～10.7	渔船缩帆(即收去一部分)	有叶的小树全树摇摆;水田或湖泊的水面有小波
六级	10.8～13.8	渔船加倍收帆,捕渔须注意风险	大树枝摇动,电线呼呼有声,举伞困难
七级	13.9～17.1	渔船停息港中,海上下锚	全树摇动,大树枝下弯,迎风步行感到阻力
八级	17.2～20.7	近海渔船回港避风	树枝被吹断,人在风中前进困难
九级	20.8～24.4	汽船航行困难	屋顶瓦片被吹落,烟囱顶部被吹坏,草房被吹倒
十级	24.5～28.4	汽船航行有危险	小树连根拔起;普通瓦房多被吹坏
十一级	28.5～32.6	风浪涛汹涌,汽船很危险	大树被拔倒,许多房屋被吹坏,造成风灾
十二级	≥32.7	海浪滔天	大树被拔起吹移,小树被吹断卷走,房屋成片倒塌,造成重大灾害

第二章

天气学概述

第一节 天气学

一个地方的天气经常变化,时冷时热,时阴时晴。它是由活动在大气中的各种尺度的天气系统(如低气压、高气压、锋面、切变线、槽、脊等)引起的。某一时刻天气系统的地理位置分布状况,就是天气形势。天气形势显示过去和未来一定时间的天气演变的过程和趋势,是天气预报的依据。本章介绍天气学基础知识和影响我国天气的主要天气系统及其天气表现。

一、天气和天气学定义

天气是指某一地区、某一瞬间或一定时段内风、云、降水、温度、霜、雾等各气象要素综合表示的大气状况。一个地方出现的天气状况并非偶然,它与控制该地的天气系统相互联系。天气系统和相应的天气现象的发生、发展、演变的过程,称为天气过程。天气学就是研究大气形成及其演变规律,并利用这些规律预报未来天气的科学,天气学是天气预报的基础。天气分析是天气学的一个重要内容。它是把观测的气象要素利用各种方法进行综合分析,例如用天气图法分析天气系统(如高、低气压)及其伴随的大气现象(如大风、降水等),研究这些系统的位置、结构、强度及其变化,掌握其运动规律,以便预报它的未来。

准确的天气预报,无论对于合理安排生产、科学地组织旅游活动,还是预防自然灾害等方面均有重要意义。在我国,中央和各省、市、自治区及地区都设有气象台,县设气象站,有些乡设有气象哨,构成一个完整的气象网,开展不同范围不同种类的天气预报。天气预报按预报时效可分为短期(1~3天)、中期(3~15天)和长期(15天以上或更长时间)预报。

二、天气图简介

各种天气现象的产生都是大气中所进行的各种物理过程的综合结果。为了掌握天气的发生、发展和变化规律,做好天气预报,必须对一定空间的大气概貌和内部结构有所了解。为此,气象工作者定时地广泛收集国内外各地的气象观测资料,用不同方式和方法进行系统的整理分析之后,就可一目了然地看出各地的大气状况和大气结构。天气分析预报中最常用的分析工具就是天气图。天气图是把国内外各气象台站同一时刻观测到的气象资料收集起来,按规定的符号和格式填在特制的空白地图(天气图底图)上,并分别绘制某些要素的等值线,将广大地区同一时刻的天气实况和天气形势明显地表示出来的一种图。天气图包括地面天气图、高空天气图和一些辅助图表。

1. 地面天气图

在天气图底图上填绘地面观测气象资料的图,称为地面天气图(简称地面图)。

地面图上填写的气象要素比较多,它既有近地层的气温(在站圈的左上角)、湿度(左下角)、风、能见度(左下角,湿度上部)和海平面气压(右上角)等气象要素,还有降水量(右下角)以及不同高度的云(站圈中部);既有测定时刻的气象要素,也有反映过去 6 小时的天气现象和 3 小时的气压变化。地面大气图上绘有海平面等压线、地面锋线位置等。因此,地面大气图是既反映了地面气压形势,又反映了各地过去的天气现象的综合图。

2. 高空天气图

高空天气图(简称高空图)是反映高空不同高度各气象要素场结构的一种图。高空图又称高空等压面图。常用的高空图有 850hPa、700hPa、500hPa、300hPa 等。

高空图上填有观测站在该等压面上的高度(在站圈的右上角)、温度(左上角)、湿度(左下角)和风等高空气象资料。在高空等压面上绘有等高线和等温线。图上闭合等高线的高值中心相当于高气压区,闭合等高线的低值中心相当于低气压区。因此,高空图上等高线的分布表征了高空气压形势。

天气图上常用的符号及其意义,如表 2-1 和表 2-2 所示。

表 2-1 常用的天气符号

天气符号	阴	多云	晴	雷暴	阵雨	雷阵雨	雷雹	冰雹	微雨	小雨
天气符号	中雨	大雨	暴雨	微雪	小雪	中雪	大雪	霜冻	西北风1级	北风2级
天气符号	南风3级	东风4级	西风5级	西南风6级	东南风7级	东北风8级	东北偏北风9级			
天气符号	东北偏东风10级	东南偏东风11级	东南偏南风12级	浮尘	扬沙	沙尘暴	强沙尘暴			

表 2-2 锋的符号

锋的种类	分析图的符号		单色印刷图上的符号
暖锋	▓▓▓▓▓	红色	▥▥▥▥▥
地面暖锋	▓▓ ▓▓	红色	⌒ ⌒
冷锋	▓▓▓▓▓	蓝色	▼▼▼
地面冷锋	▓▓ ▓▓	蓝色	▼ ▼ ▼
准静止锋	▓▓▓▓▓	蓝色红色	⌒▼⌒▼
暖性锢囚锋	⌒ ⌒	紫色	⌒ ⌒
冷性锢囚锋	▲ ▲	紫色	▲ ▲
锢囚锋(性质未定)	▓▓▓▓▓	紫色	▲▲▲

三、气团及其天气

1. 气团定义

气团是指同一时段,占据广大空间,在水平方向上的物理属性(温度、湿度和稳定度等)比较均匀,在铅直方向上各处物理属性的分布比较相似;在它控制下的天气特征也大致相同,气象要素变化不太剧烈的大团空气。

气团的水平范围可达数百千米至数千千米,铅直厚度可达几千米至十几千米,即可达对流层的中上部。

2. 气团源地

气团最初形成的区域,称为气团源地。气团的形成是通过空气与下垫面间的热量和水汽交换,以及空气内部热量和水汽的调节而实现的。

气团形成需要具备两个条件:一是大范围性质比较均匀的下垫面,它决定着气团的性质,如冰雪覆盖的地区往往形成干冷气团,水汽充沛的热带海面常常形成暖湿气团;二是使大范围空气有较长时间停留或缓行在同一下垫面上的环流条件。一般在永久性或半永久性的高压控制地区,空气运行缓慢,风力微弱,同时高压中的下沉辐散气流有利于气象要素的水平分布均匀,为气团形成提供了合适的环流条件。

当环流条件改变时,气团就离开源地移到另一个地方。在移动过程中,气团与流经地区的下垫面不断发生热量和水汽交换而改变其原来的属性,这种现象称为气团夺性。

3. 气团分类

气团的分类主要有两种,即热力分类和地理分类,两者有密切联系。

(1)热力分类。根据气团在移动过程与其所经地区的地面间的温度对比,将气团分为暖气团和冷气团。暖气团是指较其流经地区为暖,可使到达地区气温升高的气团,冷气团是指较其流经地区为冷,可使到达地区气温降低的气团。一般来说,由高纬度流向低纬度地区的气团是冷气团;反之是暖气团。冬季由海洋移到大陆的是暖气团;反之是冷气团。夏季由海洋移到大陆的是冷气团;反之则是暖气团。

(2)地理分类。根据气团源地的地区特点,通常把气团分为冰洋气团、极地气团、热带气团和赤道气团。除赤道气团因源地几乎全部是海洋外,其他几种气团又有大陆气团和海洋气团之分,其主要特征和分布地区,如表2-3所示。

表2-3 气团的地理分类

名 称	符号	主要特征	主要分布地区
冰洋(北极、南极)大陆气团	Ac	气温低、水汽少,气层非常稳定	南极大陆以及65°N以北冰雪覆盖的极地地区
冰洋(北极、南极)海洋气团	Am	性质与Ac相近,夏季从海洋获得热量和水汽	北极圈内海洋上,南极大陆周围的海洋
极地(中纬度)大陆气团	Pc	低温、干燥、天气晴朗、气团低层有逆温层,气层稳定	北半球中纬度大陆上的西伯利亚、蒙古、加拿大、阿拉斯加一带
极地(中纬度)海洋气团	Pm	夏季同Pc相近,冬季比Pc气温高,湿度大,可出现云、降水	主要在南半球中纬度海洋上以及北太平洋、北大西洋
热带大陆气团	Tc	高温、干燥、晴朗、少云、低层不稳定	北非、西南亚、澳大利亚及南美一部分
热带海洋气团	Tm	低层温暖、潮湿,且不稳定,中层常有逆温层	副热带高压控制的海洋上
赤道气团	E	湿热不稳定,天气闷热,多雷暴	在南北纬10°之间

4. 我国主要气团及其天气

我国大部分地域处于中纬度地区,冷暖空气交绥频繁,缺乏气团生成的环流条件;同时,我国地形复杂,也没有广阔均匀的下垫面作为气团源地。因此,我国境内的气团多为变性气团。主要有变性极地大陆气团、热带太平洋气团和赤道海洋气团。

变性极地大陆气团是来源于西伯利亚和蒙古高原一带的严寒、干燥而稳定的极地大陆气团,它在向东和向南移行过程中,视离开源地的远近和下垫面性质(陆面或海面)而产生不同程度的变性。冬半年,变性极地大陆气团活动频繁,它可以自北向南一直影响到华南沿海一带,给我国各地带来严寒、晴朗,多偏北风的天气。热带太平洋气团起源于太平洋热带地区,温度高、湿度大,夏季非常活跃,盛夏可达华北、东北地区,以东南季风的形式影响我国大部分地区,为我国降水带来充沛的水汽。赤道海洋气团起源于赤道附近的洋面上,空气湿热、不稳定,常有热雷雨。盛夏和夏秋之交,赤道海洋气团自南海扩展到华南,多随台风登陆,有时可到华东地区。

另外,来自中亚的热带大陆气团,夏盛冬衰,夏季常给我国西部地区造成高温干燥大气,有的年份甚至可影响我国东部地区的大气。来自极地太平洋的极地海洋气团也是夏盛冬衰,冬季很难登陆,夏季可以登陆,主要影响俄罗斯东部、我国东北和日本一带,其风向以东和东南风为最多。

四、锋及其天气

(一)锋的定义

来自不同源地的气团,或者虽然来自同一源地,但新移来的气团和已经发生变性的气团,由于它们的热力性质不同,在它们相遇时,其间必存在一个狭窄的过渡带,这个过渡带称为锋。

锋的空间状态是倾斜的,密度较大的冷气团楔入暖气团的下方,锋随着高度向冷空气团一侧倾斜(图2-1)。锋与水平面(或空间某一垂直面)相交的区域,称为锋区。地面附近锋区的宽度约数十千米,在高空可达200~400km。但是锋区宽度与气团所占的水平范围相比是很窄的,因此常常把锋看成是一个几何面,称为锋面。

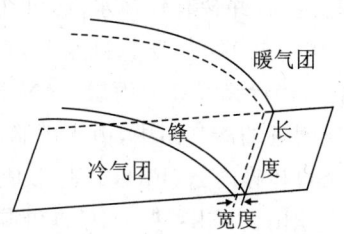

图2-1 锋的空间状态

锋面与地面的交线,称为锋线,简称为锋。锋面坡度非常小,约1°~10°之间。锋的长度可达数百千米到数千千米,铅直高度与气团厚度相当。

锋两侧气象要素有明显差异。一般气团内部的水平温度梯度约为1~2℃/100km,而在过渡带可增大到5倍以上。

(二)锋的分类

根据锋的移动情况,可将锋分为冷锋、暖锋、准静止锋和锢囚锋。冷锋是冷气团主动向暖气团方向移动的锋;暖锋是暖气团主动向冷气团方向移动的锋;准静止锋是锋面两侧冷、暖气团势均力敌,锋面很少移动或在原地来回摆动的锋;锢囚锋是指由于冷锋追上暖锋或两条冷锋迎面相遇把中间的暖空气上抬,在近地面层较冷气团和更冷气团之间形成的锋(图2-2)。

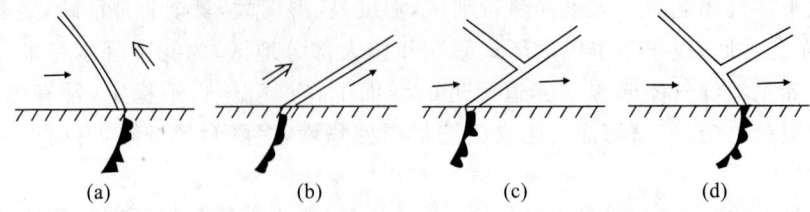

图2-2 冷锋(a)、暖锋(b)、暖式锢囚锋(c)和冷式锢囚锋(d)

(三)锋面天气

锋面天气是指锋附近的云系、降水、风、能见度等气象要素的分布状况。锋面天气多由暖气团沿锋向上滑,水汽凝结而成,它主要决定于锋面坡度、锋附近的铅直运动、气团性质及地理条件等。

1. 暖锋天气

暖锋坡度较小(一般约为1∶150),覆盖范围较广,暖空气沿锋面缓慢滑开到很高很远的距离(图2-3)。主要云系和降水出现在地面锋线的前部。如果暖气团是稳定的,并含有较多水汽,可在锋线前形成一系列层状云系,降水区宽度平均可达300～400km。暖锋到来前,气压下降,相继出现卷云(Ci)、卷层云(Cs)、高层云(As),接近锋线处为雨层云(Ns),产生连续性降水。降水强度小,历时较长。地面锋线附近的冷气团中,由于雨滴蒸发以及对流和乱流影响,可形成层积云(Sc)、层云(St)和碎雨云(Fn),有时形成锋面雾。夏季暖气团潮湿不稳定,暖锋面上也可出现积雨云(Cb)、积云(Cu)和雷防雨天气。当暖气团干燥,水汽含量很少时,锋上只出现一些中、高云,甚至无云。暖锋过境时,风向顺转,温度上升,气压突然下降。过境后,降水停止,气压少变,风速减小。

我国暖锋活动范围有限,秋季一般只在东北地区和江淮流域出现,夏季多出现在黄河流域和渤海地区的气旋中。

2. 冷锋天气

冷锋坡度一般比暖锋大,移速较暖锋快。根据移动速度,可分为第一型(缓进)冷锋和第二型(急进)冷锋。

(1)第一型冷锋。锋面坡度不大(约1∶100),移动速度较慢,冷锋一侧的暖空

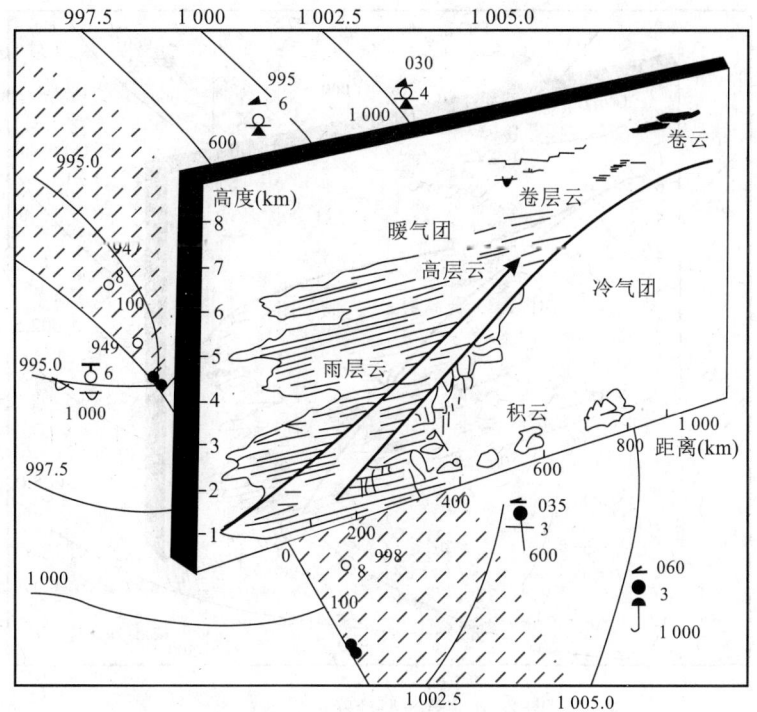

图 2-3 暖锋天气示意图

气沿锋面缓慢上滑,水汽凝结,其天气分布如图 2-4 所示。当暖气团比较稳定,水汽比较充沛时,可产生与暖锋相似的层状云系,但云系分布次序与暖锋相反,降水区比暖锋窄,平均宽度 150~200km。雨区在地面锋线之后,如果暖空气中水汽含量较多,且不稳定时,在地面锋线附近也可出现积状云和阵性降水。

第一型冷锋过境前后,单站气象要素的反映是:冷锋移近时,气压下降,温度升高,多偏南风;随着锋线接近,云层增厚,锋过境时,天空中布满雨层云,伴有降水,风向转为偏北,风力增大;过境后,降水逐渐停止,风力减弱,温度下降,气压上升,云的演变依次为高层云、卷层云和卷云。

(2)第二型冷锋。锋面坡度较大(约 1∶70),冷气团移动速度较快,地面附近锋前暖空气被迫剧烈抬升;高空(锋的上段)锋面坡度较小,暖空气沿锋而下滑,因此云系和降水区分布在地面锋线附近,云雨区窄,一般为数十千米到 100km。冷锋上段通常无云(图 2-5)。这类冷锋天气在我国冬半年和夏半年有显著不同。夏半年,地面锋附近常常出现积雨云和雷阵雨天气。冷锋过境时,往往伴随狂风暴雨、电闪雷鸣,但历时很短;锋过境后,天空迅速转晴。冬半年,暖空气比较干燥,在

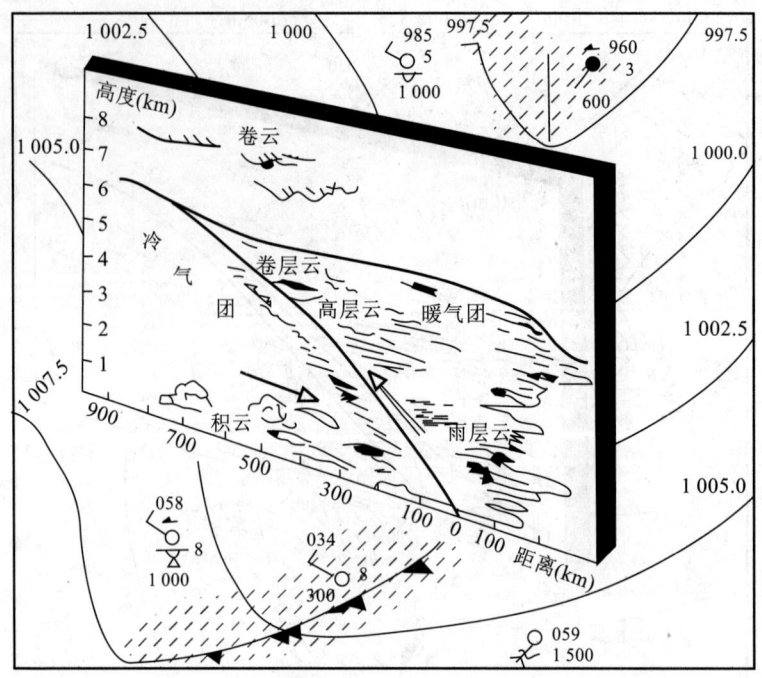

图 2-4 第一型冷锋天气示意图

地面锋线前方可出现层状云系和连续性降水,锋过境后,云很快消失,但风速增大,春季常出现大风天气。

3. 准静止锋天气

准静止锋上的天气一般分为两类:一类是云系发展在锋面上,有明显的降水。其天气与第一型冷锋相似,但坡度很小(约 1:250),雨区较第一型冷锋小得多,降水强度小而降水时间较长,降水区往往不紧接地面锋线,在锋后一定距离内。这类准静止锋多由冷空气南下过程中逐渐减弱演变而成的。例如,冬季冷空气南下到达华南时势力减弱,与热带海洋气团在华南一带相遇,冷、暖空气势均力敌,形成华南准静止锋,其天气分布如图 2-6(a)所示。准静止锋北侧吹东北风或东风,南侧吹西南风,华南准静止锋中的雨区在地面锋线后的一定距离,最宽可达 1000km 以上。另一类准静止锋的云系发生在锋面下,且无明显降水。例如冬半年南下的冷空气受云贵高原阻挡,冷锋的西段在昆明、贵阳之间形成的地形静止锋,称为昆明准静止锋。锋上暖空气比较干燥且滑升缓慢,因此无大规模云系和降水。然而,锋下冷空气沿山坡上升和乱流混合作用,在锋下可形成不太厚的雨层并伴有连续性降水,其天气分布如图 2-6(b)所示。在我国除华南准静止锋和昆明准静止锋外,

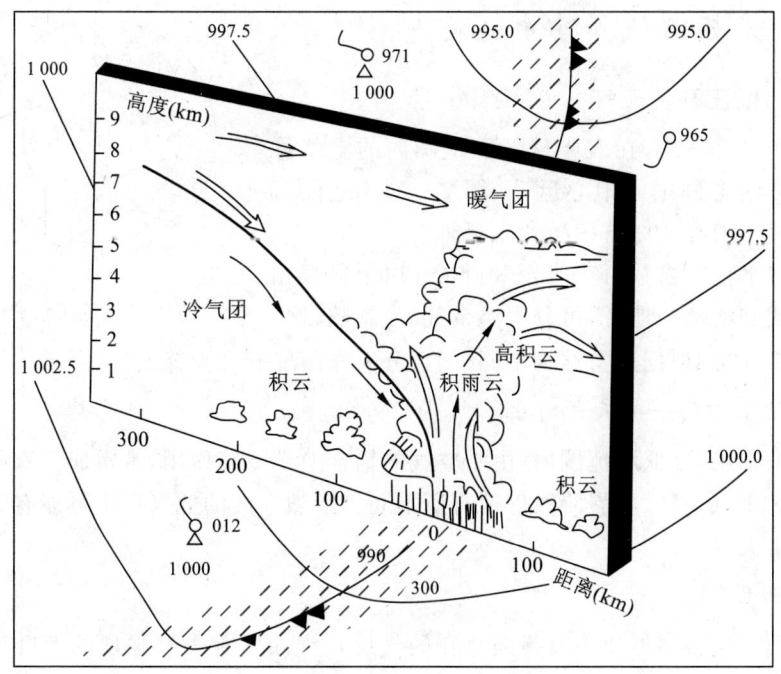

图 2-5 第二型冷锋天气示意图

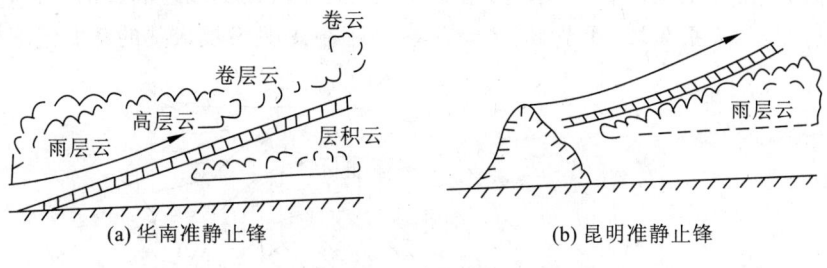

(a) 华南准静止锋　　　　　(b) 昆明准静止锋

图 2-6 准静止锋

还有江淮准静止锋、天山准静止锋等。静止锋对这些地区及其附近天气有重大影响。

锢囚锋是由两条移动的锋面相遇而成的,其云系可看成由原来两条锋面的云系合并而成,因此锋面两侧都有降水区。锢囚开始时,暖空气被抬升,云层增厚、降水增强、雨区扩大。随着空气进一步抬升,暖空气中的水汽含量越来越少,云层逐渐变薄,天气也逐渐转晴。

五、高压与低气压中的天气

(一)低压及其天气

低压又称气旋,在北半球低压范围内的空气按反时针方向自外围向中心运动(图2-7)。地面低压中心值一般在1010~970hPa,最低者为887hPa。低压的水平范围自数百千米至2000km以上。根据低压形成和活动的地区,可分为温带气旋、副热带气旋和热带气旋;根据热力结构不同,则可分为锋面气旋和无锋面气旋。

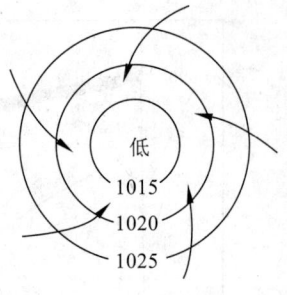

图2-7 低压示意图

1. 低压中的一般天气特征

一般来说,在低压范围内,由于空气的辐合上升冷却作用,常常成云致雨,其天气表现因水汽条件、发展阶段等而有所不同。强烈发展的低气压中可能有大风、暴雨等恶劣天气。

2. 锋面气旋

锋面气旋就是低压中有锋面存在的气旋。锋面气旋中有强烈的上升气流,有利于云和降水的形成,天气阴雨。当锋面气旋发展强盛时,可出现暴雨、雷电、大风和风沙等恶劣天气。

锋面气旋中的天气特征决定于组成气旋的各个气团的属性和锋的结构;此外,还与其所处的发展阶段、季节、地区等有关。图2-8是发展成熟的锋面气旋模式。

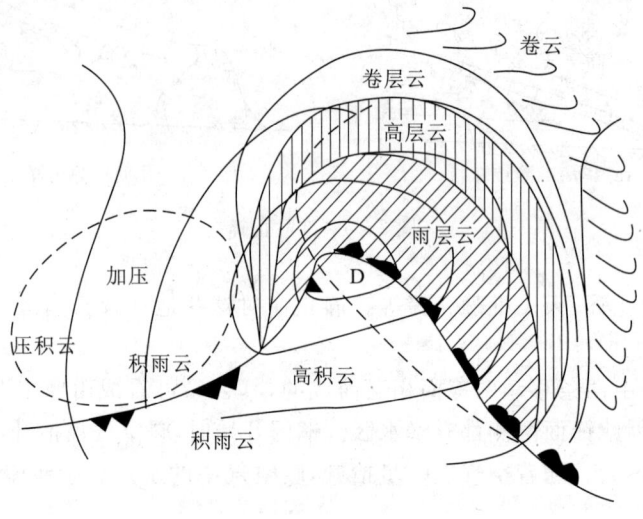

图2-8 气旋天气模式示意图

由图可见,气旋前部具有暖锋云系和降水区,云系向前伸展很远。气旋后部具有冷锋云系与降水。距中心较远的一段冷锋移动速度较快,多为第二型冷锋,有积状云和雷阵雨天;离中心较远的一段冷锋,移动速度较慢,多为第一型冷锋,有层状云和连续性降水。在冷锋与暖锋之间的暖区中,其天气特征主要取决于气团的性质。如果暖区为海洋气团所控制,则靠近中心处有层云、层积云并下毛毛雨,有时还有雾,离中心较远的地方通常是少云天气,如果暖区为热带大陆气团所控制,因空气干燥,通常没有降水。只有一些薄的云层。在发展强的锋面气旋中,常常出现大风天气。暖区内,有时为西南大风;冷区内,主要是冷锋后的西北大风。伴随大风,还会出现风沙,能见度很低。

锋面气旋一般活动在中纬度和高纬度地区,更多见于温带地区。温带气旋主要出现在东亚、北美及地中海等地。在东亚,多发生于 45°～55°N 和 25°～35°N 附近,即我国的东北地区(如东北低压)和 30°N 附近的江淮地区(如江淮气旋)以及日本南部海域等三个地区。图 2-9 是气旋活动实例(地面图)。图上有两个较明显的锋面气旋,一个在我国东北和华北地区(东北低压),发展相当成熟、规模大、势力强;另一个在江淮流域下游地区(江淮气旋),势力较弱,尚处于开始形成阶段。

尽管气旋发生的地区不同,东亚气旋的路径一般总是由西或西南向东北移动。如果气旋不消失,最终都移向阿留申群岛及其附近的海上低压区。

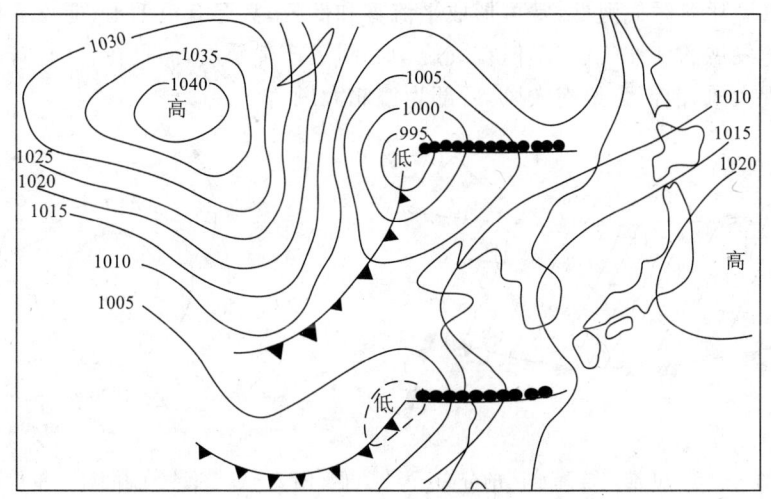

图 2-9　地面天气图上气旋活动实例(hPa)

3. 东北低压

东北低压是活动于我国东北地区的锋面气旋,它一年四季均可出现,尤以春秋两季为最多,特别是4~5月份活动最频繁,强度最大。

东北低压是我国气旋发展最强的一种,其水平范围可达1000~2000km,低压中心气压值一般在990hPa左右,甚至更低。其闭合环流可以伸展到5.5km高度以上。

东北低压不仅能引起大范围的大风、风沙、雷暴和雷雨等灾害性天气,还能引导其后的冷空气大举南下,形成寒潮天气,导致东亚大气环流的改变,是我国的重要天气系统之一。

4. 江淮气旋

江淮气旋是发生在江淮地区及湘赣地区的锋面气旋。它在春、夏两季出现最多,5、6、7三个月活动最盛,是江淮流域产生暴雨的主要天气系统,也是长江流域梅雨的天气型式。

江淮气旋生成后,在长江、淮河和黄河下游等广大地区都有降水。降水分布在700hPa槽线(或切变线)与地面锋线之间(图2-10)。夏季,在锋面附近可出现雷暴、大风和暴雨天气。在冷锋后(暖锋前)由于暖水滴降到锋下冷气团中蒸发,常出现一些很低的碎雨云。夏季以前,气旋东部的东南风把海上潮湿空气带到大陆,由于大陆气温比海洋气温低,常可形成平流雾和低云,甚至有毛毛雨,能见度很坏。

迅速发展的江淮气旋,不但在气旋中心附近产生暴雨,而且在它的前部或后部都可出现大风,前部为偏南大风,后部为偏北大风。

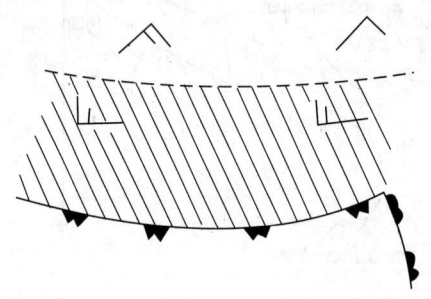
图2-10 江淮气旋降水区的分布

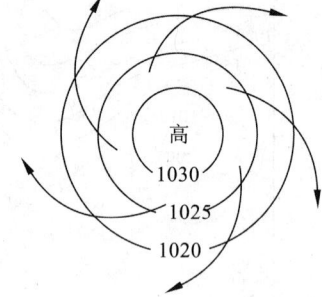
图2-11 高气压示意图(单位:hPa)

(二)高压及其天气

高压又称反气旋。在北半球,高压区内空气按顺时针方向自中心向外运动(图2-11)。高压的水平范围,大约可与最大的大陆或海洋相比,小的则数百千米,甚至更小些。高压中心气压值一般为1020~1030hPa,最大可达1083.8hPa。根据高压形成和活动地区,可分为极地冷高压、副热带暖高压和移动性冷高压等。

1. 高压中的一般天气特征

一般在高压范围内,其中、下层有明显的辐散下沉运动,常为晴朗天气,天气分布比较均匀。由于高压区内没有锋,所以气团特性和高压天气有紧密联系。例如盘踞在高纬度大陆的冷高压,具有冷气团特性,空气干燥而寒冷,形成在副热带洋面的暖高压,则具有暖气团性质,空气潮湿而热,但暖高压中心因有明显的下沉气流,通常为稳定少变的晴朗天气。

2. 西伯利亚冷高压

西伯利亚冷高压或蒙古冷高压是影响亚洲大陆冬季天气和气候的重要天气系统。西伯利亚高压是极地冷高压的一种。

冬季,亚洲陆地上低温范围大。西伯利亚和蒙古高原一带,地面温度常在-15~-40℃以下,冷空气在这里堆积形成冷高压,通常称为西伯利亚高压。西伯利亚高压是寒冷的极地大陆气团的源地,也是冬季大陆季风的源地。

晴朗严寒,干燥少雨,寒潮迭发,冷锋后的大风、霜冻等是冷高压中天气特征。冷高压中的天气,在不同地区、不同季节,或同一冷高压的不同部位也不相同。冷高压中心附近,盛行下沉气流,风速较小,常在夜间或清晨出现辐射雾。冬半年在逆温层下聚集水汽和其他杂质,常使能见度变坏,夏半年空气潮湿时,可出现淡积云。冷高压前部有冷空气沿偏北气流南下,且接近冷锋,气温较低,风速较大,云层较厚,有时甚至有降水。冷高压后部为相对较暖的气流向北输送,常出现暖锋性质的天气。

应当指出,西伯利亚高压是指平均气压场,冬季冷高压中心在西伯利亚或蒙古一带。而每日天气图上看到的冷高压,无论其形状、位置和强度都会有所不同。

3. 西太平洋副热带高压

在南北半球纬度30°附近的广大副热带地区有一条很强的高压带,由于海陆的影响,高压带被分裂成几个高压中心,称为副热带高压,简称为"副高"。如太平洋高压、大西洋高压、印度高压、北非高压等。此外夏季出现在青藏高原上空的青藏高压和冬季出现在我国南海上空的南海高压等也都属于副热带高压。

副热带高压是一个常年存在、稳定而少动的暖性深厚系统。在副高控制范围内盛行下沉气流,是比较均匀的暖气团,多晴朗少云天气。副高的强度和范围随季节而变化。北半球,冬季较弱,范围小,位置偏东、偏南;夏季势力特别强大,位置偏西、偏北。

影响我国天气和气候的副高主要是西太平洋副热带高压的西部,即西太平洋高压脊。冬季,西太平洋副热带高压脊的范围小,势力弱,退居海上,对我国影响不大;夏季北进西伸,势力强大,与印度大陆低压配合构成偏南气流,是我国中部和南部地区的主要水汽来源。

必须指出,副高中不同部位的天气表现是不同的(图 2-12)。在副高脊线附近的主体部分,辐散下沉飞流较强,该处的水平气压梯度又较小,因此多晴朗少云、炎热微风的大气。副高北侧与西风带锋区相邻,多气旋和锋面活动,上升运动强烈,多阴雨天气。夏季副高西部由于从南部海洋上带来暖湿气流,使锋区的不稳定度增加,当有高空槽或低涡东移时可产生大范围暴雨带和中小尺度的强烈天气;脊线南侧为东风气流(与东北信风带相邻),下层空气湿度较大、温度较高,大气闷热,一般也是下沉气流,天气晴好;当有台风等热带天气系统活动时,则出现云雨、强雷暴和大风等恶劣大气。

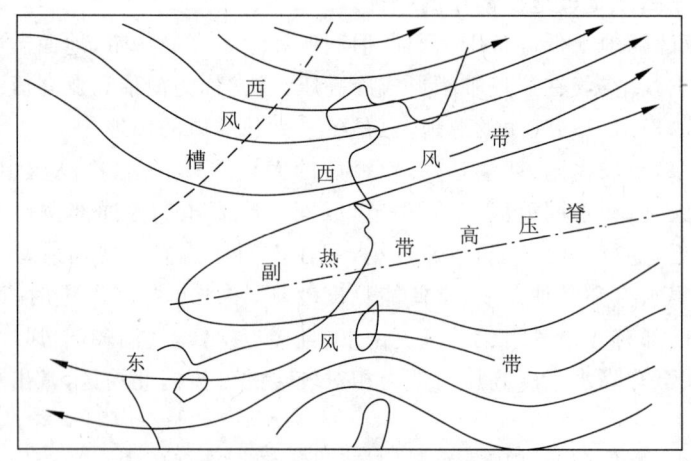

图 2-12 副热带高压脊和西风槽

副高具有年际变化、季节变化和短周期变化。西太平洋副热带高压的季节活动与我国大陆上雨带的位移有密切联系。通常雨带位于脊线北侧 5~8 个纬距处,副高移动,雨带也随之移动,副高活动一旦异常,将导致我国旱涝等灾害性天气发生。如 1954 年 4—7 月,副高北上迟缓,脊线稳定滞留在 20°~25°N 时,长江流域梅雨持久,形成罕见的洪水,而 1961 年 6 月中旬起,副高稳定在 30°N 附近,江淮流域夏季雨量较少,出现了旱象。

六、高空槽脊及其天气

中纬度地区气流层的中、上层基本上是沿纬圈呈带状分布的西风气流。西风气流呈波浪状前进,形成不同尺度的波动,这种现象称为西风波动。由于高空(自由大气)风近于地转风,因此,在高空等压面图上风向平行于等高线,波动流型的波谷对应着低压槽,波峰对应着高压脊(图2-13)。这种流型在对流层中、上层以及平流层表现十分明显,在大气低层常常表现为结构不同的闭合的高、低气压。高空槽脊的发生、发展和消失会带来不同的天气。

在西风带中的高纬度地区,高空槽自西向东移动,所以常把槽线以东称为槽前,槽线以西称为槽后;脊线以东称为脊前,以内称为脊后。由于槽与脊相伴出现。因此槽前与脊后对应,槽后与脊前对应。高空槽脊中各处气流结沟不同,其大气表现也不一样。一般是槽线附近有辐合上升气流,天气变化剧烈;脊线附近多为辐散下沉气流,大气晴好。在水平方向上,槽前多偏西南气流,槽后多偏西北气流;从前直方向看,槽前多上升气流,槽后多下沉气流。因此一般是槽前天气多阴雨,槽后天气多晴朗。

高空槽脊活动与低空、地面天气系统(锋面、低气压和高气压等)有密切联系。在高空槽后的下方常常有较强的冷高压,槽前的下方有地面气旋发展,它们随着高空槽自西向东移动。活动于我国的高空槽有西北槽(生成于新疆以西的中亚地区)、青藏槽(冬季生成于高原以西或高原上)、印缅槽(活动于20°~30°N,在印度—缅甸一带的北部最明显,故名)。这些槽在东移过程中给所经地区带来复杂多变的天气。

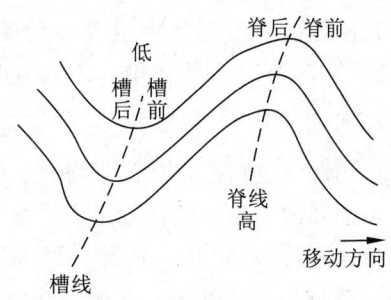

图2-13 西风带上的高空槽脊

第二节 灾害性天气

灾害性天气(包括天气过程与天气现象)与各项生产活动的关系十分密切。本章介绍寒潮、霜冻、台风、旱涝、干热风、冰雹、大风和龙卷风等几种灾害性天气。由于它们都与大气状态和气象要素有联系,常被称为气象灾害。

一、寒潮

寒潮是指盘踞在高纬度地区上空的冷空气,在特定的天气形势下突然离开源地,大规模南下,造成沿途剧烈降温,并伴有偏北大风、霜冻、雨雪、风沙等天气现象,这类天气过程称为寒潮。可见,寒潮是一次强烈的冷空气活动。

寒潮多发生于冬半年。寒潮带来的冻害和风灾,对生产建设、交通运输、人民生活和旅游活动均有不利影响。

1. 寒潮标准

在我国，根据工农业生产的需要，中国气象局规定了寒潮的标准：一次冷空气侵入使长江中下游及以北地区在 48 小时内最低气温下降 10℃ 以上，长江中下游最低气温达 4℃ 或以下，陆地上相当于三个大行政区的范围内伴有 5～7 级大风，渤海、黄海、东海出现 7 级以上大风，称为寒潮。如果 48 小时内最低气温下降 14℃ 以上，陆地上 3～4 个大行政区有 5～7 级大风，沿海所有海区出现 7 级以上大风，称为强寒潮。凡不符合上述标准的天气过程，称为一般冷空气活动。

我国幅员辽阔，地形复杂，南北气候差异大，各地的生产活动不尽相同，全国采用同一寒潮标准难以满足各地的服务要求，因此许多气象台站根据当地具体情况，补充修订了适合本地区的寒潮标准。因此，旅游者除收听中央气象台的天气预报外，还需注意所到地区地方台站的天气预报。

我国境内一年四季冷空气活动频繁，其中达到寒潮标准的平均每年 6.2 次（1955—1975 年），多的年份有 10 次，少的年份仅 1 次。

2. 寒潮源地和路径

寒潮源地是指冷空气的发源地。影响我国的寒潮冷空气来自新地岛附近的北冰洋洋面和冰岛以南的洋面上空。冬季时，这里几乎终日不见阳光，漫长的黑夜使地面上冰雪覆盖，其上空堆积了大量冷空气。

发源于新地岛以西寒冷洋面上的冷空气，经过巴伦支海、白海进入西伯利亚西部以及蒙古，然后进入我国，见图 2-14 中的西北路。来自这里的冷空气比较常见，能达到寒潮强度的也最多。发源于新地岛以东寒冷洋面上的冷空气经过喀拉海、泰米尔半岛进入蒙古，到达我国，见图 2-14 中的北路。来自这里的冷空气次数较少，但气温低，能达到寒潮强度的次数较多。此外，也有少数寒潮冷空气从贝加尔湖直达我国东部地区，见图 2-14 中的次要路径。

第二个冷空气源地是冰岛以南洋面。冷空气经俄罗斯欧洲地区南部或地中海、黑海、里海一带，由西向东侵入我国，见图 2-14 中的西路。来自这个源地的冷空气次数较多，但能够达到寒潮强度的较少。

寒潮冷空气进入我国境内后一般分三条路径南下。

中路（又称西北路）。寒潮冷空气从源地移出，经过俄罗斯及蒙古，由我国河套（105°～115°E）附近南下，直达长江中、下游及江南地区，尔后入海，有时可侵入华南地区。沿此路径侵入的寒潮可以影响我国大部分地区。冷空气经过的地区以大风、降温为主，并带有风沙，在江南有雨雷天气。

东路。寒潮冷空气经蒙古到我国内蒙古及东北地区，以后其主力在 115°E 以东继续东移，但低层冷空气折向西南方向移动，经渤海侵入华北，再从黄河下游向

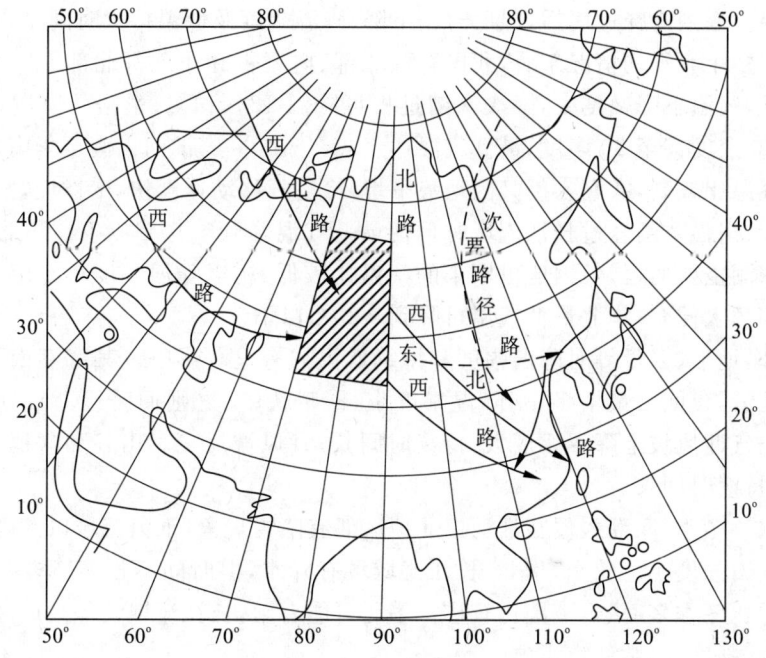

图 2-14 影响我国的寒潮冷空气源地和路径示意图

南,直达两湖盆地。这条路径的寒潮冷空气,常使渤海、黄海、黄河下游一带出现东北大风,长江以北地区有大范围的大风、降雨和低温天气。

西路。寒潮冷空气由俄罗斯里海一带向东经我国新疆、青海、西藏高原东侧南下。这路寒潮冷空气侵入我国西北、西南、江南和华南时,往往引起大范围雨雪天气,降温幅度不大,持续时间短。

事实上,每次入侵我国的冷空气路径和移动速度都不完全相同。冷空气从西伯利亚到我国西北地区,一般需要 1~2 天;到华北、东北地区需要 3 天左右;到长江以南则需要 4 天左右。

3. 寒潮天气

寒潮袭击时,最突出的天气表现是大风和降温,其他如沙暴、雨雪等天气现象则视地区和条件而异。

大风。大风常常出现在冷锋后部 200km 附近的地区,当寒潮冷锋过境时,风向突变,风力猛增。锋后为偏北大风,风力一般是 6 级,有时可达 10~12 级,持续时间长短不一,多数是 1~2 天,较长的可达 3 天左右。大风吹起尘土,造成风沙、浮尘天气。寒潮冷锋前部的地区,一般风力微弱,风向偏南,但冷锋前的低压(槽)系统发展比较强时,在内蒙古东部及东北地区,偏南风也可达 5~6 级以上。

降温。寒潮冷锋过境后,温度急剧下降,降温幅度及低温持续时间受许多因素影响。从多年年平均情况来看,我国新疆北部、内蒙古和东北等北部地区,大风持续时间长,气温下降幅度大,一次寒潮过程可降温 12～14℃;最强的寒潮,一天之内下降 10 余度甚至 20 多度,最低气温达 -30～-40℃。淮河以南至华南各地,寒潮前夕气温比较高,寒潮入侵又因地势平坦,冷空气移动速度快,变性慢,气温下降幅度也大;当强寒潮经过长江流域时可使最低气温降到 -10℃ 以下。华北平原虽然也是寒潮主要通道,但因这里原来的气温比较低,所以降温幅度小于南方各地,可是强寒潮入侵时,华北最低气温可降到 -20℃ 以下。

此外,地形、云量等对降温幅度和持续低温均有显著影响。其寒潮南下后,白天碧空无云,夜间云量增多,则降温幅度小,回暖快;反之则回暖慢,降温幅度大。山地冷空气迎风坡上降温幅度大,持续时间长;背风坡反之。山谷和盆地中,降温幅度大,持续时间长。

降水。冬季,寒潮入侵在淮河以北地区偶有降雪现象,淮河流域以南则雨雪较多,时间长,强度小。秋季,华北、长江流域虽有降水,但时间不长;春季,寒潮冷锋上的降水比冬季多而强,范围比较广。华北可能有雨,长江流域及华南地区则经常产生降水,强度大,常伴有雷电。

二、热带气旋和台风

1. 定义和标准

热带气旋是生成于低纬度热带洋面上的低气压。按照国际规定,热带气旋按其强度分为四级:气旋区最大风力在 7 级以下者(包括 7 级)为热带低气压;8～9 级者为热带风暴;10～11 级者为强热带风暴;最大风力 12 级或以上的称为台风或飓风。在我国以往的标准中则把热带风暴称为台风(本节中的统计资料均以此为标准)。

中国气象局规定,自 1988 年起,各地气象台站按国家名称和等级向国外发布热带气旋的情报、预报或警报。

为了工作方便,我国把每年发生在 150°E 以西,赤道以北的台风按出现顺序予以编号。例如 8806 号台风是指 1988 年发生在上述地区的第 6 次台风。

2. 台风源地

台风主要生成于纬度 5°～10° 之间,占 87%,20° 以北的只占 13%。近年来,还发现个别台风生成 5° 以南的赤道海域。影响我国的台风,主要来自西北太平洋(包括南海)海域,平均每年 29 个,约占全球台风总数的 40%。这里生成的台风不仅次数多,而且是超级台风(直径达 1500～2000km)的唯一源地。

台风生成于广阔而高温的热带洋面上。这里不仅提供了大量水汽,也提供了能量。海面上蒸发强,低空的气层十分潮湿。一旦气层中水汽凝结,释放潜热,就提供了台风生成或发展时所需的能量。据研究指出,海水温度在 26.5℃ 以上才有利于台风的发生和发展。

3. 台风结构和天气

在地面天气图上,台风表现为一个气压极低、闭合等压线近乎圆形的低气压。当台风发展到成熟阶段时,在海上其中心气压一般都在 950hPa 以下,最低者为 887hPa。1969 年 7 月 27 日在我国汕头登陆的 6903 号台风,其中心气压为 895hPa,是 60 年来登陆我国的最强的一次台风。

台风中,按其结构和天气现象可分为三个区域,即台风眼区、涡旋区和外围大风区。台风中的天气分布具有一定的对称性(图 2 - 15)。

台风眼区:位于台风中心,半径为 5~30km 不等,形状呈圆形,也有呈椭圆形或卵形的。这里气流下沉,通常是少云,风也弱。当台风减弱时,眼内出现上升气流,云系发展,天气转坏,有时也出现云层和降水。

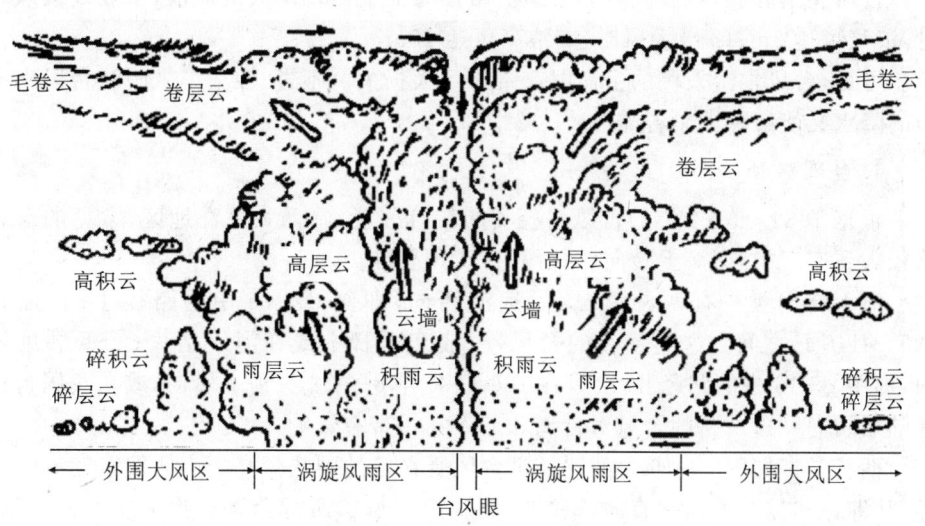

图 2 - 15 台风云系及气流分布

涡旋区:又称狂风暴雨区或最大风速区,半径为 50~100km。区内强烈的上升气流常常形成宽数十千米,高十余千米的云墙,云墙主要由对流云组成。这里经常出现狂风暴雨,是台风中天气最恶劣、破坏力最大的区域,风力常达 12 级以上。

外围大风区:涡旋区以外为大风区,半径 200~300km。外围大风区的风力一般为 6~8 级,有散乱云。

台风中的天气包括台风带来的大风、暴雨、海潮等。台风强弱不等,台风天气的强度、范围和持续时间等亦有很大差异。

台风中风力大,风的阵性强,瞬时极大风速和极小风速之差可达30m/s。一个发展成熟的台风,最大风速一股可达60～70m/s,最强的曾出现110m/s。少数台风中还可出现龙卷风。例如1956年9月24日,当台风在长江口出海时,浙江嘉兴、上海等地都出现了龙卷风。

台风中降水多、强度大、范围广,一次台风登陆其降水区往往可波及数省(区),台风中心路径两侧数百千米内有暴雨。当它与冷空气或其他天气系统共同影响时,还会出现特大暴雨,如8807号台风于8月8日凌晨在浙江象山登陆,凌晨2～5时,历时3小时的降水量达117mm。

台风中心附近气压低,风力大,使海面潮位暴涨,如果与天文潮(月球引力引起的)同时出现,二者叠加,潮位更高,对沿海地区威胁很大。例如1969年7月28日,台风在汕头登陆时,正值天文潮涨潮期,潮位比正常水位高出2.8m,浪高数米,汕头、登海等地大小街道水深1～4m。

台风涡漩区内,由于风力非常猛。常使海面上出现巨大的风浪,一般8级风力时,浪高可达5m;12级大风时,则浪高可达15m。

可见,台风常给人民的生命财产带来巨大损失。不过,在久旱少雨时台风中丰沛的降水又能解除干旱省酷热。

4. 台风路径

根据1884—1974年的台风路径资料统计表明,在西太平洋地区,常见的台风路径大致有三类,即海上转向、西行和在我国登陆类。

海上转向类。有两种情况:①远海转向,即图2-16中的路径Ⅰ,台风在125°～140°E之间。这类路径的台风,一般袭击日本或在海上消失;②低纬度转向,即图2-16中的路径Ⅱ,台风在125°E以西,8°～22°N海上转向,或在我国台湾登陆后转向。这一路的台风对台湾和菲律宾一带有影响。

西行类。即图2-16中的路径Ⅲ台风受稳定的副热带高压南侧偏东气流的引导,从菲律宾以东海面一直向西移动,经我国南海。西行台风对我国广东、广西影响较大,当路径偏南时,则影响越南,对我国华南无大影响。

登陆类。有三种情况:①近海上登陆,图2-16中的路径Ⅳ。台风在洋面上生成后,向西北方向移动,大约在20°N附近北上。后又向东北方向移去,影响朝鲜一带,或向西北方向移去,在我国辽宁和山东沿海登陆。这一路径的台风出现在6～8月,次数不多。②登陆华东类。即图2-16中的路径Ⅴ。台风在低纬度生成后,稳定地向西北方向移动,登陆后或在陆上消失,或转入黄海、东海。这类台风的强度较强,范围较大,对我国台湾省和华东各省的影响大。③登陆华南类,即图2-

16中的路径Ⅵ。台风在菲律宾中部或南部群岛附近的低纬海面上生成,向西北方向移动,影响我国华南地区。

除上述常见路径外,每年还有一些异常路径的台风出现,如蛇行路径、打转台风等出现次数不多,预报困难。

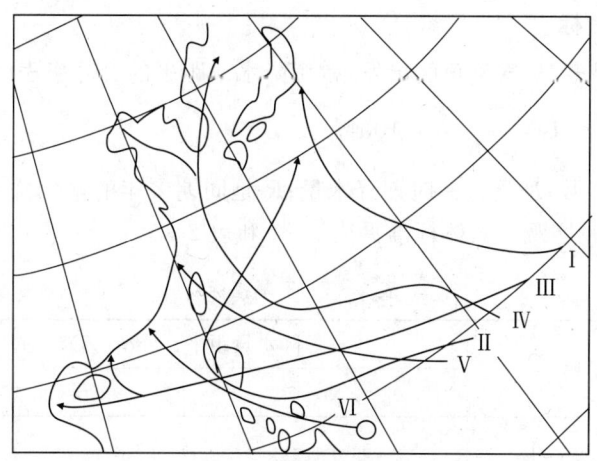

图 2-16　西太平洋台风实际路径分类

5.台风的活动状况

在西太平洋上,全年各月都有台风发生,但主要集中在 7～10 月,约占全年总数的 68%,其中 8 月是台风发生的高峰月。

我国是西太平洋沿岸国家中受台风袭击最严重的国家,据 1949—1969 年的资料统计,在我国登陆的台风约占台风总数的 23%。台风在我国登陆月份始于 5 月初,止于 12 月初,主要集中在 7、8、9 三个月,尤以 9 月最多,平均来说,每年有 6～7 次台风在我国登陆,最多的年份 11 次,最少的年份只有 2 次。1988 年西北太平洋上共生成 26 个台风,登陆我国的 8 个,对我国有较明显影响的 9 个。

台风登陆我国的地点从广西到辽宁沿海,以广东、台湾、福建等地最多。登陆我国的台风,一部分可以深入内陆,江西是内陆受台风影响最重的地区。总之,在我国除新疆、西藏、青海、甘肃、宁夏、四川等省区没有受台风影响外,全国有五分之四的省区均受西北太平洋或南海登陆台风的影响。因此,我国气象部门对台风预报十分重视。当发现西太平洋上有台风生成或有台风向我国沿海移动,并预计 48 小时后可能影响我国时,便发布台风消息,以引起人们注意;如果发现台风继续向我国沿海靠近,预计 48 小时内台风中的 6 级大风区将影响沿海地区时,便发布台风警报;预计 24 小时内台风将登陆,便发布台风紧急警报。此外,各地气象台站还根据本地具体情况,制订了发布台风警报的要求,以做好防台抗台工作。

三、旱涝

旱涝是指一个地区短期内，由于降水量异常引起的反常天气气候。显然，持久缺雨则旱，雨量过多则涝。

(一)旱涝指标

旱涝指标很多，从气象角度出发，常用降水量距平的百分率表示，即

$$I = \frac{R - \bar{R}}{\bar{R}} \times 100\%$$

式中：I 是旱涝指数；R 是某一时期降水量；$\bar{R}$ 是同期多年的平均降水量，这个指标简单明了，也比较客观。具体标准见表2-4和表2-5。

表2-4 干旱指标

旱期	降水量距平百分率(%)	
	旱	重旱(或大旱)
连续3个月	−25%～−50%	−50%～−80%
连续2个月	−50%～−80%	−80%以上
连续1个月	−80%以上(关键月)	

表2-5 雨涝指标

涝期	涝	大涝
一旬	250～350mm(东北 200～300mm) (华南、川西 300～400mm)	350mm以上(东北 300mm以上) (华南、川西 400mm以上)
两旬	350～500mm(东北 300～450mm) (华南、川西 400～600mm)	500mm以上(东北 450mm以上) (华南、川西 600mm以上)
1个月	100%～200%(华南 75%～150%)	200%以上(华南 150%以上)
2个月	50%～100%(华南 40%～80%)	100%以上(华南 80%以上)
3个月	30%～50%	50%以上

此外，也有用降水量标准差(σ)来确定旱涝指数的，公式如下

$$I = \frac{R - \bar{R}}{\sigma} \tag{2-2}$$

当

$-1 < I < 1$　为正常年
$-2 < I < -1$　为旱年
$I < -2$　为大旱年

当

$1 < I < 2$　为涝年
$2 < I$　为大涝年

此外,各省区还有结合当地植物,特别是农作物不同生育期的需水状况,考虑降水日数确定干旱指标。如四川省确定 7、8 月连续 20 天降水总量少于 35mm 者,为伏旱。总之,旱涝指标很多,且有地方性。

(二)干旱的时间和地理分布

我国一年四季均有可能出现干旱,但全国各地都以春旱或冬春旱发生的机会居多,程度最重,持续时间也最长。这种情况在华南和西南地区尤为明显,其次是黄淮海地区和东北地区。我国冬春干旱频繁发生,是与我国冬干夏湿的季风气候有关。冬半年,大陆上几乎都是在蒙古冷高压的笼罩之下,气候干冷。春季温度回升快,大风又多,蒸发量大,空气相对湿度低,干旱加重。

我国夏季干旱现象也不少,尤其是长江中下游地区,进入盛夏季节后,常常在西太平洋副热带高压西伸脊的控制下,气流下沉,少雨而干旱。此外,黄淮海地区的夏旱也比较严重,出现概率较高。

秋季,我国多数地区在强度较弱的冷高压控制下,秋高气爽,降水极少,相对湿度低,也会出现干旱。就全国范围来说,黄淮海地区和华南出现秋旱的机会最多,其次是长江中下游地区。

我国西南地区干旱主要出现在冬春和初夏,这里进入 6 月后,雨季开始,不再出现干旱。

必须指出,我国地形复杂,同一省内,干旱分布状况也有差异。如湖南省湘西自治州气象局的研究指出,该州春旱以西北部较常见,夏旱出现在南部,秋旱多出现于东部地区。

我国是个多旱灾的国家,历史上曾多次出现连续几年干旱。近几十年,全国各地干旱频繁。1972 年华北地区春、夏、秋连旱,致使黄河在济南以下断流 20 天。1978 年我国东部地区奇旱酷暑,江淮流域春旱接"空梅",秋伏又连旱,造成河水断流,塘堰干涸。南京当年 1－10 月降水量仅 472mm,是近百年未遇的大旱年。湖南大约每隔 1～4 年出现一次大旱或特大干旱。西北地区的干旱有明显的准三年的周期。

(三)雨涝的时间和地理分布

雨涝大致有三种:一是历时较短,降水强度较大的暴雨以致特大暴雨造成的雨涝,这种雨涝多数是在台风或静止锋上不断有波动气旋时出现。二是降水强度不大,但阴雨期较久的渍涝,这种渍涝都发生在锋面降水内。出现渍涝时,地面虽无洪水,但因长期缺少日照,加上土壤水分过多,危害作物和林木生长。三是阴雨日较长,总雨量又大,即上述两种结合,既涝又渍,危害最重。近些年我国水灾频繁,1996年、1998年我国长江流域都遭受特大洪水危害。

总的来说,我国雨涝主要出现在夏季。这个时期发生的雨涝不仅频繁,而且强度也大。显然,这是季风气候特点的反映。各地雨涝出现的季节也有差异,黄淮海地区不仅干旱频繁,雨涝也多,几乎每年都有程度不同的夏涝发生。长江中下游和华南地区,春涝机会比较多,秋季台风活动频繁,所以秋涝也时有发生。东北地区雨涝多出现于夏季7、8月。

(四)冰雹

冰雹是从强烈发展的积雨云中降落到地面的固态降水。冰雹的直径一般为5~30mm。5mm以下者,硬的称为冰丸,软的称为散粒;直径5mm以上者,硬的称为冰雹,软的称为软雹或海绵雹。冰雹降落时,常伴有强烈的阵风、暴雨和降温,有时还伴有龙卷风。因此,冰雹是重要的灾害性天气之一。例如1987年4月23日傍晚,湖南省湘西自治州地区遭受雹灾,最大的冰雹重650g,直径14cm,降雹时最大风速28m/s,冰雹夹着暴雨持续27分钟,自治州内由南到北有6个县遭受雹灾,死亡16人,打死牲畜约300头,受灾秧田3290ha,房屋倒塌及损坏3万余栋,直接经济损失29万元。冰雹降落时,落叶树被打得片叶无存,树皮也被打烂;常绿树的新梢被打断,许多树木当年生长发育期延缓,出现畸形,有的逐渐枯死。仅吉首市就有42个树种,7万余株活立木受损失。

1.冰雹的结构和形成过程

冰雹中心是一个白色不透明疏松的核心,称雹核或雹心,雹心外面由透明和不透明的冰层相间地包围着,层次不等。一般来说,层次愈多,冰雹愈大。

冰雹云中,云顶附近有冰晶和雪花。中部有雪花和过冷却水滴,零度层以下是水滴。冰雹云中上升和下沉气流时强时弱,过冷水滴与冰晶或雪花相碰时,迅速冻结成白色不透明的雹心,这就是冰雹的胚胎。冰雹胚胎被带到0℃层以下,温度较高,表层冰层融化成水,水滴有粘于其上。当上升气流带到云层中部或上部过程中,水滴冻结成透明冰层。随后,过冷却水滴、冰晶或雪花又迅速地在其外围冻结一层不透明的冰层。随着气流的时强时弱,重复上述增长过程,冰雹直径增大,重量增加,当冰雹的重量增加到上升气流支托不住时,就离开云体,降到地面,出现雹灾。可见,冰雹直径与上升气流强弱及空气不稳定程度等因素有关(图2-17)。

冰雹云移动速度快,降雹区多呈带状分布,宽度只有1～2km,平均长度常在20～30km以下,所以群众中流传"雹打一条线"的说法。此外,降雹时间短,一般只有几分钟,半小时以上者少见。

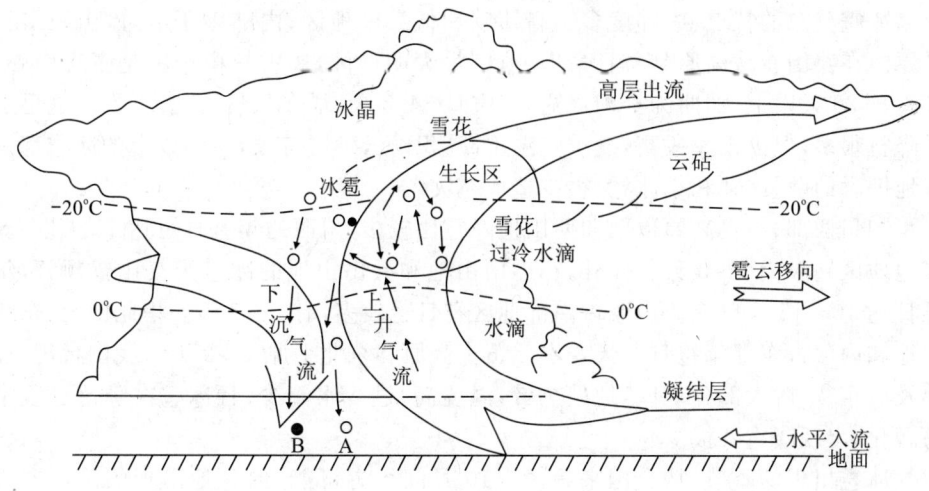

图2-17 冰雹的形成过程

2.冰雹形成的条件

一般来说,在中纬度地区,垂直发展强盛的积雨云中都有冰雹存在。然而是否降雹,形成雹灾,则必需云中冰雹能增长到一定尺度,且有极低的温度,在降落到地面前又不能融化,才出现降雹。因此,冰雹形成过程中要求具备一定的条件。

(1)不均匀的升降气流。从冰雹的结构和增长过程,人们很容易地推论出冰雹愈大,雹核在云中上下往返的次数愈多,即要求云中升降气流强盛。此外降雹前,只要云中具备很强的上升气流,才能托住大体积的冰雹。据统计,降雹时的上升速度在20m/s以上。一般产生雷雨的积雨云中的上升速度为10m/s左右,因而有积雨云,也不一定降雹。

(2)充足的水汽。冰雹生成于积雨云中,显然云中含水量与冰雹的尺度有密切关系,云中含水量愈多,冰雹也增长得愈大。水汽多,凝结量大,释放潜热也多,从而有利于冰雹的增长。一般来说,降雹时,云中水汽含量高达20～40g/m³。

(3)0℃层高度要适当。经验指出,0℃层的高度影响冰雹的增长。在冰雹的形成过程中已指出,云中0℃层以上是过冷水滴、冰晶、雪花区,0℃层以下是水滴区时,冰雹的增长与这些区的分布有关。0℃层高度太低时,雹核在通过水滴和过冷水滴区时,冲冰路程短,不利于增大,只能形成小冰雹。0℃层高时,上层冰晶、雪花、过冷水滴少,也不利于增长;而且冰雹不降时经历0℃层以下的路程长,容易融化为雨滴,不易降雹。经验指出,0℃层的高度一般在4000m(600hPa)附近有利于降雹。

3. 冰雹的地理分布和出现季节

冰雹分布的特点:中纬度多于高纬度和低纬度地区;内陆多于沿海,山地多于平原。在我国青藏高原是雹日最多、范围最大的地区,唐古拉山周围是多雹中心,年雹日20天以上,那曲为全国之冠,年雹日34.5天,最多年份可达53天。这里虽然降雹很多,但由于海拔高,夏季气温不高,积雨云发展有限,80%以上的冰雹都是着地即融的散、冰丸和小冰雹,很少造成雹灾。

四川西部、云贵高原以及湘西山地降雹比较多,川西的年雹日可达15天以上,其他地区一般为1~3天。此外,祁连山山地和天山山地的冰雹天气比较频繁,年雹日达10~15天以上。内蒙古南部地区雹日也较多,有5~7天。华北山地、东北山地和内蒙古东部年雹日3天左右。黄土高原和东北平原1~2天。我国台湾、福建及广东、广西大部分地区,地处热带,温度高,过冷水滴少,且冰雹在降落过程中易融化,出现降雹者极少。

冰雹出现的季节,从全国来看,2~10月间均有可能,但各地出现的月份差异很大。淮河流域以南地区,春季(2~5月)多雹;淮河流域以北地区,春末夏初(5~6月)多雹;青藏高原和其他的高山地区夏季(6~9月)多雹;东北地区、山东半岛和青藏高原南侧是初夏(5~6月)和秋季(9~10月)多雹。

从一日来看,降雹时间一般在傍晚,以14~17时居多,极少数在凌晨。据记载,湖南省宁远县逍遥岩乡1981年3月29日凌晨4时10分至5时20分,断续降雹70分钟,最大的重8500g,最大风速40m/s,一株胸围4.19m的皂荚树被连根拔起。由于降雹在凌晨人们熟睡的时间,历时又长,损失惨重。

4. 冰雹的预防

冰雹出现的范围小、时间短,而气象台站之间的距离比较大,观测时间间隔长,容易漏测。不过,近年来雷达可以跟踪冰雹云。因此,冰雹的短期预报比较准确。

多雹区的城市绿化和庭园中,应选择抗雹性强的树种。据研究,不同树种抗雹力不同,沙兰杨、法桐、刺槐、竹、圆柏等树种的抗雹力最强,其次是景烈白兰、白玉兰、广玉兰、桂花、女贞、梧桐、雪松等树种。

(五)大风和龙卷风

1. 大风

大风是指风力等于或大于8级(17.2m/s)的风。出现大风时,常常狂风骤起,飞沙走石,大风可引起树木风倒和风折。

大风天气主要是由天气系统的活动造成的,同时也受局部地形的影响。一般来说,我国北方地区冬半年,尤其是春季,经常出现寒潮冷锋的大风;我国南方地区夏半年,多出现台风和雷雨大风;东北、华北和华东地区处于地面高压西部控制时,多见偏南大风,春季当东北低压、江淮气旋发展加深时,也常常伴有大风天气。此外,龙卷风中也带来大风。在我国,大风天气以春季出现最多,夏季最少。从地理分布看,沿海多于内陆,北方多于南方。山顶、山脊和山坡上部等地大风天气出现机率多,风灾也重。

2. 龙卷风

龙卷风又称龙卷,是从积雨云底部下垂的漏斗云(图 2-18)。当它接触地面时,带来的风很大,时时可达 100m/s 以上,因此它是一种快速旋转的旋窝,当象鼻云柱伸到陆面时,常常吸引大量沙尘、碎片,形成尘柱,这就是陆龙卷。当云柱经过水面时,能吸起高大的水柱,这就是水龙卷。有时龙卷只出现在半空中,称为空中龙卷。此外,也可能两个或多个龙卷同时出现。

龙卷的水平范围很小,直径从几米到几百米,平均为 250m,然而强风区可达 1~2km 陆龙卷风的范围大于水龙卷风。龙卷移动的时速约为几千千米,路径呈直线,长度只有几千米,极个别的有 300km。龙卷中上升和下降运动的分布也是不均匀的,中心附近为下沉运动,稍往外便有极强的上升气流(图 2-19),上升速度可达 50~60m/s。1966 年 3 月 2 日江苏盐城出现了龙卷,把一个 20 多吨重的锅炉从地上拔起,抛出 500m 远。

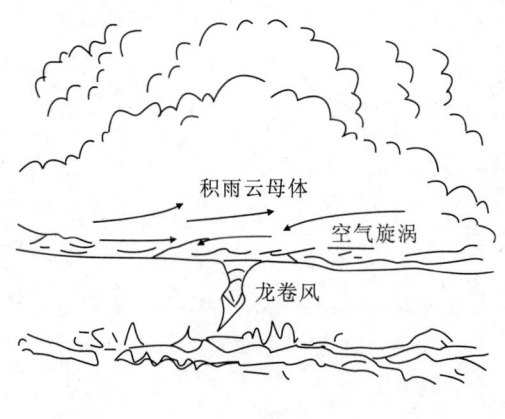

图 2-18 龙卷风

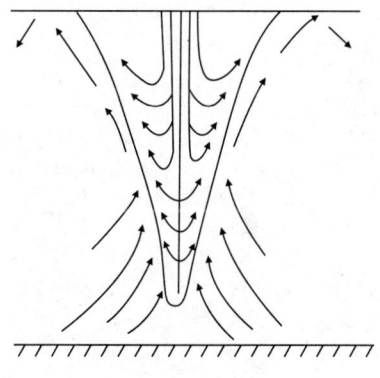

图 2-19 龙卷风中的气流分布

上海气象台分析了 108 个龙卷资料后指出,龙卷主要出现在气团内部、静止锋、台风、冷锋和飓风等天气系统中。

全国各地都有龙卷风。陆地上龙卷风多出现在 7～9 月,西沙群岛地区一年四季都有龙卷风出现,以 8～9 月最多。就一日来说,龙卷风出现时间集中在午后对流最旺盛的时段内。

由于龙卷的范围小,生命期短,预报困难。我国气象工作者正在进行大量研究工作。近年来利用气象卫星和气象雷达监视积雨云中云系的发展,对**提高龙卷预报的准确率**很有效果。

第三章

气候形成与气候分类

　　气候的形成和变化受多种因子的制约。近代气候学将那些能够影响气候而本身不受气候影响的因子称为外部因子(如太阳辐射、地球轨道参数的变化、大陆漂移、火山活动等)。气候系统各成员之间的相互作用为内部因子,而外部因子又必须通过系统内部的相互作用,才能对气候产生影响。

　　气候系统的属性概括为四个方面:①热力属性,包括空气、水、冰和陆地表面的温度;②动力属性,包括风、洋流及与之相联系的垂直运动和冰体运动;③水分属性,包括空气湿度、云量及云中含水量、降水量、土壤湿度、河湖水位、冰雪等;④静力属性,包括大气和海水的密度和压强、大气的组成成分、大洋盐度及气候系统的几何边界和物理常数等。这些属性在一定的外因条件下,通过气候系统内部的物理过程、化学过程和生物过程而相互作用着、关联着,并在不同时间尺度内变化着,形成不同时期的气候特征。

　　太阳辐射是气候形成和变化的最主要的外部因子,也是气候系统的能源。大气成分如二氧化碳、水汽、臭氧和气溶胶等可以影响大气中的辐射传输。云的辐射过程,通过反射、散射、吸收和透射等过程产生影响。太阳辐射在通过大气圈到达地表的过程中已经有不同程度的削弱。又由于下垫面的性质如海洋、冰雪覆盖和陆地(具有不同地形、植被、土壤和各种土地利用方式等)的差异,对太阳辐射的反射、吸收以及导致的自身增温作用大不相同,产生不同的热力属性。同时它们又通过长波辐射等方式将热量传输给大气。大气对来自太阳的辐射(短波辐射)的吸收率很低,对来自气候系统内部的长波辐射却易于吸收而增温。整个气候系统再以地球长波辐射形式将辐射能返回宇宙空间。

　　气候系统的动力属性与气候系统内部的能量转换密切相关。投射到地球表面的太阳辐射能,绝大部分为下垫面所吸收,这一热能成为促使大气运动的基础能源。这种能量传递的起始点是强烈受热的下垫面。由于下垫面的增热不均,形成大尺度的水平气温梯度和大尺度的对流性不稳定。气团从下垫面增热(能量输入),空气发生铅直上升运动,增加其可用位能(available potential energy)。这种位能产生大气的对流活动,或通过水平能量梯度,产生大尺度的大气水平运动和天气尺度扰动,转换为大尺度的环流动能。风在经过海洋表面时,由于风应力作用产生波浪并推动洋流,将大尺度能量直接传输给海洋。在经过崎岖不平和热力性质不均的陆地表面时,产生切变不稳定和其他边界效应,在能量上转换为小尺度运动的动能。这种动能因摩擦作用而逐渐消耗,使风速减小,能量逐级退化,最后转变成分子运动的动能和声能等(输出)。如此周而复始,下垫面不断吸收太阳辐射能,为大气各种运动提供持续的能源。

气候系统内部进行着复杂的物质交换,最突出的例子是水分循环。海洋、潮湿陆地、植被通过蒸发和蒸腾作用将水汽输送给大气,在一定的条件下,水汽在大气中凝结成云致雨,释放出潜热。大气中的最大热源就是这种潜热。雨水降落除直接返回海洋外,在陆上影响土壤湿度、河湖水位和冰雪等。气候系统的水分属性与水分循环关系极为密切。

人类活动对气候系统的属性有明显的影响。例如在城市中,由于燃煤量大,排放到空气中的污染物质多,可能改变局地大气的组成成分。据研究,在排放的污染物质中,如果酸性物质与碱性物质的总量比值较大,在一定的降水条件下,通过有关的物理化学过程,会形成酸雨降落。在长期受强酸雨影响的地区,可导致土壤和湖泊酸化,植物和鱼类受到严重危害,气候和生态环境恶化。

在气候系统内部发生的相互作用中,存在着大量的反馈过程,它们起着从内部调节气候系统的作用。其中有些反馈过程有使系统变化振幅加大的作用,称之为正反馈。另一类反馈过程则有对系统变化的阻尼作用,称之为负反馈。反馈过程表明气候系统各组成部分之间的耦合或相互补偿作用。

例如,当地面温度升高时,蒸发加大,使大气中水汽含量增多,由于水汽对地面长波辐射的不透明性,产生了"温室效应",从而使地表进一步增暖,蒸发进一步加大,这是一种正反馈过程。另一方面,当大气中水汽含量增多时,往往产生更多的云,云量的增多将会减少地面吸收的太阳辐射,使地表降温,因此这是一种阻尼性负反馈过程。此外,云也有阻挡地表向外放射长波辐射的作用,如果这种影响胜过其对短波辐射的影响,也可以产生一类正反馈过程。不同高度、不同类型的云,对辐射的影响是不同的,必须针对具体情况作具体分析。

从气候的自然变化中可以看出,任何正反馈作用必将由于另一些调节过程的介入而稳定在某一水平上,否则地球气候将失去控制而变得一发不可收拾。如地面温度因水汽、二氧化碳以及其他微量温室气体的增加而升高,地球气候变得越来越暖,但是火山活动所喷发出来的大量火山灰,能有效地削弱太阳辐射的强度,产生"阳伞效应",使地面温度降低。因此,气候的自然变化总趋势有可能在某一时期维持在某一"平均"状态,并在这个水平线上级联:英文cascade之直译,即逐级转换之意。

气候的形成和变化可归纳为以下诸因子:①太阳辐射,②宇宙地球物理因子,③环流因子(包括大气环流和洋流),④下垫面因子(包括海陆分布、地形与地面特性、冰雪覆盖),⑤人类活动的影响。本章着重阐明①、③、④因子在气候形成中的作用,在第四章中再论述全部外因和内因在气候变化中的作用。

第一节 气候形成的辐射因子

一、太阳辐射与天文气候

太阳辐射在大气上界的时空分布是由太阳与地球间的天文位置决定的,又称天文辐射。由天文辐射所决定的地球气候称为天文气候,它反映了世界气候的基本轮廓。

太阳辐射能 99.9% 集中在 $0.2\sim10\mu m$ 的波段,其中波长短于 $0.4\mu m$ 的称为紫外辐射,$0.4\sim0.73\mu m$ 的称为可见光辐射,而长于 $0.73\mu m$ 的称为红外辐射。紫外、可见光、红外辐射分别约占太阳辐射总能量的 7%、50%、43%。此外,太阳光谱在 $0.29\sim3.0\mu m$ 范围,称为短波辐射,约占太阳总能量的 97%,目前气象站主要观测这部分太阳辐射。在生物学中,常将 $0.4\sim0.7\mu m$ 的光谱范围称作光合有效辐射。紫外辐射按照其在不同波段范围的特性分为三部分,其中 $0.315\sim0.4\mu m$ 的称为 UV-A,$0.28\sim0.315\mu m$ 的称为 UV-B,$0.1\sim0.28\mu m$ 的称为 UV-C。计算研究表明(王炳忠,2002),$0.295\sim0.385\mu m$ 紫外辐射占小于 $0.4\mu m$ 紫外辐射的 78% 左右。

(一)天文辐射的计算

除太阳本身的变化外,天文辐射能量主要决定于日地距离、太阳高度和白昼长度。

1. 日地距离

地球绕太阳公转的轨道为椭圆形,太阳位于两焦点之一上。因此日地距离时时都在变化,这种变化以一年为周期。地球上受到太阳辐射的强度是与日地间距离的平方成反比的,在某一时刻大气上界的太阳辐射强度 I 应为:

$$I = \frac{a^2}{b^2}I_0 \tag{3-1}$$

式中:b 为该时刻的日地距离;a 为地球公转轨道的平均半径;I_0 为太阳常数,根据 1981 年和 1982 年卫星观测太阳常数分别为 $1368W/m^2$ 和 $1372W/m^2$。近年气候文献则多采用 $1370W/m^2$。假使取 $a=1$(1 个天文单位),b/a 用 ρ 表示,则

$$I = \frac{I_0}{\rho^2} \tag{3-2}$$

一年中地球在公转轨道上运行,就近代情况而言,在1月初经过近日点,7月初经过远日点,按上式计算,便得到各月一日大气上界太阳辐射强度变化值(给出与太阳常数相差的百分数,如表3-1所示)。

表3-1 大气上界太阳辐射强度的变化

月份	1	2	3	4	5	6	7	8	9	10	11	12
$I(\%)$	3.4	2.8	1.8	0.2	−1.5	−2.8	−3.5	−3.1	−1.7	−0.3	1.6	2.8

由表3-1可见,大气上界的太阳辐射强度在一年中变动于+3.4%~−3.5%之间。如果略去其他因素的影响,北半球的冬季应当比南半球的冬季暖些,夏季则比南半球凉些。但因其他因素的作用,实际情况并非如此。

日地平均距离修正值为ρ^2,其计算公式为:

$$\rho = 1.000\,423 + 0.032\,359\sin Q + 0.000\,086\sin 2Q \\ - 0.008\,349\cos Q + 0.000\,115\cos 2Q \quad (3-3)$$

式中:$Q=2\pi \times n/365.2422$;n为按天数顺序排列的积日,又称日序数。1月1日为0,2日为1;其余类推……

2. 太阳位置

(1)太阳高度。太阳高度是决定天文辐射能量的一个重要因素。利用天球的地平坐标和赤道坐标来表示太阳在天球上的位置,用球面三角公式可以求出任意时刻太阳高度的表达式如下:

$$\sin h = \sin\varphi \cdot \sin\delta + \cos\varphi \cdot \cos\delta \cdot \cos\omega \quad (3-4)$$

式中:h为太阳高度;φ为当地纬度;δ为太阳赤纬,赤纬在赤道以北为正,在赤道以南为负,一年内在北半球夏至日δ为$+23°27'$(即北回归线),冬至日为$-23°27'$(即南回归线),春、秋分日$\delta=0°$。ω为太阳时角,在一天中正午时$\omega=0°$,距离正午每差1小时,时角相差$15°$,午前为负值,午后为正值。

(2)太阳方位角。太阳方位对太阳辐射的计算意义不大,但它可以帮助我们更好地了解某一时刻太阳的准确方位。

$$\cos A = (\sin\delta \cdot \cos\varphi - \cos\delta \cdot \cos\varphi \cdot \cos\omega)/\sin h \quad (3-5)$$

(3)太阳赤纬。太阳赤纬的计算公式如下:

$$\delta = 0.372\,3 + 23.256\,7\sin Q + 0.114\,9\sin 2Q \\ - 0.171\,2\sin 3Q - 0.758\,0\cos Q + 0.365\,6\cos 2Q \\ + 0.020\,1\cos 3Q \quad (3-6)$$

表3-2是通过式(3-6)计算得到一年中每一天太阳赤纬角的。

表 3-2　赤纬 δ 表(12 时 0 分)　　　　　　　　　　　　（单位：°）

日期		1月	2月	3月	4月	5月	6月	7月	8月	9月	10月	11月	12月
平年	闰年												
1		−23.1	−17.6	−8.3	3.8	14.5	21.8	23.2	18.5	8.9	−2.5	−13.9	−21.5
2	1	−23.1	−17.3	−7.9	4.2	14.8	21.9	23.2	18.2	8.6	−2.9	−14.2	−21.7
3	2	−23.0	−17.1	−7.5	4.6	15.1	22.1	23.1	18.0	8.2	−3.3	−14.5	−21.8
4	3	−22.9	−16.8	−7.1	5.0	15.4	22.2	23.0	17.7	7.8	−3.6	−14.8	−22.0
5	4	−22.8	−16.5	−6.8	5.4	15.7	22.3	22.9	17.4	7.5	−4.0	−15.1	−22.1
6	5	−22.7	−16.2	−6.4	5.8	16.0	22.5	22.9	17.2	7.1	−4.4	−15.5	−22.3
7	6	−22.6	−15.9	−6.0	6.1	16.3	22.6	22.8	16.9	6.7	−4.8	−15.8	−22.4
8	7	−22.5	−15.6	−5.6	6.5	16.5	22.7	22.7	16.6	6.4	−5.2	−16.1	−22.5
9	8	−22.4	−15.3	−5.2	6.9	16.8	22.8	22.6	16.4	6.0	−5.6	−16.4	−22.6
10	9	−22.2	−15.0	−4.8	7.3	17.1	22.9	22.5	16.1	5.6	−6.0	−16.6	−22.7
11	10	−22.1	−14.6	−4.4	7.6	17.4	22.9	22.3	15.8	5.2	−6.3	−16.9	−22.8
12	11	−21.9	−14.3	−4.0	8.0	17.7	23.0	22.2	15.5	4.9	−6.7	−17.2	−22.9
13	12	−21.8	−14.0	−3.6	8.4	17.9	23.1	22.1	15.2	4.5	−7.1	−17.5	−23.0
14	13	−21.6	−13.6	−3.2	8.7	18.2	23.2	21.9	14.9	4.1	−7.5	−17.8	−23.1
15	14	−21.5	−13.3	−2.8	9.1	18.4	23.2	21.8	14.6	3.7	−7.8	−18.0	−23.2
16	15	−21.3	−13.0	−2.5	9.5	18.7	23.3	21.6	14.3	3.3	−8.2	−18.3	−23.2
17	16	−21.1	−12.6	−2.1	9.8	18.9	23.3	21.5	14.0	2.9	−8.6	−18.6	−23.3
18	17	−20.9	−12.3	−1.7	10.2	19.1	23.4	21.3	13.7	2.6	−9.0	−18.8	−23.3
19	18	−20.7	−11.9	−1.3	10.5	19.4	23.4	21.2	13.3	2.2	−9.3	−19.1	−23.4
20	19	−20.5	−11.6	−0.9	10.9	19.6	23.4	21.0	13.0	1.8	−9.7	−19.3	−23.4
21	20	−20.3	−11.2	−0.5	11.2	19.8	23.4	20.8	12.7	1.4	−10.1	−19.5	−23.4
22	21	−20.1	−10.9	−0.1	11.6	20.0	23.4	20.6	12.4	1.0	−10.4	−19.8	−23.4
23	22	−19.9	−10.5	0.3	11.9	20.2	23.4	20.4	12.0	0.6	−10.8	−20.0	−23.4
24	23	−19.7	−10.1	0.7	12.3	20.4	23.4	20.2	11.7	0.2	−11.1	−20.2	−23.4
25	24	−19.4	−9.8	1.1	12.6	20.6	23.4	20.0	11.4	−0.2	−11.5	−20.4	−23.4
26	25	−19.2	−9.4	1.5	12.9	20.8	23.4	19.8	11.0	−0.5	−11.8	−20.6	−23.4
27	26	−18.9	−9.0	1.9	13.2	21.0	23.4	19.6	10.7	−0.9	−12.2	−20.8	−23.4
28	27	−18.7	−8.7	2.3	13.6	21.2	23.4	19.4	10.3	−1.3	−12.5	−21.0	−23.4
29	28	−18.4	−8.3	2.7	13.9	21.3	23.3	19.2	10.0	−1.7	−12.9	−21.2	−23.3
30	29	−18.2		3.1	14.2	21.5	23.3	18.9	9.6	−2.1	−13.2	−21.4	−23.3
31	30	−17.9		3.5		14.5	21.6	23.3	18.7	9.3		−2.5	−13.5	−21.5	−23.2
	31			3.8				18.5	8.9		−13.9		

注：(1) 用月份、日期查表，闰年 1、2 月份与平年同，从 3 月 1 日开始查闰年一行。
　　(2) 一般情况（即不符合 1992 年、12 时、120°E）查此表时，最大误差不大于 0.03°。

3. 可照时数(白昼长度)

可照时数是指从日出到日没的时间间隔。日出和日没太阳正好位于地平圈上，太阳高度 $h=0°$，以 $-\omega_0$ 为日出的时角，ω_0 为日没的时角，根据(3-4)式，并考虑太阳光在大气中的折射作用后得：

$$\sin\frac{T_B}{2} = \sqrt{\frac{\sin(45°+\frac{\varphi-\delta+r}{2})\sin(45°-\frac{\varphi-\delta-r}{2})}{\cos\varphi\cos\delta}} \quad (3-7)$$

式中：T_B 为半日可照时数；$r=34'$，为蒙气差。

可照时数 $T_A = 2 \times T_B$

T_B 化成时、分后，按下式算出日出时间 T_R(表3-3)及日落时间 T_S(表3-4)：

$$T_R = 12 - T_B \quad (3-8)$$
$$T_S = 12 + T_B \quad (3-9)$$

表3-3 日出时间(T_R)表(地平时)

北纬 日期		10°		20°		30°		35°		40°		45°		50°		52°		54°		56°	
	日	时	分	时	分	时	分	时	分	时	分	时	分	时	分	时	分	时	分	时	分
1月	0	6	17	6	35	6	56	7	08	7	22	7	38	7	59	8	08	8	19	8	32
	5	6	19	6	39	6	57	7	09	7	22	7	38	7	58	8	08	8	18	8	30
	10	6	20	6	37	6	57	7	09	7	22	7	37	7	56	8	05	8	15	8	27
	15	6	21	6	38	6	57	7	08	7	20	7	35	7	53	8	01	8	11	8	22
	20	6	22	6	38	6	56	7	06	7	18	7	32	7	49	7	57	8	05	8	15
	25	6	23	6	37	6	54	7	04	7	15	7	28	7	43	7	50	7	59	8	08
	30	6	23	6	36	6	52	7	01	7	11	7	23	7	37	7	43	7	51	7	59
2月	4	6	22	6	35	6	49	6	57	7	06	7	17	7	30	7	36	7	42	7	50
	9	6	21	6	33	6	45	6	52	7	01	7	10	7	22	7	27	7	33	7	39
	14	6	20	6	30	6	41	6	48	6	55	7	03	7	13	7	18	7	23	7	28
	19	6	19	6	27	6	37	6	42	6	48	6	55	7	04	7	08	7	12	7	17
	24	6	17	6	24	6	32	6	36	6	41	6	47	6	54	6	57	7	01	7	05
3月	1	6	15	6	20	6	26	6	30	6	34	6	39	6	44	6	47	6	49	6	52
	6	6	12	6	16	6	21	6	23	6	26	6	30	6	34	6	35	6	37	6	40
	11	6	10	6	12	6	15	6	17	6	19	6	21	6	23	6	24	6	25	6	27
	16	6	07	6	08	6	09	6	10	6	11	6	11	6	12	6	13	6	13	6	14
	21	6	04	6	04	6	03	6	03	6	02	6	02	6	01	6	01	6	01	6	00
	26	6	01	5	59	5	57	5	56	5	54	5	53	5	50	5	49	5	48	5	47
	31	5	58	5	55	5	51	5	49	5	46	5	48	5	40	5	38	5	36	5	34

续表 3-3

日期	北纬	10°		20°		30°		35°		40°		45°		50°		52°		54°		56°	
	日	时	分	时	分	时	分	时	分	时	分	时	分	时	分	时	分	时	分	时	分
4月	5	5	55	5	50	5	45	5	42	5	38	5	34	5	29	5	26	5	24	5	21
	10	5	52	5	46	5	39	5	35	5	30	5	25	5	18	5	15	5	12	5	08
	15	5	50	5	42	5	34	5	28	5	23	5	10	5	08	5	04	5	00	4	55
	20	5	47	5	38	5	28	5	22	5	15	5	07	4	58	4	53	4	48	4	43
	25	5	45	5	35	5	23	5	16	5	08	4	59	4	48	4	43	4	37	4	31
	30	5	43	5	32	5	18	5	11	5	02	4	51	4	39	4	33	4	26	4	19
5月	5	5	41	5	29	5	14	5	05	4	56	4	44	4	30	4	23	4	16	4	08
	10	5	40	5	26	5	10	5	01	4	50	4	37	4	22	4	15	4	07	3	57
	15	5	39	5	24	5	07	4	57	4	45	4	31	4	15	4	07	3	58	3	48
	20	5	38	5	22	5	04	4	53	4	41	4	26	4	08	3	59	3	50	3	39
	25	5	38	5	21	5	02	4	50	4	37	5	21	4	02	3	53	3	43	3	31
	30	5	38	5	20	5	00	4	48	4	34	4	18	3	58	3	48	3	37	3	25
6月	4	5	38	5	20	4	59	4	46	4	32	4	15	4	54	3	44	3	32	3	19
	9	5	38	5	20	4	58	4	46	4	31	4	13	3	51	3	41	3	29	3	15
	14	5	39	5	20	4	58	4	45	4	30	4	13	3	50	3	39	3	27	3	13
	19	5	40	5	21	4	59	4	46	4	31	4	13	3	50	3	39	3	27	3	13
	24	5	41	5	22	5	00	4	47	4	32	4	14	3	51	3	40	3	28	3	14
	29	5	42	5	23	5	02	4	49	4	34	4	16	3	53	3	43	3	30	3	16
7月	4	5	43	5	25	5	03	4	51	4	36	4	19	3	57	3	46	3	34	3	21
	9	5	45	5	27	5	06	4	53	4	39	4	22	4	01	3	51	3	39	3	26
	14	5	46	5	29	5	08	4	56	4	43	4	26	4	06	3	56	3	45	3	33
	19	5	47	5	30	5	11	5	00	4	47	4	31	4	12	4	03	3	52	3	40
	24	5	48	5	32	5	14	5	03	4	51	4	36	4	18	4	09	4	00	3	49
	29	5	49	5	34	5	17	5	07	4	55	4	41	4	25	4	17	4	08	3	58

续表 3-3

北纬 日期		10°		20°		30°		35°		40°		45°		50°		52°		54°		56°	
月	日	时	分	时	分	时	分	时	分	时	分	时	分	时	分	时	分	时	分	时	分
8月	3	5	50	5	36	5	20	5	11	5	00	4	47	4	32	4	24	4	16	4	07
	8	5	50	5	38	5	23	5	14	5	05	4	53	4	39	4	32	4	25	4	17
	13	5	51	5	39	5	26	5	18	5	09	4	59	4	46	4	40	4	34	4	26
	18	5	51	5	41	5	28	5	22	5	14	5	05	4	54	4	48	4	43	4	36
	23	5	51	5	42	5	32	5	26	5	19	5	11	5	01	4	56	4	50	4	46
	28	5	51	5	43	5	36	5	29	5	24	5	17	5	09	5	05	5	00	4	56
9月	2	5	52	5	45	5	37	5	33	5	28	5	23	5	16	5	13	5	09	5	06
	7	5	50	5	46	5	40	5	37	5	33	5	29	5	23	5	21	5	18	5	15
	12	5	50	5	47	5	43	5	40	5	38	5	35	5	31	5	29	5	27	5	25
	17	5	50	5	48	5	45	5	44	5	42	5	41	5	38	5	37	5	36	5	35
	22	5	49	5	49	5	48	5	49	5	47	5	47	5	46	5	46	5	46	5	45
	27	5	49	5	50	5	51	6	51	5	52	5	53	5	53	5	54	5	54	5	54
10月	2	5	49	5	51	5	54	5	55	5	57	5	59	6	01	6	02	6	03	6	04
	7	5	48	5	52	5	57	5	59	6	02	6	05	6	09	6	10	6	12	6	14
	12	5	48	5	54	6	00	6	03	6	07	6	11	6	17	6	19	6	22	6	25
	17	5	49	5	55	6	03	6	07	6	12	6	18	6	25	6	28	6	31	6	35
	22	5	49	5	57	6	06	6	12	6	18	6	25	6	33	6	37	6	41	6	45
	27	5	50	5	59	6	10	6	16	6	23	6	31	6	41	6	45	6	50	6	56
11月	1	5	50	6	01	6	14	6	21	6	29	6	38	6	49	6	54	7	00	7	06
	6	5	52	6	04	6	18	6	26	6	35	6	45	6	58	7	04	7	10	7	17
	11	5	53	6	06	6	22	6	30	6	40	6	52	7	06	7	02	7	20	7	28
	16	5	55	6	09	6	26	6	35	6	46	6	59	7	14	7	21	7	29	7	38
	21	5	57	6	12	6	30	6	40	6	52	7	05	7	22	7	30	7	38	7	48
	26	5	59	6	15	6	34	6	45	6	57	7	12	7	29	7	38	7	47	7	58
12月	1	6	01	6	19	6	38	6	49	7	02	7	18	7	37	7	45	7	65	8	07
	6	6	04	6	22	6	42	6	54	7	07	7	23	7	43	7	52	8	03	8	14
	11	6	07	6	25	6	46	6	58	7	12	7	28	7	48	7	58	8	09	8	21
	16	6	09	6	28	6	48	7	01	7	15	7	32	7	53	8	02	8	14	8	26
	21	6	12	6	30	6	52	7	04	7	18	7	35	7	56	8	06	8	17	8	29
	26	6	14	6	33	6	54	7	06	7	20	7	37	7	58	8	08	8	19	8	32
	31	6	17	6	35	6	56	7	08	7	22	7	38	7	59	8	08	8	19	8	32

注：(1) 根据本地纬度和月份日期查表。若纬度、日期恰好不在表中，用内插方法求取。

(2) 由于经度时间年份不同，查此表时误差不大于 4 分钟。

表 3-4 日落时间(T_S)表(地平时)

日期		北纬 10°		20°		30°		35°		40°		45°		50°		52°		54°		56°	
	日	时	分	时	分	时	分	时	分	时	分	时	分	时	分	时	分	时	分	时	分
1月	0	5	17	17	31	17	10	16	58	16	44	16	28	16	08	15	58	15	47	15	35
	5	17	52	17	35	17	14	17	02	16	49	16	33	16	13	16	04	15	53	15	41
	10	17	55	17	38	17	18	17	07	16	54	16	38	16	19	16	10	16	00	15	49
	15	17	58	17	41	17	22	17	12	16	59	16	44	16	26	16	17	16	09	15	58
	20	18	00	17	45	17	27	17	17	17	05	16	51	16	34	16	26	16	17	16	07
	25	18	02	17	48	17	31	17	21	17	11	16	58	16	42	16	35	16	27	16	18
	30	18	04	17	51	17	35	17	27	17	17	17	05	16	51	16	44	16	37	16	28
2月	4	18	06	17	54	17	40	17	32	17	23	17	12	16	59	16	53	16	47	16	39
	9	18	07	17	56	17	44	17	37	17	29	17	19	17	08	17	03	16	57	16	50
	14	18	08	17	59	17	48	17	42	17	34	17	26	17	16	17	12	17	07	17	01
	19	18	09	18	01	17	52	17	46	17	40	17	33	17	25	17	21	17	17	17	12
	24	18	10	18	03	17	55	17	51	17	46	17	40	17	33	17	30	17	27	17	13
3月	1	18	11	18	05	17	59	17	56	17	52	17	47	17	42	17	39	17	37	17	34
	6	18	11	18	07	18	02	18	00	17	57	17	54	17	50	17	48	17	46	17	44
	11	18	11	18	08	18	06	18	04	18	02	18	00	17	57	17	57	17	56	17	55
	16	18	11	18	10	18	09	18	08	18	08	18	07	18	06	18	06	18	06	18	05
	21	18	11	18	11	18	12	18	12	18	13	18	13	18	14	18	15	18	15	18	15
	26	18	11	18	13	18	15	18	16	18	18	18	20	18	22	18	23	18	24	18	26
	31	18	11	18	14	18	18	18	20	18	23	18	26	18	30	18	32	18	34	18	36
4月	5	18	11	18	15	18	21	18	24	18	28	18	33	18	38	18	40	18	43	18	46
	10	18	11	18	17	18	24	18	28	18	33	18	39	18	46	18	49	18	52	18	56
	15	18	11	18	18	18	27	18	32	18	38	18	45	18	53	18	57	19	02	19	06
	20	18	11	18	20	18	30	18	36	18	43	18	51	19	01	19	06	19	11	19	17
	25	18	11	18	21	18	33	18	40	18	48	18	58	19	09	19	14	19	20	19	27
	30	18	12	18	23	18	37	18	44	18	53	19	01	19	17	19	23	19	29	19	37

续表 3-4

北纬 日期		10°		20°		30°		35°		40°		45°		50°		52°		54°		56°	
	日	时	分	时	分	时	分	时	分	时	分	时	分	时	分	时	分	时	分	时	分
5月	5	18	12	18	25	18	40	18	48	18	58	19	10	19	24	19	31	19	39	19	47
	10	18	13	19	27	18	43	18	52	19	03	19	16	19	32	19	39	19	47	19	57
	15	18	14	18	29	18	46	18	56	19	08	19	22	19	39	19	47	19	56	20	06
	20	18	15	18	31	18	49	19	00	19	13	19	28	19	46	19	55	20	04	20	15
	25	18	16	18	33	18	52	19	04	19	17	19	33	19	52	20	02	20	12	20	24
	30	18	17	18	35	18	55	19	07	19	21	19	38	19	58	20	08	20	19	20	31
6月	4	18	19	18	37	18	58	19	10	19	25	19	42	20	03	20	13	20	25	20	38
	9	18	20	18	39	19	00	19	13	19	28	19	45	20	07	20	18	20	30	20	43
	14	18	21	18	40	19	02	19	15	19	30	19	48	20	10	20	21	20	33	20	47
	19	18	22	18	42	19	04	19	17	19	32	19	50	20	12	20	23	20	36	20	50
	24	18	24	18	43	19	05	19	18	19	33	19	51	20	13	20	24	20	36	20	51
	29	18	25	18	43	19	05	19	18	19	33	19	51	20	13	20	24	20	36	20	50
7月	4	18	25	18	44	19	05	19	18	19	32	19	50	20	11	20	22	20	34	20	47
	9	18	25	18	43	19	04	19	17	19	31	19	48	20	09	20	19	20	30	20	43
	14	18	26	18	43	19	03	19	15	19	29	19	45	20	05	20	15	20	25	20	38
	19	18	25	18	43	19	01	19	12	19	25	19	41	20	00	20	09	20	19	20	31
	24	18	25	18	40	18	59	19	09	19	22	19	38	19	54	20	03	20	12	20	23
	29	18	24	18	39	18	56	19	06	19	17	19	31	19	47	19	55	20	04	20	14
8月	3	18	22	18	36	18	52	19	01	19	12	19	24	19	40	19	47	19	55	20	04
	8	18	21	18	33	18	48	18	56	19	06	19	18	19	21	19	38	19	45	19	53
	13	18	19	18	30	18	43	18	51	19	00	19	10	19	23	19	28	19	35	19	42
	18	18	17	18	27	18	38	18	45	18	53	19	02	19	13	19	18	19	24	19	30
	23	18	14	18	23	18	33	18	39	18	46	18	54	19	03	19	08	19	13	19	18
	28	18	11	18	19	18	27	18	33	18	38	18	45	18	53	18	57	19	01	19	05
9月	2	18	09	18	15	18	22	18	26	18	30	18	36	18	42	18	46	18	49	18	53
	7	18	06	18	10	18	16	18	19	18	22	18	27	18	32	18	34	18	37	18	40
	12	18	03	18	06	18	10	18	12	18	14	18	17	18	21	18	23	18	25	18	26
	17	17	59	18	01	18	03	18	05	18	06	18	08	18	10	18	11	18	12	18	13
	22	17	56	17	57	17	57	17	58	17	58	17	59	17	59	17	59	17	59	18	00
	27	17	53	17	52	17	51	17	50	17	49	17	49	17	48	17	47	17	47	17	47

续表 3-4

日期	北纬	10°		20°		30°		35°		40°		45°		50°		52°		54°		56°	
	日	时	分	时	分	时	分	时	分	时	分	时	分	时	分	时	分	时	分	时	分
10月	2	17	50	17	48	17	45	17	43	17	41	17	39	17	37	17	36	17	35	17	33
	7	17	47	17	43	17	39	17	36	17	33	17	30	17	26	17	24	17	22	17	20
	12	17	45	17	39	17	33	17	29	17	26	17	21	17	16	17	13	17	11	17	08
	17	17	42	17	35	17	28	17	23	17	18	17	12	17	05	17	02	16	59	16	55
	22	17	40	17	32	17	22	17	17	17	11	17	04	16	56	16	52	16	48	16	43
	27	17	38	17	29	17	18	17	11	17	04	16	56	16	46	16	42	16	37	16	31
11月	1	17	37	17	26	17	13	17	06	16	58	16	49	16	37	16	32	16	26	16	20
	6	17	36	17	23	17	10	17	02	16	52	16	42	16	29	16	23	16	17	16	09
	11	17	35	17	22	17	06	16	57	16	48	46	36	16	22	16	15	16	08	16	00
	16	17	35	17	20	17	04	16	54	16	43	16	31	16	15	16	08	16	00	15	51
	26	17	35	17	19	17	02	16	51	16	40	16	26	16	09	16	02	15	53	15	43
12月	1	17	37	17	19	17	00	16	49	16	35	16	20	16	01	15	52	15	42	15	31
	6	17	38	17	20	17	00	16	48	16	35	16	19	15	59	15	50	15	39	15	27
	11	17	40	17	22	17	01	16	49	16	35	16	18	15	58	15	49	15	38	15	25
	16	17	42	17	24	17	02	16	50	16	36	16	19	15	59	15	49	15	38	15	25
	21	17	44	17	26	17	05	16	52	16	38	16	21	16	00	15	50	15	39	15	27
	26	17	47	17	28	17	07	16	55	16	41	16	24	16	03	15	53	15	42	15	30
	31	17	50	17	31	17	10	16	58	16	44	16	28	16	08	15	58	15	47	15	35

注:(1)根据本地纬度和月份日期查表。若纬度、日期恰好不在表中,用内插方法求取。
(2)由于经度时间年份不同,查此表时误差不大于 4 分钟。

4. 辐射计算

太阳高度为 h 时,单位面积上所获得的太阳能为 $I \times \sin h$。再考虑到日地距离的影响,每单位时间落到大气上界任意地点的单位水平面上的天文辐射能量为:

$$\frac{\mathrm{d}Q_s}{\mathrm{d}t} = \frac{I_0}{\rho^2} \sin h \tag{3-10}$$

将式(3-4)代入式(3-10),则得

$$\frac{\mathrm{d}Q_s}{\mathrm{d}t} = \frac{I_0}{\rho^2}(\sin\varphi\sin\delta + \cos\varphi\cos\delta\cos\omega) \tag{3-11}$$

由式(3-11)可以求出任一地点、任一天太阳辐射在大气上界流入量(天文辐射)的日变化,以及一年中任一天白昼时任一时刻,地球表面水平面上天文辐射的分布。

考虑到时间 t 与时角 ω 具有如下关系:

$$dt = \frac{T}{2\pi}d\omega \tag{3-12}$$

式中:T 为1日长度(24h=1440min),将上式代入式(3-11),则

$$dQ_s = \frac{T}{2\pi}\frac{I_0}{\rho^2}(\sin\varphi\sin\delta + \cos\varphi\cos\delta\cos\omega)d\omega \tag{3-13}$$

对式(3-13)从日出到日落,即从 $-\omega_0 \sim +\omega_0$ 进行积分,于是得到

$$Q_s = \frac{T}{2\pi}\frac{I_0}{\rho^2}\int_{-\omega_0}^{+\omega_0}(\sin\varphi\sin\delta + \cos\varphi\cos\delta\cos\omega)d\omega$$

$$= \frac{T}{2\pi}\frac{I_0}{\rho^2}(\omega_0\sin\varphi\sin\delta + \cos\varphi\cos\delta\cos\omega) \tag{3-14}$$

(二)天文辐射空间分布

由式(3-14)计算出若干纬度上天文辐射的年变化如图3-1所示,全球天文辐射的立体模式如图3-2所示,北半球水平面上天文辐射的分布如表3-5所示。

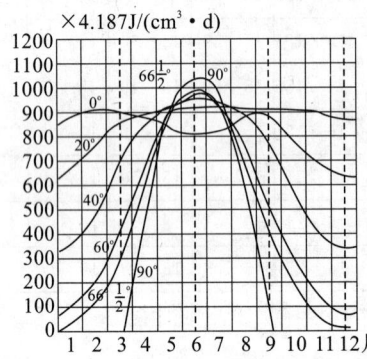
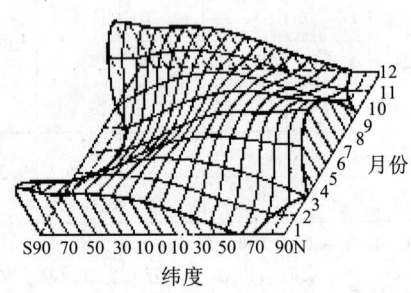

图3-1 不同纬度天文辐射的年变化　　图3-2 各纬度天文辐射的立体模式

表3-5 大气上界水平面天文辐射的分布　　(单位:M·J/m²)

纬度	0°	10°	20°	23.5°	30°	40°	50°	60°	66.5°	70°	80°	90°
夏半年	6585	6970	7161	7182	7157	6963	6601	6118	5801	5704	5519	2476
冬半年	6585	6019	5288	4998	4418	3443	2406	1376	779	556	120	0
年总量	13 170	12 989	12 449	12 179	11 575	10 406	9007	7494	6580	6260	5639	5476

从图 3-1、图 3-2 和表 3-5 中可以看出,天文辐射的时空分布具有以下一些基本特点,这些特点构成了因纬度而异的天文气候带。在同一纬度带上,还有以一年为周期的季节性变化和因季节而异的日变化。

(1) 天文辐射能量的分布是完全因纬度而异的。就表 3-5 看来,全球获得天文辐射最多的是赤道,随着纬度的增高,辐射能渐次减少,最小值出现在极点,仅及赤道的 40%。这种能量的不均衡分布,必然导致地表各纬度带的气温产生差异。地球上之所以有热带、温带、寒带等气候带的分异,与天文辐射的不均衡分布有密切关系。

(2) 夏半年获得天文辐射量的最大值在 20°～25°的纬度带上,由此向两极逐渐减少,最小值在极地。这是因为在赤道附近太阳位于或近似位于天顶的时间比较短,而在回归线附近的时间比较长。例如在 6°N 与 6°S 间,在春分和秋分附近,太阳位于或近似位于天顶的时间各约 30 天。在纬度 17.5°～23.5°的纬度带上,在夏至附近,位于或近似位于天顶的时间约 86 天。赤道上终年昼夜长短均等,而在 20°～25°纬度带上,夏季白昼时间比赤道长,这是"热赤道"北移(就北半球而言)的一个原因。又由于夏季白昼长度随纬度的增高而增长,所以由热带向极地所受到的天文辐射量,随纬度的增高而递减的程度也趋于和缓,表现在高低纬度间气温和气压的水平梯度也是夏季较小。

(3) 冬半年北半球获得天文辐射最多的是赤道。随着纬度的增高,正午太阳高度角和每天白昼长度都迅速递减,所以天文辐射量也迅速递减下去,到极点为零。表现在高低纬度间气温和气压的水平梯度也是冬季比较大。

(4) 天文辐射的南北差异不仅随冬、夏半年而有不同,而且在同一时间内随纬度亦有不同。在两极和赤道附近,天文辐射的水平梯度都较小,而以中纬度约在 45°～55°间水平梯度最大,所以在中纬度环绕整个地球,相应可能有温度水平梯度很大的锋带和急流现象。

(5) 夏半年与冬半年天文辐射的差值是随着纬度的增高而加大的。表现在气温的年较差上是高纬度大,低纬度小。再从图 3-1 和图 3-2 上可以看出,在赤道附近(约在南北纬 15°间),天文辐射日总量有两个最高点,时间在春分和秋分。在纬度 15°以上,天文辐射日总量由两个最高点逐渐合为一个。在回归线及较高纬度地带,最高点出现在夏至日(北半球)。辐射年变化的振幅是纬度愈高愈大,从季节来讲,则是南北半球完全相反。

(6) 在极圈以内,有极昼、极夜现象。在极夜期间,天文辐射为零。在一年内一定时期中,到达极地的天文辐射量大于赤道。例如,在 5 月 10 日至 8 月 3 日期间内,射到北极大气上界的辐射能就大于赤道。在夏至日,北极天文辐射能大于赤道,南极夏至日(12 月 22 日)天文辐射量比北极夏至日(6 月 22 日)大。这说明南北半球天文辐射日总量是不对称的,南半球夏季各纬圈日总量大于北半球夏季相应各纬圈的日总量。相反,南半球冬季各纬圈的日总量又小于北半球冬季相应各纬圈的日总量。这是日地距离有差异的缘故。

二、辐射收支与能量系统

太阳辐射自大气上界通过大气圈再到达地表,其间辐射能的收支和能量转换十分复杂,因此地球上的实际辐射与天文辐射有相当大的差距。

(一)辐射能收支的地理分布

地-气系统的辐射能收支差额(R_s):

$$R_s = (Q+q)(1-a) + q_a - F_0 \qquad (3-15)$$

式中:Q和q分别为到达地表的太阳直接辐射和散射辐射,两者之和称总辐射Q_0;a为地表的反射率;q_a为大气所吸收的太阳辐射能;F_0为包括透过大气的地面辐射和大气本身向宇宙空间放射的长波辐射,又称长波射出辐射。在式(3-15)中收入部分为短波辐射,支出部分为长波辐射,R_s又称净辐射。

根据实际观测,到达地表的年平均总辐射(W/m^2)如图3-3所示。由图3-3可见,年平均总辐射最高值并不出现在赤道,而是位于热带沙漠地区。例如在非洲撒哈拉和阿拉伯沙漠部分地区年平均总辐射高达293W/m^2,而处在同一纬度的我国华南沿海只有160W/m^2左右。我国年总辐射总量最高的地方在西藏为212.3~252.1W/m^2,而同纬度的四川、贵州也是我国年总辐射总量最低的地区。

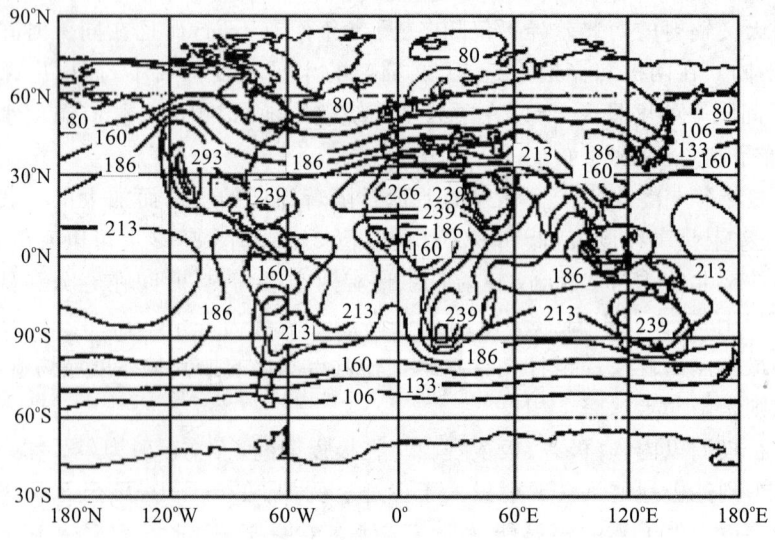

图3-3 全球地表年平均总辐射(W/m^2)分布图

根据美国 NOAA 极轨卫星在 1974 年 6 月至 1978 年 2 月扫描辐射仪的观测资料分析发现：在极地冰雪覆盖区地表反射率最大，可达 0.7 以上；其次在沙漠地区反射率亦甚高，常在 0.4 左右；大洋水面反射率较低，特别是在太阳高度角大时，反射率最小，低于 0.08，但如洋面为白色碎浪覆盖时，反射率会增大。

地-气系统的长波射出辐射 F_0 以热带干旱地区为最大，夏季尤为显著。如北非撒哈拉和阿拉伯等地夏季长波射出辐射达 $300W/m^2$ 以上。极地冰雪表面 F_0 值最低，冬季北极最低值在 $175W/m^2$ 以下，南极最低值在 $125W/m^2$ 左右。

地-气系统净辐射的分布特征为：两极地区全年为负值，赤道附近地带全年为正值，其余大部分地区是冬季为负值，夏季为正值，季节变化十分明显。

地表对太阳短波辐射的吸收量，低纬度明显多于高纬度。这一方面是因为低纬度天文辐射大，另一方面高纬度冰雪面积广，反射率大，所以由热带到极地间太阳辐射的吸收值随纬度的增高而递减的梯度甚大。在赤道附近稍偏北处因云量多，减少了其对太阳辐射的吸收率。

地球长波射出辐射，高低纬度间的差值相对于短波辐射的吸收量小得多。这是因为赤道与极地间的气温梯度不完全是由各纬度所净得的太阳辐射能所决定的。通过大气环流和洋流的作用，可缓和高、低纬度间的温度差。长波辐射与温度的 4 次方成正比，南北气温梯度减小，其长波辐射的差值亦随之减小。

F 因此，在低纬度地区太阳辐射能的收入大于其长波辐射的支出，有热量的盈余。而在高纬度地区则相反，辐射能的支出大于收入，热量是亏损的。这种辐射能收支的差异是形成气候地带性分布，并驱动大气运动，力图使其达到平衡的基本动力。

(二)地面能量平衡

当地面收入短波辐射能大于其长波支出辐射，辐射差额为正值时，一方面要升高温度，另一方面盈余的热量就以湍流显热和水分蒸发潜热的形式向空气输送热量，以调节空气温度，并供给空气水分。同时还有一部分热量在地表活动层内部交换，改变下垫面(土壤、海水等)温度的分布。当地面辐射差额为负值时，则地面温度降低，所亏损的热量由土壤(或海水等)下层向上层输送，或通过湍流及水汽凝结从空气获得热量，使空气降温。根据能量守恒定律，这些热能是可以转换的，但其收入与支出的量应该是平衡的，这就是地面能量平衡。地面能量平衡决定着活动层以及贴近活动层空气的增温和冷却，影响着蒸发和凝结的水相变化，是气候形成的重要因素。

地面能量平衡方程可写成下列形式：

$$R_g + L_E + Q_p + A = 0 \qquad (3-16)$$

式中：R_g 为地面辐射差额；L_E 为地面与大气间的潜热交换（蒸发潜热、蒸发量或凝结量）；Q_p 为地面与大气间湍流显热交换；A 等于地面与下层间的热传输量（B）与平流输送量（D）两者之和。

式（3-16）中，地面得到热量的各项为正值，地面失去热量的各项为负值。在形成地面能量平衡中，这四者是最主要的，其他如大气的湍流摩擦使地面得到的热量，植物光合作用消耗的能量，以及与地面温度不同的降水使地面得到或损失的热量等，数值都很小，一般可以忽略不计。在组成地面能量平衡的四个分量中，由于辐射差额有明显的昼夜变化和季节变化，因此其他分量也发生类似的周期性变化，而这种变化又因纬度和海陆分布而不同。地面净辐射的地理分布较天文辐射复杂许多，而其他分量如地面蒸发失热的年总量分布及地-气显热交换的分布，则更为复杂。

（三）全球能量平衡

太阳辐射在全年投射到整个地球大气圈上界的总能量为 $175\,000 \times 10^{12}$ W，进入地球大气圈到达下垫面后，被大气和下垫面直接反射回宇宙空间占 30%，下垫面吸收太阳辐射而增温，再转换成长波红外辐射，放射出占 43% 的能量。下垫面通过蒸发将水汽和潜热能输送给大气，在大气中通过一定过程凝云致雨，再下落至地面成为径流，耗去潜热能占 22%。地-气能量交换中耗于风、波浪、对流、平流等的能量占 0.2%。到达下垫面的太阳能还被耗于：①植物光合作用；②有机体腐烂；③潮汐、潮流等；④对流、火山和温泉；⑤原子能、热能和重力能等（图 3-4）。太阳辐射能是整个气候系统的主要能源。在太阳辐射能的驱动下，通过气候系统内部的相互作用，产生能量的交换和转移。这种相互作用在不同时间尺度内进行。例如在暖季晴天的上午，在强烈阳光照射下，水面有大量水汽蒸发，气流上升将水汽输送至上空，在天气条件适合时，下午就可以形成云和降水，从下垫面带去的潜热和位能，很快就释放出来。树木在太阳能供应下，通过光合作用，构成其机体组织。后经死亡腐烂，埋藏在地下，经过漫长的地质时期形成煤，人们用煤燃烧释放出光和热，这是经过漫长时间太阳能转换的实例。虽然太阳能储存和释放的时间尺度不同，它们对气候都产生显著的影响。各部分的能量收支都是平衡的。这些估算的数值是很粗略的，它们仅仅提供一个地-气系统中能量收支的梗概。在这种能量收支下，形成并维持着现阶段的地球气候状态。

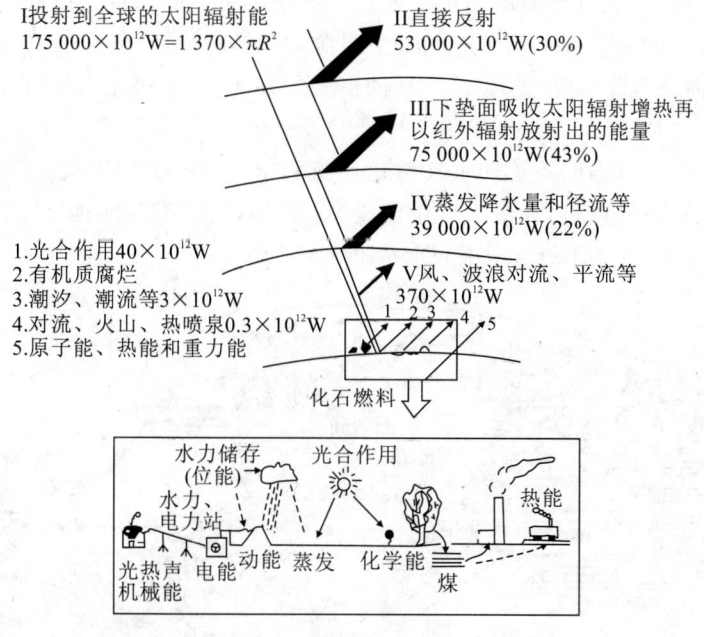

图 3-4 全球能量级联(energy cascade)

第二节 气候形成的环流因子

气候形成的环流因子包括大气环流和洋流,两者之间既有区别又有密切关联。本节内容阐明了海气之间相互作用与环流,论述了环流在热量交换和水分循环中的作用,并以厄尔尼诺事件为例说明了环流变异导致的气候变异。

一、海气相互作用与环流

海洋与大气之间通过一定的物理过程发生相互作用,组成一个复杂的耦合系统。海洋对大气的主要作用在于给大气提供热量和水汽,为大气运动提供能源;大气通过向下的动量输送,从而产生风生洋流和海水的上下翻涌运动。两者在环流的形成、分布和变化上共同影响着全球的气候。

海洋占地球表面积的 70.8%,海水的比热是 4186.8J/(kg·K),约为空气比热[718J/(kg·K)]的 6 倍,全球 10m 深的海洋水的总质量就相当于整个大气圈的质量。到达地表的太阳辐射能量约有 80% 为海洋所吸收,其中 85% 左右的热能储存在海洋表层(表面至约 100m 深处),这部分能量再以长波辐射、蒸发潜热、湍流显热的传送方式输送给大气。这种热量的输送不仅影响大气的温度分布,还驱使了大气的运动,在大气环流的形成和变化中有极为重要的作用。由此可见,海洋是大气环流运转的能量和水汽供应的最主要源地和储存库。

此外,海洋还是CO_2循环中CO_2的巨大贮存库,它通过调节大气中的CO_2含量来影响气温和环流。

海洋是从大气圈的下层向大气输送热量和水汽,而大气运动所产生的风应力则向海洋上层输送动量,使海水发生流动,形成"风生洋流",亦称"风海流"。由图3-5可见,世界洋流分布与地面风向分布密切相关。

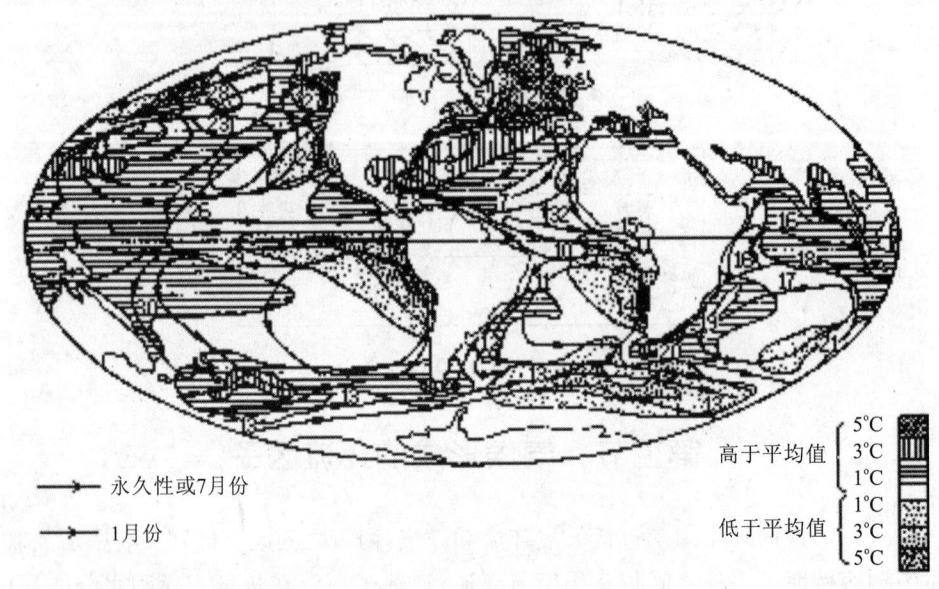

图3-5 世界洋流及水温距平的分布

1.湾流;2.北大西洋漂流;3.东格陵兰洋流;4.西格陵兰洋流;5.拉布拉多洋流;6.加那利洋流;7.北赤道洋流;8.加勒比洋流;9.安的列斯洋流;10.南赤道洋流;11.巴西洋流;12.福克兰洋流;13.西风漂流;14.本格拉洋流;15.几内亚洋流;16.西南和东北季风漂流;17.南赤道洋流;18.赤道逆流;19.莫桑比克洋流;20.厄加勒斯洋流;21.西澳大利亚洋流;22.黑潮洋流;23.北太平洋漂流;24.加利福尼亚洋流;25.北赤道洋流;26.赤道逆流;27.阿拉斯加洋流;28.堪察加洋流;29.南赤道洋流;30.东澳大利亚洋流;31.秘鲁洋流;32.赤道逆流

在热带、副热带海洋,北半球洋流基本上是围绕副热带高压作顺时针向流动,在南半球则为反时针向流动。由图3-5可见,由于信风的推动作用,在赤道具有由东向西的洋流,在北半球称北赤道洋流,在南半球称南赤道洋流。为维持海水的连续,在南北赤道洋流间自然就发展成一种补偿洋流,方向与赤道洋流相反,由西向东流,称为赤道逆流。

在副热带高压西侧,具有流向中高纬度方向的洋流。由于海水来自低纬地区,其温度比流经地区的水温高,所以是暖流。如大西洋中的湾流水温就很高,势力也很强,它不仅有北赤道洋流的水流汇入墨西哥湾,而且还有一部分南赤道洋流注入,然后流出佛罗里达海峡,沿美国东岸北流。这支暖洋流流量大,对沿岸气候影响特别显著。与此相对应,在北太平洋西部有黑潮暖流,在南太平洋有东澳大利亚暖流,在南印度洋有莫桑比克暖流,在南大西洋有巴西暖流。

  副热带高压北侧盛行西风,而上述暖流在副高西侧向极地方向流到纬度 40° 附近时,往往受西风影响而折向东流,遇到大陆,则分向南北流动,在北半球向南的一支沿副高东侧南流,由于该洋流是从高纬向赤道方向流动,其温度比流经地方的水温低,所以是冷流。例如,北大西洋沿北非西岸的加那利冷流、北太平洋沿美国西岸的加利福尼亚冷流、南太平洋的秘鲁冷流。

  在纬度 40°以上的洋面,洋流绕着副极地低压流动,这在北半球表现最为显著。例如,北大西洋的湾流受冰岛低压东南部西南风的影响,有一支长驱向东北方向流动的洋流,称为北大西洋暖流,沿欧洲海岸伸入到巴伦支海。在冰岛低压的西部盛行北风和西北风,形成格陵兰冷流和拉布拉多冷流。这些冷流来自北冰洋,携有冰块和巨大的冰山,当它与湾流相遇时,由于冷流密度大,它就潜入湾流之下。

  北太平洋副极地低压中心位于阿留申群岛附近,环绕此低压也有类似北大西洋的逆时针向洋流。在北美西岸有阿拉斯加暖流,在亚洲东岸有堪察加冷流。不过由于阿留申低压较冰岛低压弱,再加上北太平洋的地形与北大西洋不同,所以这里的东西岸洋流强度比较弱。

  南半球中高纬度洋面开阔,因此在此西风漂流很强,水温也较低。

  印度洋盛行季风,洋流也随季节的改变而发生改变。在北半球的冬季,印度洋中盛行东北季风,因此在阿拉伯海具有西向洋流,称东北季风洋流;在北半球的夏季,因西南季风盛行,所以洋流方向转为西南向,称西南季风洋流。

  综上所述,海洋提供给大气大量的潜热和显热,是大气运动的能源,它使得大气环流得以形成和维持。而大气环流又推动着海水流动从而产生风生洋流。但值得注意的是,由于洋流的流向除了受风力作用外,还要受地转偏向力和海水摩擦力的作用,因此洋流的流向并不完全和风向一致,在北半球向右偏,南半球要向左偏,且洋流的流速远比风速小。从铅直方向而言,洋流的速度以海洋表面为最大,由于摩擦力的影响,越向下层流速越小,至一定深度减弱为零。

  由于海洋不是无界的,风场也是不均匀的,风生洋流就会产生海水质量的辐合和辐散,特别是在海岸附近,由于侧边界的作用,这种作用就更为明显。例如在热带、副热带大陆西岸,因离岸风的作用,把表层海水吹流而去,造成海水质量的辐散,这必然引起深层海水上翻(upwelling),而深层海水水温比表层水温低,因此在上翻区的海水水温就要比同纬度的海洋表面的平均水温低。相反,如果风向改变,海水质量在此辐合,就会引起海水下翻(downwelling),海面水温将显著增高,厄尔尼诺事件就与此有密切关系。

在暖海水表面一般是水温高于它上面的气温,海面向空气提供的显热和潜热都比较多,它不仅使空气增温,还使得气层处于不稳定状态,有利于云和降水的形成。热带气旋大都源于低纬度暖洋流表面就是这个原因。在冷洋流表面,由于空气层结稳定,有利于雾的形成而不易产生降水,因此在低纬度大陆西岸往往形成多雾沙漠。

二、环流与热量输送

大气环流和洋流对气候系统中热量的重新分配起着重要作用,它一方面将低纬度的热量传送到高纬度,调节了赤道与两极间的温度差异;另一方面又因大气环流的方向有由海向陆和由陆向海的差异以及洋流冷暖的不同,使得同一纬度带上大陆东西岸气温产生明显的差别,从而破坏了天文气候的地带性分布。

(一)赤道与极地间的热量输送

在地球南北纬35°之间,地球-大气系统的辐射热量有盈余,在高纬度则相反有亏损。但实际情况却没有发生热带逐年增热、极地逐年变冷的情况,这说明必然有热量从低纬度向高纬度的传输,而这种传输正是通过大气环流和洋流来调节的。

由赤道到极地的热量传输随纬度和季节而异。就年平均而论,热赤道在5°N左右,其中显热的传输即从该热赤道分别向南北输送。从图3-6中的曲线看,其输送在纬度分布上有两个高点:一个在20°附近,另一个在50°~60°之间;在高度分布上也有两个高点:一个在近地面层,另一个在200hPa等压面上。潜热输送几乎

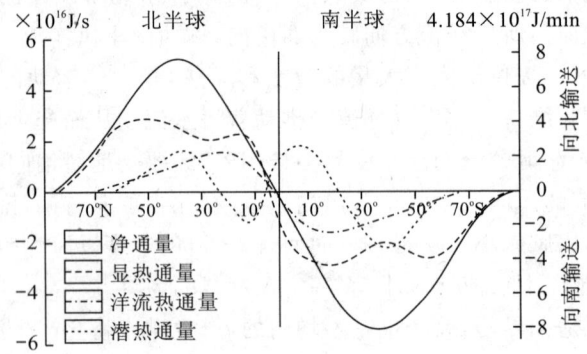

图3-6 地-气系统中每年经向的平均净能量通量、大气湿热能量通量、大气潜热通量和海洋流热通量(Sellers,1965)

全部在近地面2~3km的大气底层,在回归线附近潜热分别向高、低纬度输送。其中向高纬度输送的潜热通量在40°附近达到最高,向低纬度输送的潜热通量在10°附近为另一高峰。由南回归线向北输送的潜热可跨越赤道直至5°N附近。洋流热通量从2°N左右的洋面分别向南北输送,在南北纬度20°附近达最高峰。综合以上各种热通量的输送,从年平均来讲,以纬度40°附近为最大。从季节来讲,冬季高低纬度间温度差异最大、环流最强,由低纬向高纬输送的热量也最大;夏季南北温差小,热量的传送强度也较小。

从大气环流输送形式来讲,有平均经圈环流输送和大型涡旋输送两种。在显热输送上,两者为同一量级。潜热的经向输送在30°~70°N地带,以大型涡旋输送为主,平均经圈环流次之,但在低纬度则基本由信风与反信风的常定输送来完成。

大型涡旋是指移动性气旋、反气旋、槽和脊等。气旋移动的方向一般具有向北的分速度,且在气旋的前部(或反气旋的后部)常有暖平流,槽前(或脊后)也常有暖平流,所以能把热量由低纬度输送到高纬度。反气旋的移动方向一般具有向南的分速度,且在反气旋的前部(或气旋的后部)常有冷平流,脊前(或槽后)也常有冷平流,它们把冷空气从高纬度输送到低纬度,这是调节高低纬度间热量的一个重要途径。

据最新估计,在环流的经向热量输送中,洋流的作用占33%,大气环流的作用占67%。在赤道至纬度30°(即低纬度地带)洋流的输送超过大气环流的输送。在30°N以北,大气环流的输送超过了洋流的输送。海洋-大气之间的这种"接力式"的经向热量输送是维持高低纬度能量平衡的主要机制。由于环流的作用调节了高低纬度间的温度,表3-6列出了各纬圈上辐射差额温度与实际温度的比较。

表3-6 各纬度上辐射差额温度与实际温度的比较

温度(℃,平均值)	纬 度									
	0°	10°	20°	30°	40°	50°	60°	70°	80°	90°
辐射差额温度(对于不流动大气的计算)	39	36	32	22	8	-6	-20	-23	-41	-44
观测温度(流动大气)	26	27	25	20	14	6	-1	-9	-18	-22
温度差数	-13	-9	-7	-2	+6	+12	+19	+23	+23	+22

从表3-6可见,由于环流经向输送热量的结果,低纬度降低了2~13℃,中高纬度却升高了6~23℃。据最新资料,赤道实测温度比辐射差额温度降低了14℃,而极地则提高了25℃,因此大气环流和洋流在缓和赤道与极地间南北温差上,确

实起了巨大的作用。这种作用在海洋表面上比大陆上更为显著(表3-7),尤其是冬季在北大西洋(经度0°线)上因暖洋流强度大,赤道至北极圈的气温差别只有22℃,比欧亚大陆(经度130°E线)上要小得多。

表3-7 大陆和大洋上赤道至北极圈气温(℃)的差别

经度(地区)	0°(大西洋)	130°E(欧亚大陆)	170°W(太平洋)	90°W(北美大陆)
1月	22°	74°	47°	58°
7月	16°	8°	25°	25°
平均	17°	41°	36°	41°

(二)海陆间的热量传输

大气环流和洋流对海陆间的热量传输有明显作用。冬季海洋是热源,大陆是冷源,在中高纬度盛行西风,由于大陆西岸是迎风海岸,又有暖洋流经过,故环流由海洋向大陆输送的热量较多,提高了大陆西岸的气温。从图3-5可见,北大西洋和北太平洋东岸(大陆西岸)暖洋流水温正距平均在5℃以上,特别是北大西洋暖流势力最强;又由于北大西洋洋盆的有利形状,使得这支暖洋流流经冰岛、挪威的北角,一部分能远达巴伦支海,在盛行西到西南风的作用下,使西北欧的气温特别暖和。从1月海平面等温线图上可以明显地看出,这里的等温线向极地凸出,并几乎与海岸线平行,越靠近大西洋海岸气温越高,越向内陆,气温则越低,到东西伯利亚维尔霍扬斯克附近,1月平均气温降到−50℃,成为世界"寒极",鄂霍次克海海面因位于亚欧大陆东侧,受西来大陆冷空气的影响,温度非常低,成为世界"冰窖",北美大陆也有类似的西岸暖、东岸冷的现象,但海陆温差不如亚欧大陆那样突出。

夏季与冬季情况相反,大陆是热源,海洋是冷源,这时大陆上热气团在大陆气流作用下向海洋输送热量。从7月海平面等温线图上可见,在热带、副热带大陆上气温最高,在大陆热风影响下,红海海面气温显得特别高(大于32℃)。这时大陆通过大气环流向海洋输送热量,但输送值远比冬季海洋向大陆的输送量小。夏季在迎风海岸气温稍低,在冷洋流海岸因吹离岸风,仅贴近海边的地区受海洋上翻水温的影响,气温比大陆内部要低得多。

这种海陆间的热量交换是造成同一纬度带上的大陆东西两岸和大陆内部气温有显著差异的重要原因。

三、环流与水分循环

水分循环的过程是通过蒸发、大气中的水分输送、降水和径流(含地表径流和地下径流)四者来实现的。如图3-7所示,由于太阳能的输入,从海洋表面蒸发到空气中的水汽,被气流输送到大陆上空,通过一定的物理过程凝结成云而降雨。地面的雨水又通过地表江河和渗透到地下的水流,再回到海洋,就是水分的外循环(又称大循环),也就是海陆之间的水分交换。水分从海洋表面蒸发,被气流带至空中凝结,然后以降水形式回落海中,以及水分从陆地表面的水体、湿土蒸发及植物蒸腾到空中凝结,再降落到陆地表面,这就是水分内循环(又称小循环)。无论是在水分外循环或是水分内循环中,大气环流都在其中起着重要作用。

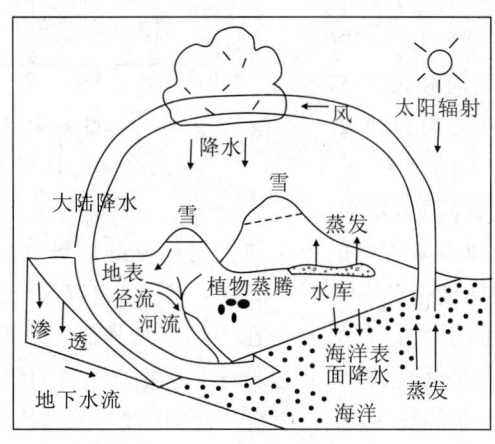

图3-7 全球水分循环示意图

就全球而论,水分循环各个分量的估计值如下:全球平均年降水量为1040mm,以此值为100个单位,由海洋蒸发的水汽相当于86个单位,降回到海洋的降水量约为80个单位,海洋蒸发的水汽有6个单位由大气径流输送到大陆上空,陆地表面从河流湖泊、潮湿土壤和植物等蒸发、蒸腾出来的水汽约14个单位,降落到陆地的降水约有20个单位,多出的6个单位由地表和地下径流流到海洋,以保持各自的水分平衡。全球约有97.2%的水量储存在世界大洋之中,其次冰原、冰川和海冰约占2.15%,地下水占0.62%,大气圈中水分极少,仅占0.001%。

据长期观测,地球上的总水量是不变的,B.N.维尔纳茨基认为,甚至在地球整个地质历史时期的总水量也是不变的,因而水分的收入与支出是平衡的,这就称作地球上的水量平衡。

水量平衡是水分循环过程的结果,而水分循环又必须通过大气环流来实现。根据水分循环中的三个分量:蒸发、降水和大气中的水分输送(大气径流)的平均经向分布(图3-8)可说明大气环流与它们之间的关系。

首先是蒸发,在水源充足的条件下(如海洋),蒸发的快慢和蒸发量的多寡都要受环流方向和速度的影响。海洋上年平均蒸发量最高峰出现在15°~20°N和10°~20°S的信风带,这里是风向和风速都很稳定的地带。信风又来自副热带高压,最有利于海水的蒸发,而赤道低压带因风速小,海面蒸发量也较小。

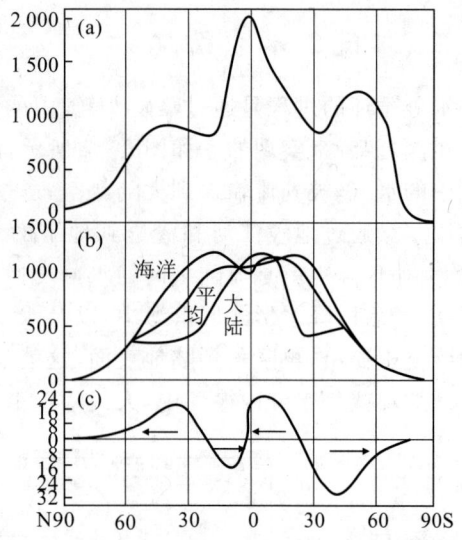

图3-8 年平均降水量(a)、年蒸发量(b)和水汽的经向输送(c)随纬度的分布

云和降水的形成以及降水量的大小与大气环流的形势更是息息相关,图3-8(a)显示,世界降水的纬度带分布有两个高峰:一个在赤道低压带,因为这里有辐合上升气流,能产生大量的对流雨;另一个在中纬度西风带,这里处于冷暖气团交绥的锋带上,气旋活动频繁,降水量因此也较多,是次于赤道的第二个多雨带。在这两个高峰之间,是副热带高压带,盛行下沉气流,因此虽然是在海洋表面,降水也很稀少。将图3-8(b)中全球年平均蒸发量曲线与(a)图年平均降水曲线相重叠,可见在13°~37°N地带及7°~40°S地带蒸发量大于降水量,水汽有盈余,在赤道带和中、高纬度降水量大于蒸发量,水汽有亏损,因此要达到水分平衡,则需通过大气径流将水汽从盈余的地区输送到水汽亏损的地区。从图3-8(c)中可以看出,以副热带高压为中心,大气径流通过信风和盛行西南风(北半球)将水汽分别向南和向北作经向的输送。

四、环流变异与气候

如上所述,环流因子在气候形成中起着重要作用。当环流形势在某些年份出现异常变化时,就会直接影响某些时期的天气和气候,出现异常。近年来频繁出现的厄尔尼诺/南方涛动(ENSO)就是一个显著的实例。

"厄尔尼诺"一词源于西班牙文"ElNino",原意是"圣婴",最初用来表示在有些年份的圣诞节前后,沿南美秘鲁和厄瓜多尔附近太平洋海岸出现的一支暖洋流,后来科学上用此词表示在南美西海岸(秘鲁和厄瓜多尔附近)延伸至赤道东太平洋向西至日界线(180°)附近的海面温度异常增暖现象。

此区域常年盛行东向信风,在平均风速下,沿赤道太平洋海洋面高度呈西高东低的形势。西太平洋斜温层深度约200m,东太平洋仅50m左右,这种结构与西暖东冷的海温分布相适应。但是在东风异常加强的情况下,赤道表面东风应力会把表层暖水向西太平洋输送,在西太平洋堆积,因此那里的海平面就不断抬升,积累大量位能,从而斜温层加深。而东太平洋在离岸风的作用下,表层海水产生强的离岸漂流,造成这里持续的海水质量辐散,海平面降低,次层冷海水上翻,导致这里成为更冷的冷水带。此冷水带有丰富的营养盐分,使得浮游生物大量繁殖,为鱼类提供充足的饵料,鱼类又为鸟类提供丰盛的食物,所以这里鸟类甚多,鸟粪堆积甚厚,成为当地一项重要资源。在冷水带上,气温高于水温,空气层结稳定,对流不易发展,雨量偏少,气候干旱。可是每隔数年,东向信风发生张弛(即减弱),此处的冷水上翻现象消失,并使西太平洋原先积累的位能释放,表层暖水向东回流,导致赤道东太平洋海平面升高,海面水温增暖,秘鲁、厄瓜多尔沿岸由冷洋流转变为暖洋流,海水温度出现正距平,下层海水中的无机盐类不再涌向海面,导致当地的浮游生物和鱼类大量死亡,大批鸟类也因饥饿而死,从而形成一种严重灾害。与此同时,原来的干旱气候突然转变为多雨气候,甚至造成洪水泛滥,这就是厄尔尼诺事件。

与厄尔尼诺事件密切相关的环流还有南方涛动(Southern Oscillation,简称SO)、沃克环流[①](Walker)和哈德莱环流(Hadley)。南方涛动是指南太平洋副热带高压与印度洋赤道低压这两大活动中心之间气压变化的负相关关系,即南太平洋副热带高压比常年增高(降低)时,印度洋赤道低压就比常年降低(增高),两者气压变化有"跷跷板"现象,称之为涛动。为了定量地表示涛动振幅的大小,不少学者采用南太平洋塔希堤岛($143°05'W,17°53'S$)的海平面气压(代表南太平洋副热带高压),与同时期澳大利亚北部的达尔文港($130°59'E,12°20'S$)的海平面气压(代表印度洋赤道低压)的差值,经过一定的数学处理来计算南方涛动指数(SOI),将历年赤道东太平洋海面水温 SST(指在纬度$0°\sim10°S$,经度$180°W$向东至$90°W$)与同时期南方涛动指数 SOI 进行对比,发现厄尔尼诺/南方涛动(合称为 ENSO)事件的主要特征是当赤道东太平洋海水温度(SST)出现异常高位相(即增暖)时,南方涛动指数 SOI 却出现异常低位相(塔希堤岛气压与达尔文气压差值减小)。关于赤道东太平洋海水温度 SST 达到怎样的正距平才算厄尔尼诺出现,目前尚无公认的统一标准,但大体上若出现连续三个月 SST 正距平在 $0.5℃$ 以上或其季距

---

① 沃克环流是指赤道海洋表面因水温的东西向差异而产生的一种纬圈热力环流。常年在赤道东太平洋表面水温低、气压高,沃克环流是下沉的;在赤道西太平洋表面水温高、气压低,沃克环流是上升的。

平达到 0.5℃ 以上，就可认为出现一次厄尔尼诺事件，达到上述数值的负距平时，则为反厄尔尼诺事件。

厄尔尼诺/南方涛动现象是低纬度海气相互作用的强信号。近年观测研究表明，在低纬度太平洋上不仅南半球存在着以 180°日界线为零线的东西气压的反相振荡，在北太平洋也存在类似的振荡，称为"北方涛动"（其强度比南方涛动小），可总称为"低纬度涛动"。它是由两种基本状态和其间的过渡状态所组成。在涛动的低指数时期，赤道低气压主体减弱，但前端向东伸展，此时南、北太平洋上副热带高压减弱，并向较高纬度移动，其结果必然导致信风减弱，赤道西风发展，在这样的大气环流条件下，有利于赤道西太平洋暖水向东扩展和输送，同时赤道东太平洋冷水上翻的现象也相应减弱乃至停止，造成中、东太平洋海面水温升高，出现厄尔尼诺事件。在海面高水温作用下，低层大气湿度加大，湿的不稳定得以发展，因此沃克环流发生变化，其上升分支向东移，西太平洋对流减弱，中、东太平洋对流发展。原先的赤道太平洋干旱带变为多雨带，印度洋和西太平洋的雨量却大为减少。

在低纬度涛动的高指数时期，情况完全相反，南北太平洋副高加强且向赤道靠拢，赤道低压主体加强，但其东端西撤，由于经向气压梯度大，必然导致信风加强。在强离岸风作用下，赤道东太平洋海水上翻现象强烈发展，且向西平流，造成大范围海面降温，低层大气变干，层结稳定，赤道主要对流区萎缩在西太平洋，沃克环流上升，分支西移，东太平洋又出现少雨气候。

这两种状态之间的转换主要通过副热带高压强度和位置变化这个重要环节。

在低纬度涛动低指数时期，在海面温度增暖作用下，副热带与赤道间海水温度的经向差别增大，必然导致哈德莱环流加强，这个加强环流的下沉分支，将导致副热带高压产生由弱变强的趋势。这种过程发展到一定程度时，将出现南方涛动（低纬度涛动）由低指数向高指数的转变。同样在高指数时期，低的赤道水温又使海面经向温度梯度变小，促使哈德莱环流减弱，从而使副热带高压减弱，产生由高指数向低指数的转变，实现整个过程转变所需要的时间，即南方涛动（低纬度涛动）的平均周期约为 40 个月。近百年来出现的 ENSO 主要振荡周期在 2～7 年内变化，峰值为 4 年左右。

厄尔尼诺对气候的影响以环赤道太平洋地区最为显著。在厄尔尼诺年，印度尼西亚、澳大利亚、印度次大陆和巴西东北部均出现干旱，而从赤道中太平洋到南美西岸则多雨。许多观测事实还证明，厄尔尼诺事件通过海气作用的遥相关，还对相当远的地区，甚至对北半球中高纬度的环流变化亦有一定的影响。如当厄尔尼诺出现时，将促使日本列岛及我国东北地区夏季发生持续低温，并在有的年份使我国大部分地区的降水有偏少的趋势。

第三节 海陆分布对气候的影响

下垫面是大气的主要热源和水源,又是低层空气运动的边界面,它对气候的影响十分显著。就下垫面差异的规模及其对气候形成的作用来说,海陆间的差别是最基本的,并对气温、大气水分和环流造成很大影响。

一、海陆分布与气温

(一)海陆与大气热量交换的差异

由于海洋和大陆的物理性质不同,在同样的天文辐射之下,其增温和冷却有很大差异。海洋具有热惰性,其增温、降温效应都比较慢,它既是一个巨大的热量存储器,又是一个温度调节器。大陆则与之相反,它吸收的太阳辐射仅限于表层,热容量较小,具有热敏性。与同纬度海洋相比,大陆具有夏热冬冷的特性。而对流层大气中的热能主要来自下垫面,由于海陆下垫面不同,海-气热量交换与陆-气热量交换的情况就大不相同。海洋提供给大气的年平均潜热为 293.08 kJ/($cm^2 \cdot a$),比提供给大气的湍流显热 50.24 kJ/($cm^2 \cdot a$) 大得多,而大陆上两者则相差不大,均约为 104.67 kJ/($cm^2 \cdot a$),这些热量的差异必然导致海陆气温的显著对比性。

地球表面海陆面积分布很不对称,北半球陆地覆盖率为 39.3%,而南半球只有 19.2%,北半球陆地面积比南半球约大一倍,北半球东半部的陆地面积又比西半部大两倍。就北半球东半部而言,亚欧非大陆面积(约为 $73.4 \times 10^6 km^2$)同邻近的太平洋、大西洋和印度洋(以一半面积计,约为 $93.4 \times 10^6 km^2$)比较大小相当。北半球的西半部则不然,海洋面积(约 $82.4 \times 10^6 km^2$)远比陆地面积($24.2 \times 10^6 km^2$)大,因此,由于海陆物理性质的差异而引起的海陆气温对比,在亚欧非大陆和附近海洋就显得特别的突出(表3-8)。

同在 30°N 地带天文辐射应是完全相等的,但因海陆性质不同,就会出现冷热源的差异。从辐射差额来讲,在表3-8中所列举的四个区域,除西藏高原部分地区外,都获得正值净辐射,且无论冬夏都是海洋上最多。通过显热输送提供给空气的热量,在冬季(1月)以海洋表面为最大,平均为 67.8 W/m^2,比同纬度大陆上的其他三个区域大 1~7 倍。这时海洋上水温比气温高,冬季海上风速大,因此蒸发强,提供给大气的潜热量更多,比大陆上其他三个地区大 1~65.8 倍。因此冬季相对于大陆来讲,海洋是大气的"热源",大陆是"冷源"。而夏季(7月)则情况不同,四个地区中在海洋上获得的正值净辐射虽为最大,但通过显热方式供给空气增温的热量却最少(只有 0.82 W/m^2)。而这时北非、阿拉伯干旱区提供空气增温的显热最多(达 127.5W/m²),相当于同纬度海洋上的 155 倍。夏季海水温度比空气温度低,风力又较冬季弱,海上蒸发反而比冬季小得多,提供给空气的潜热远较冬季为小。而夏季除北非、阿拉伯干旱区外,太平洋中部提供给空气的潜热量也比我国大陆东部和西藏高原小。再从潜热通量加显热通量来看,夏季太平洋中部提供给空气的总热量也比同纬度的大陆区域为小,因此相对于大陆来讲,夏季海洋是"冷源",大陆是"热源"。

表 3-8 1 月和 7 月沿 30°N 上各经度辐射、蒸发、降水及各种热通量

	月份	北非、阿拉伯 0°~55°E	我国西藏高原 85°E	我国西藏高原 90°E	我国西藏高原 95°E	我国东部 115°E	我国东部 120°E	太平洋中部 135°~180°E 平均
太阳总辐射 (W/m²)	1 月	174.3	242.1	198.5	154.9	87.2	106.5	116.2
	7 月	375.7	338.9	303.1	266.3	180.6	116.1	233.4
辐射差额 (W/m²)	1 月	43.6	−9.7	21.3	32.4	40.2	24.2	58.1
	7 月	121.5	103.1	118.1	101.7	108.0	105.1	193.7
蒸发量 (mm/d)	1 月	0.3	0.05	0.02	0.01	1.1	1.3	8.0
	7 月	0.23	1.36	2.70	1.50	2.5	2.43	3.0
显热通量 (W/m²)	1 月	36.3	48.4	12.1	48.4	8.2	11.1	67.8
	7 月	127.5	84.7	48.4	60.5	60.5	60.5	0.82
潜热通量 (W/m²)	1 月	7.3	2.9			42.1		96.8~193.7
	7 月	2.9~4.8	146.2			154.9		104.1
潜热通量+显热通量(W/m²)	1 月	43.6	33.9			38.7~48.4		216.9
	7 月	130.4~132.3	231.0			215.5		106.5
降水量(mm/d)	1 月	0.2	0.05	0.03	0.03	2.20	2.50	5.0
	7 月	0.17	1.98	4.85	4.95	4.77	4.77	2.81

(二)海陆气温的对比

海陆冷热源的作用反映在海陆气温的对比上是十分明显的。由表 3-9 可见,在纬度 30°N 上,从海平面到对流层上层,1 月亚非大陆上气温都比太平洋上气温低;7 月则相反,大陆上气温比海洋上高,且两者的差值在 7 月比 1 月大。从平均来看,在 500hPa 等压面上,每年 10 月到次年 4 月都是海上气温比陆上高;6~9 月则相反,海上气温比陆上低;5 月、10 月为转变月(图 3-9)。

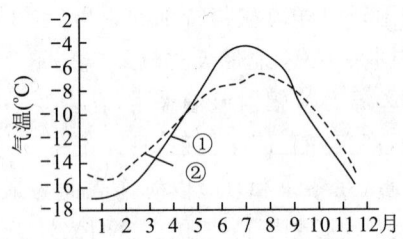

图 3-9 30°N 亚非大陆和太平洋上空 500hPa 气温(℃)
①亚非大陆上空 500hPa 的气温;
②太平洋上空 500hPa 的气温

表 3-9 在 30°N 不同高度上海陆气温及其差值(℃)

等压面(hPa)	月份	(1)亚非大陆	(2)太平洋	(1)—(2)
海平面	1月 7月	9.2 31.0	12.5 24.7	-3.3 6.3
850	1月 7月	5.5 24.0	6.5 16.4	-1.0 7.6
700	1月 7月	-1.3 13.9	-0.3 8.6	-1.0 5.0
500	1月 7月	-16.5 -4.3	-14.5 -6.8	-2.0 2.5
300	1月 7月	-41.8 -28.1	-38.5 -33.0	-3.3 4.9
200	1月 7月	— -46.5	-51.5 -53.4	— 7.1

在相同纬度、相同海拔高度的各站气温距平值主要决定于海陆分布。1月份，中高纬度、北半球海陆气温差别十分显著，在北大西洋上有最大的正距平，亚洲北部有最大的负距平，在同一纬度带上气温相差可达48℃以上，相当于赤道与极地年平均气温差值。7月海陆气温最突出的差异出现在副热带纬度的冷洋流表面与大陆沙漠上。例如北非撒哈拉沙漠上7月平均气温达35℃以上，等温线呈封闭形式，其气温距平约+12℃，而太平洋东岸(冷洋流)表面7月在20℃上下，其最大负距平约-8℃，在同一副热带纬度气温相差20℃。

综上所述，海陆气温的差异，在冬季的高纬度最为突出，在夏季则以副热带纬度最显著。就全球而言，由于北半球海洋面积相对比南半球小，所以北半球冬季比南半球冷，夏季比南半球热。

二、海陆分布对大气水分的影响

(一)对蒸发和空气湿度的影响

大气中的水分主要来自下垫面的蒸发，海洋的蒸发量远比大陆多。以30°N的亚非大陆和太平洋为例，无论冬夏，太平洋中部的蒸发量都比同纬度的大陆多，尤其是冬季，太平洋上的蒸发量比我国东部约大7倍，比北非、阿拉伯大26～27倍，因此在冬季，海洋是大气的"水汽源"，相对于海洋来讲，大陆则为"水汽汇"。在夏季太平洋上的蒸发量与我国东部相差无几，但和北非、阿拉伯干旱地区相比，则仍超过 20 余倍,这时海洋仍为大气的"水汽源",但强度远较冬季小(表 3-8)。

从湿度场的情况来看,无论在哪一个层次,每年 12 月到次年 2 月,亚非大陆都是北半球上比湿最小的地区;盛夏期间 6~9 月,东亚一带,尤其南亚一带是北半球湿度最大的地区,而太平洋却为相对干区,4 月、5 月和 9 月则是转换月,这与海陆蒸发作用的年变化密切关联。

(二)对雾的影响

海上空气潮湿,因此只要有适当的平流将暖湿空气吹送到比较冷的海面,就会导致下层空气变冷,极易达到饱和而凝结成平流雾,所以在海上,尤其是冷洋流表面,雾日极多。在纬度 40°以上的大陆东岸和低纬度的大陆西岸都是冷洋流经过地区,不但海面多雾,大陆近岸受海风影响,也有较多雾日。如日本北海道沿岸、北美纽芬兰沿岸和加利福尼亚沿岸、南美秘鲁和智利沿岸、北非加那利冷流沿岸,以及南非本格拉冷流沿岸等,都是世界著名的多雾区域。

大陆上沿海地区受海风影响雾日较多,一般大陆内部则雾少霾多。陆地雾与海上雾有很多差异,主要表现在:陆地雾以辐射冷却形成为主,盛行于冬季晴夜和清晨,到近午时因日照强而蒸发消散;而海面雾的形成以平流冷却为主,主要出现在春夏,即使正午日照强也不能消散,只有当风向改变,风力增强,使气流上下扰动时才被吹散。在大陆沿海地区多平流辐射雾,它是由湿空气平流至陆上,再经夜晚辐射冷却,空气达到饱和时而形成的。

(三)对降水的影响

海陆分布对降水量的影响比较复杂,海洋表面空气中水汽含量虽多,但要形成降水还必须有足够的抬升作用,使湿空气上升才能凝云致雨。从降水的成因来讲,可分为对流雨、地形雨、锋面雨和气旋雨(包括温带气旋和热带气旋)等。由于海陆物理性质不同,这几种降水出现的时间和降水量有显著的差异。

1. 对流雨

形成对流雨的一个重要条件是空气层结的不稳定性。在大陆上夏季午后空气层结最易达到不稳定,在水汽充足和其他条件适宜时,就会产生对流雨。海洋表面在夏季午间水温往往比海面气温低,空气层结很稳定,尤其是冷洋流表面逆温现象很显著,有利于雾的形成,不会产生对流雨,只有在冬季夜间的暖洋流表面,水温比气温高,当天空有低云时,夜间云的上部空气辐射散热变冷,云下空气有效辐射不强,下层又与暖水面接触,因此下层气温较高,气温直减率大,才有利于对流雨的形成;或者在冬季大陆冷气团移到暖洋流表面,气团下层增暖,也会产生对流雨,但总的来讲,海洋上的对流雨比大陆上少,出现时间多在冬季夜间和清晨。

2. 地形雨

地形雨只会在大陆上出现，在盛行海洋气流的迎风坡上最易形成。最著名的例子是印度的乞拉朋齐，它位于喜马拉雅山的南坡，年平均雨量为 11 429mm，是世界上少有的多雨地区。

3. 锋面雨和气旋雨

海洋上的降水绝大多数是锋面雨和气旋雨。在副热带高压盛行的洋面上，空气中多下沉气流，空气层结又很稳定，所以年雨量很少，年平均值在 300mm 以下，在海岸的冷洋流地带年雨量甚至在 100mm 以下，是海洋上的"干旱"气候区。但在纬度 40°～60°的海洋表面年降水量却在 1000mm 以上，这是锋面和温带气旋带来的降水，海面平滑，气旋中的旋转气流不易遭到破坏，水汽又甚充足，在冬季锋面气旋发达，所以海上气旋雨在冬季特别丰富，在热带暖洋流表面热带气旋盛行，是海洋上另一多雨地带。

在温带大陆西岸，气旋活动频繁，尤其是在冬季，南北气温差异大，锋面气旋最强，所以气旋雨也很多。越向内陆，海洋气团变性越剧烈，空气越来越干燥，降水量就逐渐减少，到了大陆中心就形成干旱沙漠气候。北半球大陆面积大，特别是亚欧大陆东西延伸范围很广，内陆地区受不到海洋气团影响，所以出现大片干旱、半干旱气候；而南半球大陆面积较小，内陆干旱区域也相应地比北半球小。

三、海陆分布与周期性风系

由于海陆分布引起气温差异而造成的周期性风系有以一日为周期的海陆风和以一年为周期的季风。

(一) 海陆风

白天，风从海洋吹向陆地；夜晚，风从陆地吹向海洋，这种风称为海陆风。海陆风的形成是由于白天陆地在日射下增温快，陆上气温比邻近海上高，陆上暖空气膨胀上升，到某一高度上，因其气柱质量增多，气压比海上同一高度平面上为高，等压面便向海洋倾斜，空气由大陆流向海洋。因此在下层地面上陆地的空气质量减少，地面气压因而下降，而海洋因上层有大陆空气的流入，空气质量增多，海面气压升高，于是在下层便产生自海洋指向陆地的水平气压梯度力形成海风。夜间，陆地辐射冷却比海面快，陆上空气冷却收缩，致使上层气压比海面上同高度的气压低，等压面由海洋向陆地倾斜，地面气压比海面气压高，于是形成了与白天相反的热力环流，下层风由陆地吹向海洋，这就是陆风。这种由于海陆热力差异而产生的气压梯度是比较小的，只有当大范围水平气压场比较弱时才能显现出来。

在热带地区，气温日变化较大，特别是冷洋流经过的海岸地带，海陆风最强烈，全年都可出现。温带地区海陆风较弱,主要出现在夏季。海陆风深入陆地的距离因地而异,一般为20～50km。

海陆风对滨海地区的气候有一定的影响,白天吹海风,海上水汽输入大陆沿岸,往往形成雾或低云,甚至产生降水,同时还可以降低沿岸的气温,使夏季不致于十分炎热。

(二)季风

大范围地区的盛行风随季节而有显著改变的现象,称为季风。有显著改变是指:1月与7月盛行风向的变移至少有120°,1月与7月盛行风向的频率超过40%,至少在1月或7月中有1个月的盛行风的平均合成风速超过3m/s。这种随季节而改变的风,冬季由大陆吹向海洋,夏季由海洋吹向大陆,随着风向的转变,天气和气候的特点也跟着发生变化。

季风的形成与多种因素有关,但主要是由于海陆间的热力差异以及这种差异的季节变化,其他如行星风带的季节移动和广大高原的热力、动力作用也与之有关系,而这几者又是互相联系着的。在夏季大陆上气温比同纬度的海洋高,气压比海洋上低,气压梯度由海洋指向大陆,所以气流分布是从海洋流向大陆的,形成夏季风;冬季则相反,因此气流分布是由大陆流向海洋,形成冬季风(图3-10)。

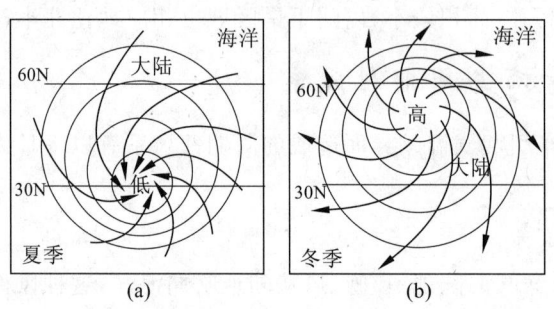

图3-10 因海陆热力差异而引起的夏季风(a)和冬季风(b)

季风形成的原理与海陆风基本相同,但海陆风是由海陆之间气压日变化而引起的,仅出现在沿海地区。而季风是由海陆之间气压的季节变化而引起的,规模很大,是一年内风向随季节变化的现象。

世界上季风区域分布很广,东亚是世界上最著名的季风区。这主要是由于太平洋是世界最大的大洋,亚欧非是世界最大的大陆,且其东西向延伸很广,东亚居于两者之间,海陆的气温对比和季节变化都比其他任何地区显著,再加上青藏高原的影响,所以东亚季风特别显著,其范围大致包括我国东部、朝鲜、韩国和日本等地。

冬季，亚洲大陆为蒙古-西伯利亚高压所盘踞，高压前端的偏北风就成为亚洲东部的冬季风。由于各地处于高气压的部位不同，各地冬季风的方向并不完全相同，由北而南依次为西北风、北风和东北风。由于蒙古-西伯利亚高压比较强大，由陆向海，气压比较陡峻，所以风力较强。

夏季，亚洲大陆为热低压所控制，同时太平洋副热带高压西伸北进，因此高低压之间的偏南风就成为亚洲东部的夏季风，由于此时气压梯度比冬季小，所以夏季风比冬季风弱。

东亚季风对我国、朝鲜半岛、日本等地区的天气和气候影响很大，在冬季风盛行时，这些地区是低温、干燥和少雨的时节，而夏季风盛行时这些地区则是高温、湿润和多雨。

亚洲南部的季风，主要是由行星风带的季节移动而引起的，但也有海陆热力差异的影响。以印度季风为例，冬季行星风带南移，赤道低压移到南半球，亚洲大陆冷高压强大，高压南部的东北风就成为亚洲南部的冬季风。夏季行星风带北移，赤道低压移到北半球，再加上大陆热力因子的作用，低压中心出现在印度半岛。而此时正是南半球的冬季，澳大利亚是一个低温高压区，气压梯度由南向北的气流跨越赤道后，受北半球地转偏向力的作用，形成西南风，就是南亚的夏季风。

在季风的影响下，南亚也是冬干夏湿，但是它和东亚季风有一个明显差别，即南亚夏季风比冬季风强。这是因为冬季亚洲南部远离蒙古-西伯利亚高压中心，并有西藏高原的阻挡，再加上印度半岛面积较小，纬度较低，海陆之间的气压梯度较弱，因此冬季风不强。相反，夏季印度半岛气温特别高，是热低压中心所在，它与南半球副高之间的气压梯度大，因此南亚的夏季风强于冬季风。

四、海洋性气候与大陆性气候

由于海陆分布对气候形成的巨大作用，使得在同一纬度带内，在海洋条件下和在大陆条件下的气候具有显著差异，前者称为海洋性气候，后者称为大陆性气候。区别海洋性气候与大陆性气候的指标很多，最主要表现在气温和降水两方面。

(一) 气温指标

海洋性气候与大陆性气候在气温上的标志一般用气温日较差、气温年较差、年温相时、春秋温差值和大陆度等几个指标表示，气温较差还和所在地纬度有关(图3-11)。

在赤道附近，大陆和海洋的气温年较差都很小，而其日较差则差别显著。南半球由于大陆面积小，只有在中纬度时大陆和海洋的气温日较差和年较差都很人，这与海陆分布的形势关系十分密切。

海洋上气温年较差比大陆上小，从海-气热交换与陆-气热交换的年变化可以

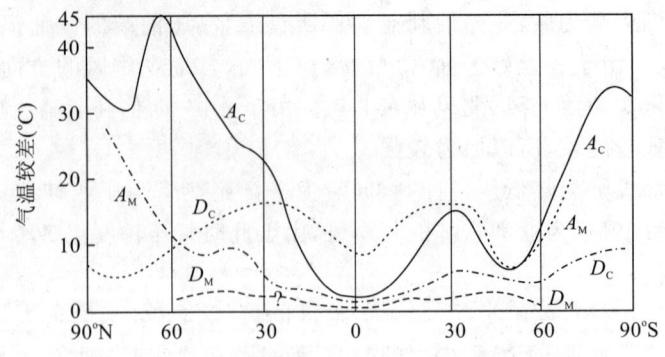

图 3-11　气温年较差、日较差随纬度和海陆的变化

A_C. 大陆气温年较差；A_M. 海洋气温年较差；D_C. 大陆气温日较差；D_M. 海洋气温日较差

得到很好的说明。图 3-12(a)、(b)分别表示太平洋上 T 站(29°N,135°E)、重庆(29°N,106°E)的热量平衡年变化,该两站纬度相同,天文辐射相等。但从辐射差额来讲,T 站所获得的正值净辐射比重庆多。从海-气的总能量交换来看,是冬季多,夏季少。无论显热交换,还是潜热交换,年变化曲线的起伏形势都与辐射差额相反。而重庆(b)曲线的起伏形势是相同的。再看表 3-10,太平洋上 T 站夏季供给空气的显热只有 2.6W/m²,而重庆地面供给空气的显热却有 12.7W/m²,相当于 T 站的 5 倍。显热是能直接使空气增温的,这就使得重庆夏季的气温比 T 站高。而冬季则相反,T 站提供的显热有 48.7W/m²,而重庆为 8.2W/m²。这必然使得重庆冬季的气温比 T 站低得多。相对于重庆来说,T 站是冬暖夏凉,气温的年较差小。重庆则夏热冬寒,气温年较差大。海洋上云量一般比大陆上多,风速较陆上大,这也能减小海上气温的日较差和年较差。

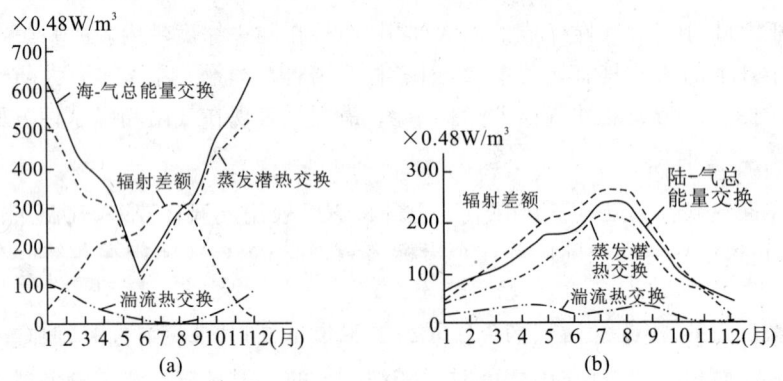

图 3-12　T 站(a)(29°N,135°E)、重庆(b)(29°N,106°E)热量平衡年变化

注：1cal/(cm²·d)=0.482W/m²

表 3-10　海-气、陆-气显热交换与潜热交换的季节变化（W/m²）

站名	冬		春		夏		秋		年平均	
	潜热	显热	潜热	显热	潜热	显热	潜热	显热	潜热	显热
T站	247.4	48.7	157.5	18.9	97.7	2.6	196.9	17.1	149.8	46.0
重庆	22.1	8.2	49.8	18.6	67.7	12.7	45.3	6.8	71.8	11.6

（二）水分标志

海洋性气候年降水量比同纬度大陆性气候多，其一年中降水的分配比较均匀，以冬季为较多。气旋雨发生频率为最大，降水变率小。大陆性气候以对流雨居多，降水集中于夏季，降水变率大。

此外，海洋性气候的绝对湿度和相对湿度一般都比大陆性气候大。海洋性气候的相对湿度年较差小于大陆性气候。

（三）气候大陆度

气候学上为了定量地表示各地气候大陆性程度，采用气候大陆度为指标来衡量。大陆度计算的方法很多，通常以气温年较差（消去纬度影响）和气温的纬度距平为依据。

伊凡诺夫按下述经验公式来计算该地的气候大陆度：

$$K = \frac{A_y + A_d + 0.25D_0}{0.36\delta + 14} \times 100\%$$

式中：A_y 为当地气温年较差；A_d 为年平均气温日较差；D_0 为最干月湿度饱和差；δ 为所在地纬度。

若 $K > 100\%$，则为大陆性气候，百分数越大，大陆性越强；反之，若 $K < 100\%$，则为海洋性气候，百分数越小，海洋性越强。

伊凡诺夫根据该式求出的 K 值，把大陆度分为以下 10 个等级（表 3-11）。

表 3-11　伊凡诺夫大陆度等级

等级	1.极端海洋性	2.强烈海洋性	3.中度海洋性	4.海洋性	5.微弱海洋性	6.微弱大陆性	7.中度大陆性	8.大陆性	9.强烈大陆性	10.极端大陆性
K值(%)	<47	45～56	57～68	69～82	83～100	100～121	122～146	147～177	178～214	>214

波罗佐娃应用1月、7月气温对纬圈距平值来分别计算该两月的大陆度。因为气温距平基本上是由于海洋、大陆以及海陆间热力相互作用所造成的，各个季节

的不同温度差异可以引起海陆间不同的环流特征。环流情况不同,海陆间相互作用的强度也不相同,因此按季节计算的气温距平,特别是冬夏两季的气温距平来表征大陆度更有实际意义。波罗佐娃以 K_1 和 K_7 分别表示1月和7月的大陆度,其计算式如下:

$$K_1 = \frac{A_{max}^+ - A_i}{A_{max}^+ - A_{max}^-} \times 100\%$$

$$K_7 = \frac{A_i - A_{max}^-}{A_{max}^+ - A_{max}^-} \times 100\%$$

式中:A_i 为某纬度上某地的气温距平值;A_{max}^+ 为该纬圈上该月的最大正距平值;A_{max}^- 为该纬圈上该月的最大负距平值。此式适用于 $30°\sim70°N$ 范围内。K 值越大,大陆度越高。

除用气温较差和气温距平表示大陆度外,还有用降水和大陆气团出现频率等来计算大陆度的方法。但由于气候大陆度除受海陆分布影响外,还受大气环流、大陆面积、地形和海流等因素的影响,因此用一个或多个气候要素的简单组合,来表示复杂多变的大陆或海洋对气候影响的程度往往带有片面性。目前尚未有一个公认的完善的计算大陆度公式。

第四节 冰雪覆盖与气候

冰雪覆盖(冰雪圈)是气候系统组成部分之一,它包括季节性雪被、高山冰川、大陆冰盖、永冻土和海冰等。由于它们的物理性质与无冰雪覆盖的陆地和海洋不同,形成了一种特殊性质的下垫面。它们不仅影响其所在地的气候,而且还能对另一洲,甚至另一半球的大气环流、气温和降水产生显著的影响,并能影响全球海平面的高低。在气候形成和变化中冰雪覆盖是一个不可忽视的因子。

一、世界冰雪覆盖概况

冰雪覆盖既需要冰点以下的低温,还必须有充足的固态降水,以维持雪和冰的供应。图3-13给出全球平均气温、平均降水量和雪线高度随纬度的变化。雪线是指某一高度以上,周围视线以内有一半以上为积雪覆盖且终年不化时的高度(snow line)。雪线高度因纬度而异。由图3-13可见,全球最大雪线高度并不出现在赤道,而出现在南北半球的热带和副热带,特别是在其干旱气候区。这些干旱气候区降水供应少,晴天多,又多下沉气流,积雪比较容易融化,而赤道地区降水量大,云量多,日照百分率不如热带、副热带干旱区大,因而最大雪线高度不出现在赤道。随着纬度的继续增高,气温也越降低,在总降水量中雪量的比例逐渐增大,冬

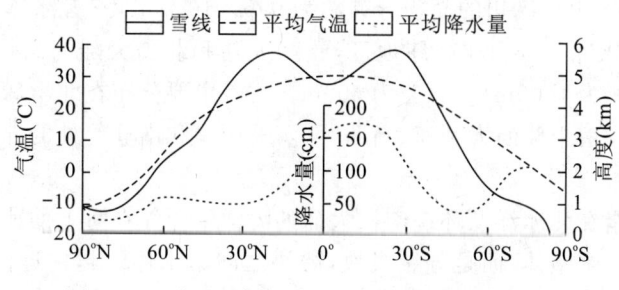

图 3-13 气温、降水量和雪线高度随纬度的变化

长夏短,雪线就逐渐降低。在高纬度地区冬长无夏,地面积雪终年不化,雪线也就降到地平面上。

在同纬度的山地,雪线高度可因种种条件各不相同。例如在冬季,降雪多的地区雪线比较低,在降水集中于夏季的地区,雪线就比较高;向阳坡的积雪比背阳坡易于融化,向风坡的积雪易被吹散,背风坡积雪易于积存;向海洋的湿润坡降雪量大于向内陆的干旱坡。这些都会导致不同坡向雪线高低不同。例如喜马拉雅山南坡雪线高度平均位于 3900m,北坡平均位于 4200m,个别地区雪线高达 6000m。

地球上各种形式的总水量估计为 $1384×10^6 km^3$,其中约有 2.15% 是冻结的。就淡水而言,几乎有 80%～85% 是以冰和雪的形式存在的。自 1966 年秋季开始,人造卫星提供了连续的、大范围的冰雪覆盖资料。从平均值来看,全地球约有 10% 的面积为冰雪所覆盖,现代地球冰雪圈各组成部分所占面积的年平均值如表 3-12 所示。

表 3-12 现代地球冰雪圈

组成	面积 ($×10^6 km^2$)	占地球面积(%)			存留时间(年)
		全球	陆地	海洋	
大陆雪盖	23.7	4.7	15.9		0.01～10
海冰	24.4	4.8		6.7	0.01～10
大陆冰盖	15.4	3.0	10.3		1000～100 000
山岳冰川	0.5	0.1	0.3		10～1000
永冻土	32.0	6.2	21.5		10～1000

大陆雪盖以季节性积雪为主,夏季也有积雪,但面积大为缩小,有时有的地区积雪可维持数年之久,但不稳定。如果积雪长期维持则会转变为大陆冰盖,即大陆冰原。南极冰原是世界上最大的冰原,面积达 $13.6×10^6 km^2$,格陵兰冰原面积约

为 $1.8\times10^6 km^2$,山岳冰川的面积合计约为 $0.5\times10^6 km^2$,三者冰体的体积之比约为 90∶9∶1。永冻土分布在高纬地区,欧亚大陆和北美大陆的高纬地区,其最大深度在西伯利亚为 1400m,在北美为 600m。雪盖主要分布在北半球欧亚大陆和北美大陆。虽然在南半球澳大利亚、新西兰、南美西岸和南非等处的部分高地也有雪盖,但面积较小。

海冰主要指在北冰洋及环绕南极大陆的海洋中漂浮在海上的冰。海冰覆盖在海面并不结成一个整体,而是分裂成块,冰块之间为水体。越接近极区水体越少,越到低纬冰块所占比例越小。

根据人造卫星探测资料,全球冰雪覆盖面积有明显的季节变化和年际变化。表 3-13 列出了南北半球及全球海冰和大陆积雪各月平均值。北半球海冰和雪盖面积均以 2 月为最大,8 月为最小。2 月海冰面积相当于 8 月的 2 倍,雪盖面积相当于 8 月的 10 倍多。南半球海冰面积以 9 月为最大,2 月最小,其 9 月海冰面积约相当于 2 月的 4 倍多。由此可见,南半球海冰面积的季节变化比北半球更大。

表 3-13 南北半球及全球海冰与大陆积雪覆盖面积 (单位:$10^6 km^2$)

项目		月份 1	2	3	4	5	6	7	8	9	10	11	12	年均
北半球	海冰	14.3	14.7	14.7	13.8	12.5	10.9	8.8	7.2	7.3	9.8	11.7	13.4	11.6
	雪盖	46.2	46.7	39.6	30.9	21.0	10.5	5.4	4.3	5.5	19.8	32.0	41.5	25.3
	冰雪	60.5	61.4	54.3	44.7	33.5	21.4	14.2	11.5	12.8	29.6	43.7	54.9	36.9
	冰雪	58.5	60.1	53.7	41.5	32.0	21.5	14.3	11.0	12.4	23.8	39.6	53.5	35.2
南半球	海冰	6.6	4.5	5.3	8.4	11.5	14.5	17.2	19.0	19.6	19.4	16.2	10.8	12.8
	冰雪	19.6	17.3	18.6	21.6	24.6	27.6	29.6	31.1	33.1	34.0	31.9	25.6	26.3
全球	海冰	20.9	19.2	20.0	22.2	24.0	20.4	26.0	26.2	26.9	29.2	27.9	24.2	24.4
	冰雪	78.1	77.4	72.3	63.4	56.6	49.1	44.0	42.3	46.4	57.8	71.5	79.1	61.5

海冰还有明显的年际变化。从 20 世纪 70 年代初到 80 年代初,南半球海冰面积平均减少了 $2.4\times10^6 km^2$,即大约减少了 20%,变化相当激烈。但 80 年代初又有所回升,此后一直到 90 年代初,年际变化都不明显。从近几年资料来看,南半球海冰面积的变化远大于北半球。

大陆雪盖面积的年变化也很显著。在 1967—1979 年中,北美和欧亚大陆雪盖面积分别增加了 $2.0\times10^6 km^2$ 和 $4.0\times10^6 km^2$。但从 70 年代末至 90 年代期间,北半球大陆雪盖面积则减少了大约 $4.0\times10^6 km^2$。

冰雪的另一种特征是新陈代谢率,即固态降水在冰体上的停留时间。由表 3-

12可见,大陆冰盖(冰原)存留的时间最长(1000～100 000年),山岳冰川和永冻土其次(10～1000年),以大陆雪盖和海冰存留时间较短(0.01～10年)。后两者对气候的异常影响特别显著。

二、冰雪覆盖与气温

冰雪覆盖是大气的冷源,它不仅使冰雪覆盖地区的气温降低,而且通过大气环流的作用,可使远方的气温下降。冰雪覆盖面积的季节变化,使全球的平均气温发生相应的季变。图3-14为1月、4月、7月、10月全球及两个半球平均气温。如果不考虑一年中日地距离的变化,作为全球平均,一年四季接受到的太阳辐射应该是一个常数,全球平均气温也应该接近为一个常数,没有显著的季节变化。但事实却不然。图3-14中全球平均的1月气温远低于7月。根据近年日地距离的情况来看,1月接近近日点,1月的天文辐射量比7月约高7%。全球平均气温出现上述情况,显然与冰雪覆盖面积有关。在图3-14中还可发现,北半球和南半球各自的月平均气温均与冰雪覆盖面积呈反相关关系,冰雪面积大,平均气温低。

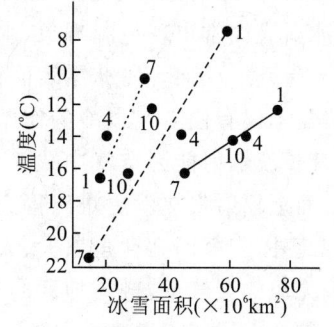

图3-14 北半球、南半球和全球月平均气温与冰地覆盖面积对应值的分布

北半球大陆雪盖面积的年际变化与大陆平均气温的对应关系也很明显。出现雪盖面积正距平的年份,大陆气温即为负距平。而雪盖面积为负距平时,大陆气温即呈现出正距平。

冰雪表面的致冷效应是由于冰雪表面的辐射性质、冰雪与大气的能量交换和水分交换性质而造成的。

(一)冰雪表面的辐射性质

冰雪表面对太阳辐射的反射率很大,一般新雪或紧密而干洁的雪面反射率可达86%～95%;而有孔隙、带灰色的湿雪反射率可降至45%左右。大陆冰原的反射率与雪面相类似。海冰表面反射率在40%～65%左右。由于地面有大范围的冰雪覆盖,导致地球上损失大量的太阳辐射能。这是冰雪致冷的一个重要因素。

地面对长波辐射多为灰体,而雪盖则几乎与黑体相似,其长波辐射能力很强,这就使得雪盖表面由于反射率加大而产生的净辐射亏损进一步加大,增强反射率造成的正反馈效应,使雪面也越变冷。

(二)冰雪-大气间的能量交换和水分交换特性

冰雪表面与大气间的能量交换能力很微弱。冰雪对太阳辐射的透射率和导热率都很小。当冰雪厚度达到 50cm 时,地表与大气之间的热量交换基本上被切断。在北极,海冰的厚度平均为 3m,在南极,海冰的厚度为 1m,大陆冰原的厚度更大。因此,大气就得不到地表的热量输送。特别是由于海冰的隔离效应,有效地削弱海洋向大气的显热和潜热输送,这又是一个致冷因素。

冰雪表面的饱和水汽压比同温度的水面低,冰雪供给空气的水分很少。相反地,冰雪表面常出现逆温现象,水汽压的铅直梯度往往是冰雪表面比低空空气层还低,于是空气反而要向冰雪表面输送热量和水分(水汽在冰雪表面凝华)。所以,冰雪覆盖不仅有使空气致冷的作用,还有致干的作用。冰雪表面上形成的气团冷而干,其长波辐射能因空气中缺乏水汽而大量逸散至宇宙空间,大气逆辐射微弱,冰雪表面上辐射失热就更难以得到补偿。

此外,当太阳高度角增大、太阳辐射增强时,融冰化雪还需消耗大量热能。在春季无风的天气下,融雪地区的气温往往比附近无积雪覆盖区的气温低数十度。

综合上述诸多因素,冰雪表面使气温降低的效应是十分显著的。而气温降低又有利于冰面积的扩大和持久。冰雪和气温之间有明显的正反馈关系。

三、冰雪覆盖与大气环流和降水

冰雪覆盖使气温降低,在冰雪未全部融化之前,附近下垫面和气温都不可能显著高于冰点温度。因此,冰雪又在一定程度上起到使寒冷气候在春夏继续维持稳定的作用。它往往成为冷源影响大气环流和降水。

亚洲东海岸外的鄂霍茨克海在初夏期间是同纬度地带中最寒冷的地区,比亚洲内地寒极附近的雅库次克还要寒冷(表 3-14),其差值在 6、7 两月最显著,而这两月正是我国长江流域的梅雨期。梅雨实质上是从南方来的暖湿空气与从北方来的寒冷空气在长江流域一带持续冲突影响的结果。鄂霍茨克海表面的寒冷使得该海区成为向南移动的主要冷空气源地之一,在梅雨的形成中起了主要的作用。

表 3-14 鄂霍茨克海东南角表层水温与雅库次克气温(℃)

项目\月份	1	2	3	4	5	6	7	8	9	10	11	12
鄂海东南角表层水温	1.42	0.16	-0.09	1.03	3.33	8.31	2.98	16.73	15.60	11.55	10.13	8.56
雅库次克气温	-43.5	-35.3	-22.2	-7.9	5.6	15.5	19.0	14.5	6.0	-8.0	-28.0	-40.0
差值	44.9	35.5	22.1	8.9	-2.3	-7.2	-16.1	2.2	9.6	19.6	38.1	48.6

鄂霍茨克海冰的形成与西伯利亚内陆冬季寒冷的气候有关,整个冬半年寒冷的空气顺着西风气流到达鄂霍茨克海区,使这里温度降低,并逐渐冰冻。这一寒冷效应一直贮存到初夏才发挥它的冷源作用。因此在对梅雨的长期预报时,就必须考虑鄂霍茨克海年初的冰雪覆盖面积。

再如青藏高原冬春的积雪与我国华南5～6月的降水有很好的相关性。大量统计资料表明:若冬春高原多雪,则华南夏季降水偏多,冬春积雪日数与华南6月降水为正相关(图3-15)。

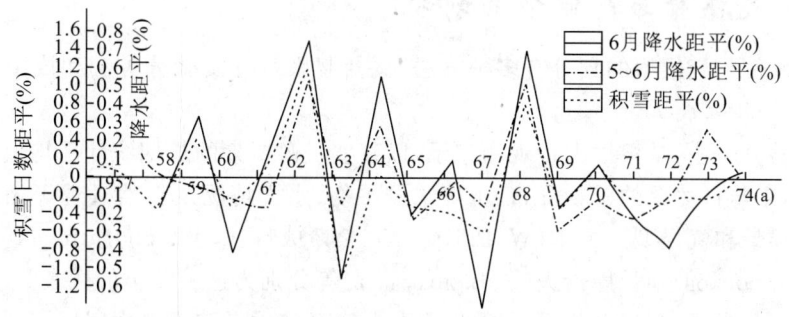

图3-15 青藏高原冬春积雪与华南5～6月降水的关系

冰雪覆盖面积对降水的影响还可涉及到遥远的地区。据研究,南极冰雪状况与我国梅雨也有密切关系。从大气环流形势来看,在南极海冰面积扩展的年份,其后期南极大陆极地反气旋加强,绕极低压带向低纬扩展,整个行星风带向北推进,从而使赤道辐合带北移,并导致北半球的副热带高压亦相应地北移。又由于南极冰况分布有明显的偏心现象,最冷中心偏在东半球(70°～90°E),由此向北呈螺旋状扩展至澳大利亚,由澳大利亚向北推进的冷空气势力更强,因此对北太平洋西部环流的影响更大。

此外,冰雪覆盖面积和厚度的变化还影响海水水平面的高低。在寒冷时期,降雪多而融化少,这样大陆就把水分以冰雪形式留在大陆上,不能通过河川径流等水分外循环形式如数(海洋表面蒸发数量)还给海洋,导致海洋支出的水分多,收入的水分少,海水就会变少,海平面就会下降。相反,在温暖时期,大陆上的积雪就会融化,这时海洋收入的水分又会多于支出的水分,引起海水增多和海平面上升。据估算,如果目前南极大陆冰原全部融化,则世界海洋的海平面要抬升70～80m。

第五节 气候带和气候类型

世界各地区的气候错综复杂,各具特点。但是从形成气候的主要因素和气候的基本特点来分析,可以舍其小异,取其大同,把全世界分成若干气候带和气候型。这样就可以使错综复杂的世界气候系统化,便于研究、比较和了解各地气候的主要特点和形成规律,有利于对气候资源的认识、开发和利用。

一、气候带与气候型的划分

气候带与气候型的划分有多种方法,概括起来可分实验分类法和成因分类法两大类。

实验分类法:是根据大量观测记录,以某些气候要素的长期统计平均值及其季节变化,来与自然界的植物分布、土壤水分平衡、水文情况及自然景观等相对照来划分气候带和气候型。柯本(W. P. Kppen)、桑斯威特(C. W. Thornthwaite)、伊柯夫(A. И. Воеков)和杜库洽夫(B. B. докучасв)等分别为这一分类的代表。

成因分类法:是根据气候形成的辐射因子、环流因子和下垫面因子来划分气候带和气候型。一般是先从辐射和环流来划分气候带;然后再就大陆东西岸位置、海陆影响、地形等因子与环流相结合来确定气候型。这一派的学者很多,最著名的有阿里索夫(B. Л. Агисов)、弗隆(H. Flohn)、特尔真(W. H. Terjung)和斯查勒(A. N. Strahler)等。

确定气候带与气候型的界限是很不容易的。因为某一气候带或某一种气候型是逐渐转变为另一气候带或气候型的,两者之间的分界是渐变的过渡带,不能截然划清。所以地图上画的气候界限是相对的气候过渡带,而不是绝对的界限,但这个界线还是必要的。必须指出,一地的气候是在不断变化着的。各个气候带和气候型的特征,仅仅是其近代气候的平衡状态。围绕着平衡状态的扰动是客观存在的。必须注意其气候距平和气候异常,特别是大气环流的变化,在地区之间有一定的"遥相关型",如厄尔尼诺现象即其一例。目前这方面的研究在气候分类上的应用尚未成熟,但这是一个值得进一步探索的重要课题。本节主要介绍国内外地学上应用最广的三种气候分类法,并提出编者所采用的气候带和气候型。

(一)柯本气候分类法

1. 柯本气候分类法简介

由气候学家柯本于1900年创立。经多次修改,已成为世界上使用最广泛的气候分类法。

柯本以气温和降水为指标,并参照自然植被的分布进行气候分类。首先,将世界气候分为五个气候带并以大写字母表示,即热带气候、干燥气候、温暖气候、寒冷气候、冰雪气候。在五个气候带中,除干燥气候外,均以等温线为界限。具体指标是:A 带以最冷月气温的 18℃ 等温线为界;C 带以 18℃>最冷月气温>-3℃ 的等温线为界;D 带以最冷月气温-3℃,最热月气温>10℃ 等温线为界;E 带以最热月气温<10℃ 的等温线为界。B 带与 A、C、D 带之间,以年平均气温和年降水的关系划界。其次,同一气候带,根据降水量的季节分配划分气候类型。具体指标是:夏季干燥,冬季最湿月降水量至少 3 倍于最干月降水量;冬季干燥,夏季最湿月降水量至少 10 倍于最干月降水量;全年多雨,全年降水量分配均匀,达不到 S 和 W 的分配比例。这样在 A、C、D 三个气候带,分别划分两或三个气候类型。B 带根据干燥程度划分两种气候型。E 带根据最暖月气温 0℃ 为界限划分两种气候型。这样,柯本气候分类将世界气候分为 5 个气候带、12 个气候型。如表 3-15 所示。

表 3-15 柯本气候分类法[表中 r 为年降水量(cm),t 为年平均气温(℃)]

气候带	特征	气候类型	特征
A 热带	全年炎热,最冷月平均气温≥18℃	Af 热带雨林气候	全年多雨,最干月降水量≥6cm
		Aw 热带疏林草原气候	一年中有干季和湿季,最干月降水量小于 6cm 亦小于 $10-\frac{r}{25}$(cm)
		Am 热带季风气候	受季风影响,一年中有一特别多雨的雨季,最干月降水量<6cm 但大于 $10-\frac{r}{25}$(cm)
B 干带	全年降水稀少,根据一年中降水的季节分配,分冬雨区、夏雨区和年雨区来确定干带的界限	Bs 草原气候	冬雨区 * 年雨区 * 夏雨区 * $r<2t$ $r<2(t+7)$ $r<2(t+14)$
		Bw 沙漠气候	$r<t$ $r<t+7$ $r<t+14$
C 温暖带	最热月平均气温>10℃,最冷月平均气温在 0~18℃ 之间	Cs 夏干温暖气候(又称地中海气候)	气候温暖,夏半年最干月降水量<4cm,小于冬季最多雨月降水量的 1/3
		Cw 冬干温暖气候	气候温暖,冬半年最干月降水量小于夏季最多雨月降水量的 1/10
		Cf 常湿温暖气候	气候温暖,全年降水分配均匀,不足上述比例者
D 冷温带	最热月平均气温在 10℃ 以上,最冷月平均气温在 0℃ 以下	Df 常湿冷温气候	冬长、低温,全年降水分配均匀
		Dw 冬干冷温气候	冬长、低温,夏季最多月降水量至少 10 倍于冬季最干月降水量
E 极地带	全年寒冷,最热月平均气温在 10℃ 以下	ET 苔原气候	最热月平均气温在 10℃ 以下,0℃ 以上,可生些苔藓、地衣类植物
		EF 冰原气候	最热月平均气温在 0℃ 以下,终年冰雪不化

2.柯本气候分类法优缺点

柯本气候分类,气候指标严格、界限明确,分类系统简明,并能反映世界自然植被的分布状况。以各级字母组合表示气候带、气候型,含义明确,便于记忆,易在图中表示,一目了然。因此,柯本气候分类曾被世界各国广泛应用,流传至今。柯本气候分类不足之处在于忽视了对气候发生、发展和形成过程的研究。干燥气候的成因受众多因子影响,在 A、C、D 带均有出现,不宜划分独立的气候带。其次,没有考虑高度因素对气候的影响,忽视高地的气温和降水的垂直分布与纬度地带性的差异。

(二)斯查勒气候分类法

1.斯查勒气候分类法简介

斯查勒认为天气是气候的基础,而天气特征和变化又受气团、锋面、气旋和反气旋所支配。因此他首先根据气团源地、分布,锋的位置和它们的季节变化,对全球气候分为三大带,再按桑斯维特气候分类原则中计算可能蒸散量 E_p 和水分平衡的方法,用年总可能蒸散量 E_p、土壤缺水量 D、土壤储水量 S 和土壤多余水量 R 等项来确定气候带和气候型的界限,将全球气候分为 3 个气候带、13 个气候型和若干气候副型,高地气候则另列一类。

可能蒸散量 E_p 系指在水分供应充足的条件下,下垫面最大可能蒸散的水分。E_p 值主要取决于所在地的热量条件,因此,E_p 等值线分布基本上与纬线平行。根据世界 13 000 多个测站的测算资料,以 E_p 值为 130cm 这条等值线作为低纬度与中纬度气候的分界线,以 E_p 为 52.5cm 这条等值线作为中纬度与高纬度气候的分界线。在三个气候带内,再以土壤年总缺水量(D)为 15cm 等值线作为干燥气候与湿润气候的分界线。有的地区一年中有的季节很潮湿,有的季节则非常干燥,则属于干湿季气候型。在湿润气候中,又因土壤多余水量 R 的不同分为三个副型。在干燥气候中也因土壤储水量 S 的多少再分三个副型。此外,还有高地气候一类。

2.斯查勒气候分类法优缺点

斯查勒气候分类法优点:重视气候形成的因素,把高地气候与低地气候区分开来,明确了气候的纬度地带性以及大陆东西岸和内陆的差异性。同时,又和土壤水分收支平衡结合起来,界限清晰,干燥气候与湿润气候的划分明确细致,具有实用价值。斯查勒气候分类法比柯本气候分类法更简单明了,是目前比较好的一种世界气候分类法。

斯查勒气候分类法缺点:主要是对季风气候没有足够的重视。在东亚、南亚和澳大利亚北部是世界季风气候最发达的区域,在应用动力方法进行世界气候分类时,季风这个因子是不容忽视的。在斯查勒气候分类中把我国的副热带季风气候、温带季风气候与北美东部的副热带湿润气候、温带大陆性湿润气候等同起来。又把我国南方的热带季风气候与非洲、南美洲的热带干湿季气候等同起来,这都是不妥当的。

二、低纬度气候

低纬度气候主要受赤道气团和热带气团的控制,全年高温,月平均气温最低也在15℃以上。影响气候的主要环流系统有热带辐合带、信风、赤道西风、热带气旋和副热带高压等。这些系统的季节移动,导致降水量的季节变化。陆地低纬度气候带包括赤道带和热带。它由赤道多雨气候、热带海洋气候、热带季风气候、热带干湿季气候、热带干旱与半干旱等5种气候类型所组成。除热带干旱与半干旱气候分布至南、北纬30°外,其他气候类型均出现在南、北纬25°之内。具体来说,陆地低纬度气候带包括如下几种。

1. 赤道多雨气候

亦称热带雨林气候,主要分布于赤道两侧南、北纬各5°~10°的范围内,各地宽窄不一,包括南美洲的亚马孙平原、非洲的刚果盆地、几内亚湾沿岸和亚洲马来群岛的绝大部分地域。这里地处低纬,是赤道气团的源地,同时位于赤道低压带,南北半球的信风在此辐合上升,多对流雨。全年皆夏,各月平均气温为25~28℃,气温年较差一般小于3℃,日较差可达6~12℃。年平均降水量多在2000mm以上,月降水量最少也超过60mm。地带性土壤为热带雨林砖红壤。

2. 热带海洋性气候

主要分布于南、北纬10°~25°信风带的大陆东岸及热带海洋中的若干岛屿,如加勒比海沿岸及诸岛、巴西高原东侧沿海、非洲马达加斯加东岸、澳大利亚昆士兰州沿岸、夏威夷群岛等。这些地区均处在信风的迎风海岸,终年盛行热带海洋气团,加之信风登陆后遇到沿海山地而抬升,故形成高温多雨的气候,具有海洋性的特点。最热月平均气温在28℃上下,最冷月平均气温在18~25℃之间,年降水量在1000mm以上,一般以5~10月较集中,无明显干季。

3. 热带干湿季气候

亦称热带草原气候,主要分布于赤道多雨气候区的外围,一般可达南、北纬15°左右,也可伸至25°左右,包括非洲的苏丹草原、埃塞俄比亚高原、东非高原和南非高原的北部、南美洲的巴西高原和奥里诺科平原、中美洲的太平洋沿岸以及澳大利亚北部等地区。气候特点是终年高温,有明显的干、湿季之分。干季时受信风控制,盛行热带大陆气团,干燥、少雨;雨季时则受赤道低压带控制,赤道气流辐合带移来时,湿润多雨。植被土壤类型为热带稀树草原红棕色土。

4. 热带季风气候

出现在纬度 10°到回归线附近的亚洲大陆东南部,如我国台湾南部、雷州半岛和海南岛,中南半岛,印度半岛大部,菲律宾,澳大利亚北部沿海等地。在太阳高度角大的季节,赤道低压槽向北伸展到北纬 30°左右,加上海陆热力因子的影响,在南亚次大陆的西北部形成一个热低压,此时盛行从印度洋吹来的西南季风,即夏季风,因降水量多,形成雨季;而在太阳高度角小的季节,赤道低压槽南移,再加上海陆热力的差异,次大陆的西北部有弱高压发育,此时就盛行东北季风,即冬季风,因降水量少,形成干季。全年高温,年平均气温在 20℃以上,年平均降水量一般为 1500～2000mm,甚至更多。

5. 热带干旱与半干旱气候

又称热带沙漠气候,主要分布于南、北回归线两侧的内陆和西部,大体介于南、北纬 15°～30°之间。典型的热带干旱气候区包括非洲的撒哈拉沙漠、卡拉哈里沙漠和纳米布沙漠,西亚的阿拉伯大沙漠,南亚的塔尔沙漠,澳大利亚西部和中部沙漠以及南美西海岸的阿塔卡马沙漠等。这里常年处于副热带高压和信风控制之下,盛行热带大陆气团,气候炎热干燥。例如,世界"热极"和"干极"都出现于本类型区内,非洲索马里半岛北部的柏培拉,曾有极端最高气温 63℃的记录,成为世界"热极";南美智利北部的阿塔卡马沙漠年平均降雨量接近于 0(阿里卡城实测为 0.7mm),从 1845 年至 1936 年的 91 年间从未下雨,被称为世界"干极"。至于热带半干旱气候则分布于干旱气候区的外缘,分别向热带干湿季气候区和亚热带夏干气候区过渡。植被土壤类型为热带荒漠(或荒漠草原)荒漠土。

三、中纬度气候

中纬度气候主要存在于热带气团和极地气团相互角逐的地带。该地带一年中辐射能收支差额的变化比较大,春、夏、秋、冬四季分明,最冷月的平均气温在 15～18℃以下,有 4～12 月平均气温在 10℃以上。全年可能蒸散量在 1300～525mm 之间,影响气候的主要环流系统有极锋、盛行西风、温带气旋和反气旋、副热带高压和热带气旋等。天气的非周期性变化和降水的季节变化都很显著。再加上北半球中纬度地带大陆面积较大,海陆的热力对比和高耸庞大地形的影响,使得本带气候更加错综复杂。本带共分 8 个气候型。

1. 副热带干旱与半干旱气候

该气候型位于热带,在热带干旱气候向高纬度的一侧,在南北纬 25°～35°的大陆西岸和内陆地区。它也是在副热带高压下沉气流和信风带背岸风的作用下形成的,可分两个亚型。

(1)副热带干旱气候:亦具有少云、少雨、日照强和夏季气温特高等特征。如尤马最热月平均最高温高达33℃,但凉季气温比5a型低,气温年较差达20℃以上。凉季有少量气旋雨,土壤蓄水量略大于5a型。

(2)副热带半干旱气候:位于6a区外缘。夏季气温比6a型低,如北非利比亚的班加西盛夏最热月平均气温为26℃,冬季降水量比6a型稍多。

2. 副热带季风气候

副热带季风气候位于副热带亚欧大陆东岸,约以30°N为中心,向南北各伸展5°左右。它是热带海洋气团与极地大陆气团交绥角逐的地带,夏秋间又受热带气旋活动的影响。典型台站为上海。一年中冬季风来自大陆,夏季风来自海洋。夏热冬温,最热月平均气温在22℃以上,最冷月在0~15℃,年较差在15~25℃。可以出现短时间霜冻,无霜期在240天以上。四季分明,降水量在750~1000mm以上,夏雨较集中,无明显干季。

3. 副热带湿润气候

位于南北美洲、非洲和澳大利亚大陆副热带东岸。由于所处大陆面积小,未形成季风气候。典型台站为查尔斯顿。这里冬夏温差比季风区小,一年中降水分配比季风区均匀。

4. 副热带夏干气候(地中海气候)

该带位于副热带大陆西岸,纬度30°~40°之间的地带,包括地中海沿岸、美国加利福尼亚州沿岸、南非和澳大利亚南端。这里受副热带高压季节移动的影响,在夏季正位于副高中心范围之内或在其东缘,气流是下沉的,因此干燥少雨,日照强烈。冬季副高移向较低纬度,这里受极锋影响,锋面气旋活动频繁,带来大量降水。全年降水量在300~1000mm左右。冬季气温比较暖和,最冷月平均气温在4~10℃左右。因夏温不同,分为凉夏型、暖夏型两个亚型。

5. 温带海洋性气候

分布在温带大陆西岸,纬度在40°~60°,包括欧洲西部、阿拉斯加南部、加拿大的哥伦比亚、美国华盛顿和俄勒冈两州、南美洲40°~60°S西岸、澳大利亚的东南角(包括塔斯马尼亚岛)和新西兰等地。这些地区终年盛行西风,受温带海洋气团控制,沿岸有暖洋流经过。冬暖夏凉,最冷月气温在0℃以上,如布勒斯特为7.2℃,最热月在22℃以下,气温年较差小,为6~14℃。全年湿润有雨,冬季较多,年降水量为750~1000mm,迎风山地可达2000mm以上。

6. 温带季风气候

出现在亚欧大陆东岸纬度35°~55°地带,包括中国的华北和东北、朝鲜大部、日本北部及俄罗斯远东部分地区。以北京为例,冬季盛行偏北风,寒冷干燥,最冷月平均气温在 0℃ 以下,南北气温差别大。夏季盛行东南风,温暖湿润,最热月平均气温在 20℃ 以上,南北温差小。气温年较差比较大,全年降水量集中于夏季,降水分布由南向北,由沿海向内陆减少,天气的非周期性变化显著,冬季寒潮爆发时,气温在 24h 内可下降 10℃,甚至 20℃。

7. 温带大陆性湿润气候

出现在亚欧大陆温带海洋性气候区的东侧,北美 100°W 以东的温带地区。典型台站为莫斯科。冬季寒冷,有少量气旋性降水,这是由于由海洋吹来的西风入陆较深,海洋气团已经变性的缘故。夏季降水量较多,但不像季风区那样高度集中。

8. 温带干旱与半干旱气候

温带干旱与半干旱气候区在北半球占有很大面积,分布在 35°～50°N 的亚洲和北美大陆中心部分。终年在大陆气团控制下,因此气候干燥。在南半球南美洲南端阿根廷的大西洋冷洋流沿岸,正当西风带的雨影区域,又有安第斯山脉屏峙,西风过山后下沉,因此全年少雨形成巴塔哥尼亚干旱气候区。因干旱程度不同又可分两个亚型。

在中纬度的副热带季风气候和湿润气候中,以常绿阔叶林较多。在地中海气候中,因夏季干燥,树叶多是坚硬革质化的,自然景观以硬叶常绿灌木林为主。在温带海洋性气候、温带季风气候和温带大陆性湿润气候三种气候类型区域中,自然植被在偏南地区以夏绿阔叶林为主,愈向北方因冬温愈低,阔叶树较难生长,乃逐渐混有大量针叶树种,因此称为针阔混交林。在干旱气候区,只有耐旱力极强的小灌木和草类能够生长,自然景观为各种性质的荒漠。在半干旱气候区,因水分条件较好,自然景观为草原。

四、高纬度气候

高纬度气候带盛行极地气团和冰洋气团。在冰洋气团与极地气团交绥的冰洋锋上有气旋活动,自西向东移进。这里地-气系统的辐射差额为负值,所以气温低,无真正的夏季。空气中水汽含量少,降水量小,但因蒸发弱,年可能蒸散量小于 525mm,又因有冻土,排水不畅,所以没有干旱型。随着纬度的变化,可分为三个气候型。

1. 副极地大陆性气候

分布在 50°N 或 55°～65°N 地区,包括亚欧大陆的斯堪的纳维亚半岛(南部除外)、芬兰、俄罗斯大部以及北美从阿拉斯加经加拿大到拉布拉多和纽芬兰的大部。年可能蒸散量在 35～525mm 之间。这里冬季长而严寒,一年中至少有 9 个月为冬季。加拿大的沃米利恩堡和俄罗斯的雅库次克一年中分别有6~7个月月平均气温在0℃以下,在10℃以上的只有3个月,植物生长期一般只有50~75天。该气候型所在地区冬季黑夜时间长,正午高度角小,在亚欧大陆中部和偏东地区又为冷高压中心,风小、云少、地面辐射冷却剧烈,大陆性最强,冬温极低。在西伯利亚的维尔霍扬斯克1月平均气温竟低到-50℃,而附近的绝对最低气温曾降至-73℃,有世界"寒极"之称。夏季白昼时间长,7月平均气温在15℃以上,气温年较差特大。全年降水量甚少,在东西伯利亚不超过380mm,在加拿大不超过500mm,集中于暖季降落,冬雪较少,但蒸发弱,融化慢,每年有5~7个月的积雪覆盖,积雪厚度在600~700mm,土壤冻结现象严重。由于暖季温度适中(在10℃以上)又有一定降水量,适宜针叶林生长,又称为雪林气候。

2. 极地长寒气候(苔原气候)

分布在北美洲和亚欧大陆的北部边缘、格陵兰沿海的一部分和北冰洋中的若干岛屿中。在南半球则分布在马尔维纳斯群岛(福克兰群岛)、南设得兰群岛和南奥克尼群岛等地。年可能蒸散量小于350mm。全年皆冬,一年中只有1~4个月月平均气温在0~10℃。其纬度位置已接近或位于极圈以内,所以极昼、极夜现象已很明显。在极夜期间气温很低,但因邻近海洋比前述的副极地大陆性气候尚稍高,如乌佩尼维克位于格陵兰西岸,其最冷月平均气温为-23.3℃。内陆地区比沿海更冷,一般可达-30~-40℃。最热月平均气温在1~5℃,个别晴暖天气中,气温能升到25℃,但在7~8月份,夜间气温仍可降到0℃以下。在冰洋锋上有一定降水,但因气温低,空气含水汽小,一般年降水量在200~300mm。在内陆地区尚不足200mm,大都为干雪,暖季为雨或湿雪。由于风速大,常形成雪雾,能见度不佳,地面积雪面积不大。这里冬季严寒程度虽稍逊于副极地大陆性气候,但因最热月平均气温低于10℃,冻土层接近地表,暖季水分不能下渗,引起土壤表层停滞积水,土温更加降低,限制了乔木的生长,自然植被只有苔藓、地衣和小灌木等,构成了苔原景观。这里又称为苔原气候区。

3. 极地冰原气候

极地冰原气候出现在格陵兰、南极大陆和北冰洋的若干岛屿上。这里是冰洋气团和南极气团的源地,全年严寒,各月平均气温皆在0℃以下,具有全球的最低年平均气温。北极地区年平均气温约为-22.3℃,南极大陆为-28.9~-35℃。一年中有长时期的极昼、极夜现象。全年降水量小于250mm,皆为干雪,不会融化,长期累积形成很厚冰原。长年大风,寒风夹雪,能见度恶劣。

第六节 城市气候

城市是人类活动的中心,在城市里人口密集,下垫面变化最大。工商业和交通运输频繁,耗能最多,有大量温室气体、"人为热"、"人为水汽"、微尘和污染物排放至大气中。因此人类活动对气候的影响在城市中表现最为突出。城市气候是在区域气候背景上,经过城市化后,在人类活动影响下而形成的一种特殊局地气候。

一、形成原因

(一)下垫面因素

1. 下垫面不透水面积大

城市中除部分绿地外,大部分为人工铺砌的道路、广场建筑物和构筑物,其下垫面不透水面积远比郊区绿野为大。降雨后,雨水很快从排水管道流失,因此其可供蒸发的水分比郊区少。在能量平衡中其所获得的净辐射 Q_n 用于蒸散的潜热 Q_E 远比郊区少,而用于下垫面增温和向空气输送的显热 Q_H 则比郊区多;另一方面以沥青、水泥和砖石等为主的下垫面具有较大导热率 K,通过地-气热交换,这就使得城区下垫面温度比郊区高,形成"城市下垫面温度热岛",并通过湍流交换和长波辐射使城区气温高于郊区。

河南省气候中心 1994 年 7 月 10 日在郑州市区不同地面环境测点的空气温度进行了观测,日平均气温以市中心广场(二七广场)最高达 31.8℃,公园草坪上最低为 30.3℃;日最高气温以市中心广场最高达 37.2℃,而树荫完全遮蔽,无太阳直射,最高气温只有 34.9℃;日最低气温以树荫下最高为 27.9℃,公园草坪最低为 27.4℃。

2. 下垫面的几何形状

城市中建筑物参差错落,形成许多高宽比不同的"城市街谷"。在白天太阳照射下,由于街谷中墙壁与墙壁间,墙壁与地面之间,多次的反射和吸收,在其他条件相同的情况下,能够比郊区获得较多的太阳辐射能,如果墙壁和屋顶涂刷较深的颜色,则其反射率会更小,吸收的太阳能将更多,并因为墙壁、屋顶和地面的建筑材料又具有较大的导热率和热容量,"城市街谷"在日间吸收和储存的热能远比郊区多。

其次,"城市街谷"中天穹可见度比空旷郊区小,在街谷底部长波辐射能的交换中,其长波逆辐射值除来自大气的逆辐射外,还有墙壁、屋檐等向下方的长波辐射。因此,其长波净辐射的热能损失就比郊区旷野小,再加上城市街谷中风速又比较小,热量不易外散,这些都导致其气温高于郊区。现代城市以钢铁、水泥、砖瓦、土石、玻璃为材料的各种建筑物下垫面的刚性、弹性、比热等物理特性与自然地表不同,从而改变了气候反射表面和辐射表面的特性,也改变了表面附近热交换和表面气体动力粗糙度。

(二)人为热源

1. 人口因素

人口自身就是一个热源,城市人口密度远远大于农村人口密度。以北京为例,市区仅占全市6%的面积,却集中了50%的人口。2007年常住人口为1633万人,5个人口密集区分别为宣武、东城、西城、崇文、朝阳,人口密度分别为29 243、21 783、21 031、18 099、6594人/km²;分别是郊县延庆县人口密度(143.4人/km²)的204、152、147、126、46倍。再加上每一位居民冬季取暖、夏季降温、家庭生活等活动释放出的热量,形成了巨大的热源。

2. 工业经济活动能源消费

城市工业生产、交通运输等各类经济活动消耗大量的能源。据了解,北京市区仅占全市6%的面积、80%的建筑、60%的工业产值和80%的能源消耗。再以武汉市用电量为例,根据武汉市统计局统计,2008年全社会用电总计286.4338×10¹⁰ kW·h,农、林、牧、渔业合计用电4.6272×10¹⁰ kW·h;仅占总用电量的1.6%。其他均为工业、交通、商业等城市经济活动所消费,且大量的消费在城市中进行。

(三)大气成分改变

大气中二氧化碳、二氧化硫等气体成分的含量不断增加,其最主要的原因是城市化、工业化发展的结果。

1. 二氧化碳(CO_2)

过去100多年间,人类一直依赖石油、煤炭等化石燃料来提供生产生活所需的能源,燃烧这些化石能源排放的二氧化碳等温室气体是使得温室效应增强、进而引发全球气候变化的主要原因。还有约1/5的温室气体是由于破坏森林、减少了吸收二氧化碳的能力而排放的。根据中国碳排放计算器提供的资料:燃烧1kg标准煤相当于排放了2.493kg二氧化碳;燃烧1kg汽油相当于排放了3.15kg二氧化碳;燃烧1kg柴油相当于3.06kg二氧化碳。

目前在中国,煤炭在能源消费总量中占主导地位。1979年至2005年,煤炭资源消费在总能源消费中的平均比重为72.4%。在各种能源消费量的相对变化上,虽然煤炭占总能源消费量的比重呈现缓慢下降的趋势,但其绝对消费量却在不断上升,目前煤炭消费约占67%。国际上目前的能源消费仍然以是石油、天然气、煤炭为主。

2. 二氧化硫（SO_2）

二氧化硫主要由燃煤及燃料油等含硫物质燃烧产生，其次是来自自然界，如火山爆发、森林起火等产生。二氧化硫对人体的结膜和上呼吸道黏膜有强烈刺激性，可损伤呼吸器管导致支气管炎、肺炎，甚至肺水肿，呼吸麻痹。短期接触二氧化硫浓度为 $0.5mg/m^3$ 空气的老年或慢性病人死亡率增高，浓度高于 $0.25mg/m^3$，可使呼吸道疾病患者病情恶化。长期接触浓度为 $0.1mg/m^3$ 空气的人群呼吸系统病症增加。另外，二氧化硫对金属材料、房屋建筑、棉纺化纤织品、皮革纸张等制品容易引起腐蚀、剥落、褪色而损坏。还可使植物叶片变黄甚至枯死。国家环境质量标准规定，居住区日平均浓度低于 $0.15mg/m^3$，年平均浓度低于 $0.06mg/m^3$。

3. 氮氧化物（NO_x）

空气中含氮的氧化物有一氧化二氮（N_2O）、一氧化氮（NO）、二氧化氮（NO_2）、三氧化二氮（N_2O_3）等，其中占主要成分的是一氧化氮和二氧化氮，以 NO_x（氮氧化物）表示。NO_x 污染主要来源于生产、生活中所用的煤、石油等燃料燃烧的产物（包括汽车及一切内燃机燃烧排放的 NO_x）；其次是来自生产或使用硝酸的工厂排放的尾气。当 NO_x 与碳氢化物共存于空气中时，经阳光紫外线照射，发生光化学反应，产生一种光化学烟雾，它是一种有毒性的二次污染物。NO_2 比 NO 的毒性高 4 倍，可引起肺损害，甚至造成肺水肿。慢性中毒可致气管、肺病变。吸入 NO，可引起变性血红蛋白的形成并对中枢神经系统产生影响。NO_x 对动物的影响浓度大致为 $1.0mg/m^3$，对患者的影响浓度大致为 $0.2mg/m^3$。国家环境质量标准规定，居住区的平均浓度低于 $0.10mg/m^3$，年平均浓度低于 $0.05mg/m^3$。

4. 悬浮颗粒物

悬浮颗粒物是悬浮于大气中的固体、液体颗粒状物质的总称。大气悬浮颗粒物的形状、密度、粒径大小，光、电、磁学等物理性质及化学组成，随其形成和来源的不同有很大差异，可分为一次颗粒物和二次颗粒物。实际大气中的悬浮颗粒物往往是有许多不同化学组成、不同粒径的颗粒聚集在一起的混合体。所以它没有恒定的化学计量的组成。在城市大气悬浮颗粒物中发现有几十种金属、非金属元素和几百种有机化合物。

从悬浮颗粒物的来源，可分为天然来源，如土壤尘、火山灰雾、海洋浪沫，一般为粗颗粒（粒径 $1\sim500\mu m$）；人为来源，如工业排放的粉尘、化石燃料燃烧的烟尘、汽车排气中的颗粒物以及农药喷雾、喷气式飞机的排放物等，颗粒的粒径较小，一般直径小于 $2\mu m$。大气中颗粒物的粒径范围很宽，从 $0.001\mu m$ 到 $1000\mu m$ 以上。不同粒径的颗粒物在大气中悬浮的时间不同，一般粒径大于 $50\mu m$ 的颗粒物受重力作用很快沉降到地面，在大气中滞留为几分钟至几小时。粒径为 $0.1\mu m$ 的颗粒则可在大气中滞留几年,硫酸盐颗粒(或称硫酸盐气溶胶)的粒径为 0.1~1μm,故能长时间悬浮于大气中而远距离迁移,所以悬浮颗粒物的污染布及区域,甚至超越国界。小于 10μm 的颗粒物(即飘尘或可吸入沉)对人体健康影响较大,尤以 2~4μm 的颗粒物在支气管和肺泡中的沉积率最大。小于 1μm 的颗粒物对可见光有很强的散射作用,它会造成大气能见度的降低。

二、城市气候典型特征

在 20 世纪 80 年代初期美国学者兰兹葆曾将城市与郊区各气候要素的对比总结如表 3-16 所示。从大量观测事实来看,城市气候的特征可归纳为城市"五岛"效应(混浊岛、热岛、干岛、湿岛、雨岛)和风速减小、多变。

表 3-16 城市与郊区气候特征比较

要　素	市区与郊区比较
大气污染物	凝结核比郊区多 10 倍,微粒多 10 倍,气体混合物多 5~25 倍
辐射与日照	太阳总辐射少 0~20%,紫外辐射:冬季少 30%,夏季少 5%,日照时数少 5%~15%
云和雾	总云量多 5%~10%;雾:冬季多 1 倍,夏季多 30%
降　水	降水总量多 5%~15%,<5mm 雨日数多 10%,雷暴多 10%~15%
降雪量	城区少 5%~10%,城区下风方多 10%
气　温	年平均高 0.5~3.0℃,冬季平均最低高 1~2℃,夏季平均最高高 1~3℃
相对湿度	年平均小 6%,冬季小 2%,夏季小 8%
风　速	年平均小 20%~30%,大阵风少 10%~20%,静风日数少 5%~20%

(一)城市混浊岛

投射到地表的太阳辐射,可以分为两部分:一部分是以平行光线方式射来的直接阳光,称为太阳直接辐射 S;另一部分是太阳辐射经过地球大气圈时,受大气分子、悬浮颗粒物和云中水滴反射作用的太阳辐射部分,即散射辐射 D。在相同强度的太阳辐射下,混浊空气中的散射粒子多,其散射辐射比干洁空气强,直接辐射则大为削弱。气象学者乃以 D/S 表示大气的混浊度,又称混浊度因子。城市中因工业生产、交通运输和居民炉灶等排放出的烟尘污染物比郊区多。以上海为例,根据近 27 年的辐射资料统计,平均上海台站的混浊度 D/S 为 1.17,比同时期 10 个郊区站的混浊度 D/S 平均要大 15.8%,城区呈现出一个明显的混浊岛,在国外许多城市也都有类似现象。

城市混浊岛效应主要表现在四个方面。

第一，城市大气中的污染物质比郊区多，仅就凝结核一项而论，在海洋上大气平均凝结核含量为 940 粒/cm³，绝对最大值为 39 800 粒/cm³；而在大城市的空气中平均为 147 000 粒/cm³，为海洋上的 156 倍，绝对最大值竟达 4 000 000 粒/cm³，也超出海洋上绝对最大值 100 倍以上。

第二，城市大气中因凝结核多，低空的热力湍流和机械湍流又比较强，因此其低云量和以低云量为标准的阴天日数（低云量≥8 的日数）远比郊区多。据上海 1980—1989 年资料统计，城区平均低云量为 4.0，郊区为 2.9。城区一年中阴天（低云量≥8）日数为 60 天，而郊区平均只有 31 天，晴天（低云量≤2）则相反，城区为 132 天，而郊区平均却有 178 天。欧美大城市如慕尼黑、布达佩斯和纽约等亦观测到类似的现象。

第三，城市大气中因污染物和低云量多，使日照时数减少，太阳直接辐射（S）大大削弱，因而散射粒子多，其太阳散射辐射（D）却比干洁空气中为强。在以 D/S 表示的大气混浊度（又称混浊度因子）的地区分布上，城区明显大于郊区。根据上海 1959—1985 年观测资料统计计算，上海城区混浊度因子比同时期郊区平均高 15.8%。

第四，城市混浊岛效应还表现在城区的能见度小于郊区。这是因为城市大气中颗粒状污染物多，它们对光线有散射和吸收作用，有减小能见度的效应。当城区空气中二氧化氮 NO_2 浓度极大时，会使天空呈棕褐色，在这样的天色背景下，使分辨目标物的距离发生困难，造成视程障碍。此外城市中由于汽车排出废气中的一次污染物——氮氧化合物和碳氢化物，在强烈阳光照射下，经光化学反应会形成一种浅蓝色烟雾，称为光化学烟雾，能导致城市能见度恶化。美国洛杉矶、日本东京和我国兰州等城市均有此现象。

(二) 城市热岛效应

根据大量观测事实证明，城市气温比其四周郊区经常为高。特别是当天气晴朗无风时，城区气温 T_u 与郊区气温 T_r 的差值 ΔT_{u-r}（又称热岛强度）更大。城市热岛表现在以下几方面。

1. 空气温度

热岛效应与天气有关。以武汉为例，2009 年 1 月 30 日天气晴朗，白天最高气温城内较郊外高 0.3℃，但在夜间温差逐渐加大，到早晨 8 点左右时温差达到最大，达到 2.2℃。城市热岛强度的日变化，主要是因为城郊热量收支状况不同所造成的。郊区在日落后净辐射转为负值，其他热量的补充又很少，而城区有大量的人为热源补充。而在阴天条件下城市热岛效应的日变化相对较小。

国内外许多城市气候观测研究表明，在晴朗天气条件下，热岛强度大都是夜间

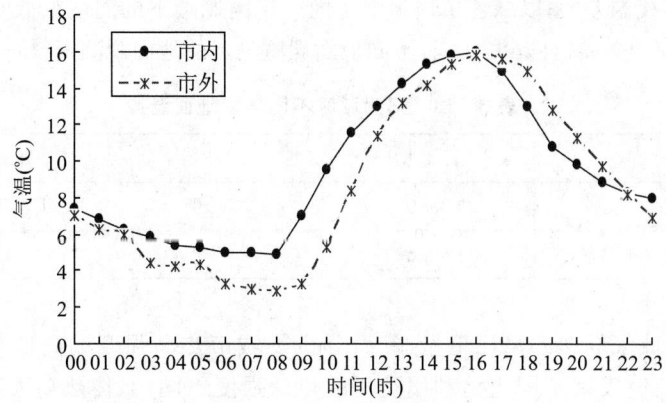

图 3-16 晴天条件下武汉城区与郊区温度变化

强、白昼弱。郑州市各季热岛强度也具有夜间强、白昼弱的特点(表 3-17),如冬季夜间 02 时平均热岛强度为 3.3℃,14 时平均热岛强度为 0.9℃,二者差 2.4℃。年平均热岛强度也以夜间 02 时为最大,午间 14 时为最小(图 3-17)。

表 3-17 郑州城市四季各观测时次热岛强度　　　　　　(单位:℃)

时次/时	02h	08h	14h	20h
冬季	3.3	3.1	0.9	3.0
春季	3.9	1.6	1.1	2.7
夏季	1.2	1.0	0.1	1.0
秋季	2.7	1.4	0.6	2.4

城市热岛强度存在明显的季节变化,尤其是在寒冷城市更是如此。以我国北方城市为例,热岛强度冬强夏弱的原因是地处季风气候区,冬季受干冷的西伯利亚气团控制,湿度小,云量少,气温低,大气层结稳定,下垫面辐射冷却剧烈。由于冬季正值采暖期,人为释放热量多,补偿了一部分辐射失去的热量;加之大气中烟尘、CO_2 等温室气体浓度增大,逆辐射增强,致使城市温度明显高于郊区。夏季,由于云量增多,空气潮湿,大气逆辐射增强,冲淡了城市热岛效应;且大气层结不稳定,大气低层 CO_2 等温室气体浓度比冬季小,致使城市热岛效应较冬季弱。

2. 地面(地表)温度

不同地面环境气温(地表温度)的差异在日平均、极端最高(低)统计项目上都有反映,以日平均和极端最高地表温度差异最明显。夏季宽阔而少树的街道和广场温度显著偏高,昼夜温差大;以绿色植物为下垫面或树荫遮蔽下的温度偏低明显,昼夜温差小。表3-18是1994年7月10日不同地面环境测点的地面观测资料。

表3-18 郑州城区不同环境地面温度

测站点	日平均	日最高	日最低
中心广场	35.0	50.9	27.2
公园(草坪)	30.5	45.2	24.5

武汉区域气候中心采用卫星遥感,分析了城市热岛强度的高低与其土地利用类型关系,研究发现不同土地利用类型的热岛强度不同,水体热岛强度最低,林地、草地、居民地、道路、未利用地和工业用地依次增加(图3-17)。这是因为水体的比热较大,虽然水体吸收太阳辐射较多,但不易增温,成为城市中的低温区。而植被的遮挡和蒸腾作用,可以有效缓解地面升温;道路、未利用地和工业用地是由于其下垫面多为钢筋混凝土、砖石和沥青等,它们吸热放热迅速,导致该地区的温度明显高于周边其他地区,是热岛形成的主要因素。进一步计算发现,植被覆盖率每提高10%,热岛强度约下降1.1℃。

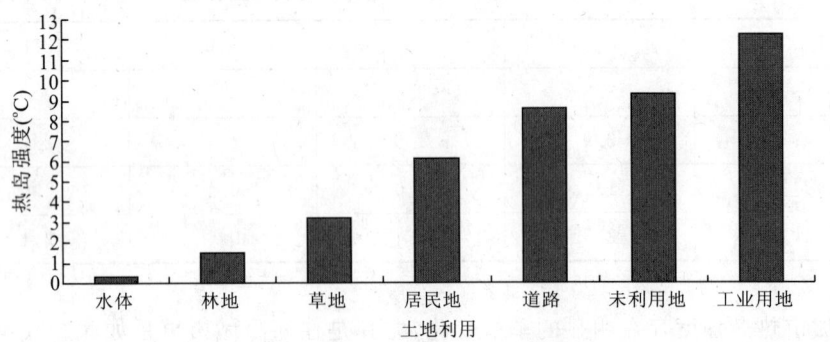

图3-17 不同土地利用类型的平均热岛强度

从20世纪80年代开始,随着城市化进程的加快,武汉市城区面积不断扩大,不少湖泊被填埋,造成水域面积不断减少,一些林地、草地被改成工商业用地致使城区植被覆盖率逐步降低。而水体、绿地等易降温的土地利用类型面积不断减少,同时道路、工商业用地等易增温的土地利用类型面积不断扩大,导致武汉城市热岛效应的不断加剧。

(三)城市干岛和湿岛效应

城市对大气湿度的影响比较复杂。以上海为例,1984—1990年的7年间城市

11个站水汽压的平均值与同时期周围近郊4个站平均水汽压相比较,皆是城区低于郊区,呈现出"城市干岛"效应(表3-19)。干岛平均强度(指城区平均水汽压低于郊区平均水汽压之值)以7月份为最大(0.56hPa),1月份差值(绝对值)最小(仅0.02hPa)。但城郊水汽压的差值有明显的日变化。如果按一天中4个观测时刻(02时、08时、14时、20时)分别计算其平均值,则发现在一年中从4月到10月,夜间02时城区平均水汽压却大于同时刻的郊区平均水汽压,出现明显的"城市湿岛"。湿岛平均强度以8月份为最大。以1984年为例,在当年8月份02时城区水汽压比郊区水汽压大0.6hPa,其最大差值达2.0hPa,而在白昼08时、14时则相反,城区显著低于郊区,尤以午后14时干岛强度最大,在当年7、8两个月14时平均干岛强度分别为1.7hPa和1.6hPa,干岛最大强度皆为3.0hPa,在20时城区与郊区水汽压相差不大,常出现弱干岛。这种城市干岛与城市湿岛昼夜交替的现象在欧美许多城市亦经常出现于暖季。

  上述现象的形成,既有下垫面因素,又与天气条件密切相关。在白天太阳照射下,下垫面通过蒸散(含蒸发和植物蒸腾)过程而进入低层空气中的水汽量,城区却小于郊区,特别是在盛夏季节,郊区农作物生长茂密,城、郊之间自然蒸散量的差值更大。城区由于下垫面粗糙度大(建筑群密集、高低不齐),又有热岛效应,其机械湍流和热力湍流都比郊区强。通过湍流的垂直交换,城区低层水汽向上层空气的输送量又比郊区多,这两者都导致城区近地面的水汽压小于郊区,形成"城市干岛"。到了夜晚,风速减小,空气层结稳定,郊区气温下降快,饱和水汽压减低,有大量水汽在地表凝结成露水,存留于低层空气中的水汽量少,水汽压迅速降低,城区因有热岛效应,其凝露量远比郊区少,夜晚湍流弱,与上层空气间的水汽交换量小,城区近地面的水汽压乃高于郊区,出现"城市湿岛"。这种由于城郊凝露量不同而形成的城市湿岛称为凝露湿岛。它大都在日落后1~4小时内形成,在日出后因郊区气温升高,露水蒸发,很快又转变成"城市干岛",在城市干岛和湿岛出现时必伴有城市热岛。通过对上海1984年全年逐日逐个观测时刻大气中水汽压的城、郊对比分析,还发现上海城市湿岛的形成,除上述凝露湿岛外,还有结霜湿岛、雾天湿岛、雨天湿岛和雪天湿岛,它们都必须在风小而伴有城市热岛时才能出现。

表3-19 上海各月平均水汽压和相对湿度的城郊对比(1984—1990年)

月 项目	1	2	3	4	5	6	7	8	9	10	11	12	年均
$\Delta \bar{e}_{u-r}$(hPa)	-0.02	-0.03	-0.11	-0.17	-0.33	-0.19	-0.56	-0.55	-0.50	-0.35	-0.06	-0.03	-0.02
ΔRH_{u-r}(%)	-5.00	-4.75	-5.00	-6.00	-5.45	-4.00	-5.00	-5.50	-6.50	-6.70	-4.75	-4.25	-5.2

在国外,城市干岛与湿岛的研究以英国的莱斯特、加拿大的埃德蒙顿、美国的芝加哥和圣路易斯等城市著称。其关于城市湿岛的形成多数归因于城郊凝露量的差异,少数论及因城区融雪比郊区快,在郊区尚有积雪时,城区因雪水融化蒸发,空气中水汽压增高,因而形成城市湿岛。

(四)城市雨岛效应

城市对降水的影响问题,国际上存在着不少争论。美国曾在其中部平原密苏里州的圣路易斯城及其附近郊区设置了稠密的雨量观测网,运用先进技术进行持续 5 年的观测研究,证实了城市及其下风方向确有"雨岛效应"。综合分析上海地区 170 多个雨量观测站点的资料,结合天气形势,进行众多个例分析和分类统计,发现上海城市对降水的影响以汛期(5~9月)暴雨比较明显,在上海近 30 年汛期降水分布图上,城区的降水量明显高于郊区,呈现出清晰的城市雨岛,在非汛期(10月至次年 4 月)及年平均雨量图上则无此现象。

城市雨岛形成的条件是在大气环流较弱,有利于在城区产生降水的大尺度天气形势下,由于城市热岛所产生的局地气流的辐合上升,有利于对流雨的发展;下垫面粗糙度大,对移动滞缓的降雨系统有阻障效应,使其移速更为缓慢,延长城区降雨时间;再加上城区空气中凝结核多,其化学组分不同,粒径大小不一,当有较多大核(如硝酸盐类)存在时有促进暖云降水作用,上述多种因素的影响,会"诱导"暴雨最大强度的落点位于市区及其下风方向,形成城市雨岛。

第七节 山地气候

一、地形与气温

地形与气温的关系十分复杂,大地形的宏观影响能对大范围内的气温分布和变化产生明显作用,局部地形的影响也能使短距离内的气温有很大的差别。

(一)高大地形对气温的影响

绵亘的高山山系和庞大的高原是气流运行的阻碍,它们对寒潮和热浪移动都有相当大的障壁作用,同时它们本身的辐射差额和热量平衡情况又具有其独特性,因此它们对气温的影响是非常显著而广泛的。以我国青藏高原为例简述如下。

1. 机械阻挡作用

青藏高原海拔高,面积大,位于 29°~40°N 之间,南北约跨 10 个纬度,东西约跨 35 个经度,有相当大的面积,海拔在 5000m 以上,有一系列的山峰超过7000~8000m,占据对流层中低部,犹如大气海洋中的一个巨大岛屿,对于冬季层结稳定而厚度又不大的冷空气是一个较难越过的障碍。从西伯利亚西部侵入我国的寒潮一般都是通过准噶尔盆地,经河西走廊、黄土高原而直下东部平原,这就导致我国东部热带、副热带地区的冬季气温远比受西藏高原屏障的印度半岛北部低。表3-20中印度半岛北部其冬季各月平均气温皆分别比同纬度、同高度温度高,沅陵位于高原以东的平原上,寒潮畅通无阻,而德里又位于高原以南的正中地位,屏障效应十分显著。

表3-20 印度半岛北部与我国同纬度地区冬半年气温(℃)的比较

地点	北纬	海拔高度(m)	10月	11月	12月	1月	2月
德里	28°35′	220	25.9	20.2	15.7	14.3	17.3
沅陵	28°30′	200	17.6	12.1	6.8	4.5	6.2
两地温差			8.3	8.1	8.9	9.8	11.1
加尔各答	22°32′	6	26.8	23.3	20.4	19.5	22.1
香港	22°18′	33	24.6	20.9	17.3	15.7	15.2
两地温差			2.2	2.4	3.1	3.8	6.9

冬季西风气流遇到青藏高原的阻障被迫分支,分别沿高原绕行。从冬季北半球700hPa与500hPa月平均气温图上可以清楚地看出,在高原北部冬季各月都是西北侧暖于东北侧,高原南半部,则东南侧暖于西南侧,这显然是受到上述分支冷暖平流的影响所致。因西风在高原西侧发生分支,于是高原西北侧为暖平流,西南侧为冷平流,绕过高原之后,气流辐合,东北侧为冷平流,东南侧为暖平流。

夏季青藏高原对南来暖湿气流的北上,也有一定的阻挡作用,不过暖湿气流一般具有不稳定层结,比冷空气易于爬越山地。从夏季月平均气温分布图上可以看出,由巴基斯坦北部和东北部阿萨姆两个地区总是有两个伸向西藏方向的暖舌,其中有一部分暖湿气流越过高原南部的山口或河谷凹地,流入高原南部,这是形成雅鲁藏布江谷地由东向西伸展的暖区的重要原因。

青藏高原阻滞作用对气温的影响,不仅出现在对流层低层,也波及到对流层中层。根据我国衢县与同纬度德里各高度上月平均气温的比较,可以看出在500hPa及其以下各层的气温皆是衢县低于德里,尤其是冬半年的差异更大。

2. 热力作用

将青藏高原地面的气温与同高度的自由大气相比,冬季高原气温偏低,夏季则偏高。根据观测资料分析计算表明,高原地-气系统逐月向四周大气输送热量。从11月至翌年2月是四周大气向高原地-气系统提供热量,这时青藏高原是个冷源,其强度以12月、1月份为最大,向四周自由大气吸收热量600J/(cm²·d)。春夏季青藏高原是个强大的热源,其强度以6月、7月份为最大,向四周大气提供热量850J/(cm²·d)以上。就全年平均而论,青藏高原地-气系统是一个热源。冬季青藏高原的冷区偏于高原的西部。夏季的暖区范围很广,整个对流层的温度都是高原比四周高,再往高层暖区范围扩大,到了100hPa层上,温度分布出现高纬暖、低纬冷的现象。

(二)中小地形对气温的影响

中小地形对气温的影响也是相当复杂的。首先由于坡地方位不同,日照和辐射条件各异,导致土温和气温都有明显的差异。在我国多数山地是南坡的温度高于北坡,古诗咏大庾岭的梅花,有"南枝向暖北枝寒,一样春风有两般"之句,就是山坡两侧气温殊异的极好写照。据庐山实测资料,南坡1.5m高度的气温在6~9月与同高度山顶相比,晴天平均高2.1℃,多云天高1.8℃,阴天高1.5℃,雨天高0.8℃,在有冷平流时可高2.6~3.3℃;北坡的气温在4~6月与同高度的山顶相比,晴天平均低0.8℃,多云天低0.6℃,阴低0.4℃。

其次,地形凹凸和形态的不同,对气温也有明显的影响。在凸起地形如山顶,因与陆面接触面积小,受到地面日间增热、夜间冷却的影响较小,又因风速较大,湍流交换强,再加上夜间地面附近的冷空气可以沿坡下沉,而交换来自由大气中较暖的空气,因此气温日较差、年较差皆较小;凹陷地形则相反,气流不通畅,湍流交换弱,又处于周围山坡的围绕之中,白天在强烈阳光下,地温急剧增高,影响下层气温,夜间地面散热快,又因冷气流的下沉,谷底和盆地底部特别寒冷,因此气温日较差很大。

第三,随着海拔高度升高气温下降。根据我国多数山区实测资料来看,平均而言,每上升100米气温降低0.4~0.6℃。大都是夏季气温递减率大,冬季递减率小;南坡递减率大,北坡递减率小。冬季大陆偏北风盛行,海拔低的地方冬温不高,其气温随高度递减率较小。夏季偏南风盛行,加以低层日射增温比较强烈,因此气温随海拔高度增加的递减率增大。

二、地形与地方性风

(一)山谷风

因山坡和谷地上空自由大气的热力变化不同而引起的一种在山地常见的局地环流,称为山谷风。白天,山坡接受太阳光热较多,成为一只小小的"加热炉",空气增温较多;而山谷上空,因离地较远,增温较少,于是山坡上的暖空气不断上升,并在上层从山坡流向谷地,谷底的空气则沿山坡向山顶补充,这样便在山坡与山谷之间形成一个热力环流。下层风由谷底吹向山坡,称为谷风。到了夜间,山坡上的空气受山坡辐射冷却影响,"加热炉"变成了"冷却器",空气降温较多;而谷地上空,同高度的空气因离地面较远,降温较少。于是山坡上的冷空气因密度大,顺山坡流入谷地,谷底的空气因汇合而上升,并从上面向山顶上空流去,形成与白天相反的热力环流。下层风由山坡吹向谷地,称为山风。山谷风的周期为一昼夜,在晴朗少云的静稳天气条件下,山谷风比较明显。同时,由于白天山坡受热造成的温差比夜间辐射冷却所造成的温差大,所以一般谷风风速大于山风风速。

图 3-18　谷风(a)和山风(b)

(二)焚风

沿着背风山坡向下吹的热干风叫焚风。当气流过山时,在向风坡空气爬升、冷却,同时空气中水汽凝结形成降水,由于空气中水汽凝结而释放出热量的补充,使空气上升时冷却的速率减慢,大约 0.5~0.6℃/100m,过山后,在背风坡已成为缺少水汽的干空气,它沿坡下沉升温的速率是 1℃/100m,气流成了又干又热的干热风,通常称为焚风。这种在向风坡成云致雨,在背风坡形成干热风的整个过程称为"焚风效应"。产生焚风的地区,气温迅速升高,空气湿度降低,容易引起火灾,庄稼倒伏减产,在高山还可以使大量积雪融化,造成洪水泛滥。

焚风是山地经常出现的一种现象,白天夜晚都可出现。例如偏西气流经过太行山下降时,位于太行山东麓的石家庄就会出现焚风。其他如亚洲的阿尔泰山、欧洲的阿尔卑斯山、北美的落基山等都是著名的焚风出现区。

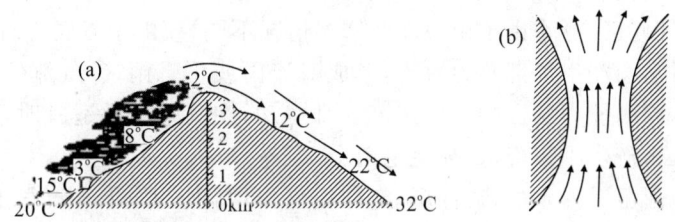

图 3-19　焚风的形成(a)和峡谷风的形成(b)

(三)布拉风

布拉风和焚风一样也是气流过山时沿坡产生的下滑风,但它的性质不像焚风那样干热,而是干冷。这是由于产生布拉风的气流所越过的山脉一般不算太高,下沉增温不明显,当气流沿山坡迅速下滑时位能转化成动能,产生冷冽的大风。这种风在俄罗斯高加索山脉为冷高压,黑海上为暖低压时,越过瓦拉特山脉(海拔400~650m)时极易发生,黑海的诺城是世界上布拉风最典型和频繁的地区。

(四)峡谷风

当空气由开阔地区进入山地峡谷口时,气流的横截面积减小,由于空气质量不可能在这里堆积,于是气流加速前进(流体的连续性原理),从而形成强风,这种风称为峡谷风。在我国的台湾海峡、松辽平原等地,两侧都有山岭,地形像喇叭管。当气流直灌管口时,经常出现比附近地区风速大得多的风,就是这个缘故。

这种自然界中出现的"狭管效应"现象,在我们的生活中也会出现。如我们打开室内对开的两扇窗户,会感觉风有所加大,这就是人们常说的"穿堂风"。在高楼大厦林立的城市,两座毗邻的高楼之间也会出现这种情况,高层楼宇间的狭窄地带风力比起平地要强得多。

三、地形与降水

地形既能影响降水的形成,又影响降水的分布和强度。一山之隔,山前山后往往干湿悬殊,使局地气候产生显著的差异。

(一)地形与降水的形成

迎风山地对降水的形成有促进作用,这主要是由于:①原来空气层结是对流性不稳定或条件性不稳定的,风经过山地的机械阻障作用,引起气流的抬升运动,空气达到凝结高度后,在上述层结条件下,能加速上升运动的继续发展,凝云致雨;②当低压系统或锋面移到山地时,因地形的阻障作用,使低压系统或锋面移动滞缓,因而导致气旋雨或锋面雨雨时延长,强度增大;③当气流进入谷地时,由于喇叭口效应,引起气流辐合上升,如果空气潮湿,层结条件又适宜时,就会产生降水;④在大陆性气候区,夏季由于山坡南北增温情况不同,或由于谷底与山坡增温比谷上空气增温快,会产生局部热力对流,形成对流雨或雷暴雨;⑤气流经过崎岖不平的地形区域,因摩擦力的影响产生湍流上升运动,在其他条件适宜时,往往形成低层云或层积云,产生小量降水,如毛毛雨、小雨等。

总之,地形虽对降水的形成有一定的促进作用,但是如果气流很干燥,即使遇到山地有抬升作用,也不能产生降水。而且气流在运行时遇到山地,是爬过去或者是绕山而过,这还要视气流的方向与山脉的交角以及空气的层结稳定度而异,如果气流方向与山脉垂直则抬升的机会大,与山脉平行则以绕行为主。如果空气层结十分稳定,有抑制垂直运动的作用,也难形成降水。

(二)地形对降水分布的影响

地形对降水分布的影响十分复杂,高大地形如青藏高原对亚洲降水分布影响范围极广。据气候模式研究结果:如果没有青藏高原存在,夏季的西南季风只能到达印度洋的南部,我国大部分地区都是偏西风和西北风,受下沉气流控制。因此大陆将是水汽很少的干燥气候,即使印度和缅甸,也不会有现在这样的充沛雨量。而青藏高原的存在,对大规模气流的影响,首先诱使热带西南季风向印度、缅甸侵袭,造成高原雨季,同时西南季风的一部分长驱深入,到达我国东部形成江南雨区。如果没有青藏高原,那我国西部的干旱将更为严重,东部也将属于干旱气候。在青藏高原隆起之前,大约距今几千万年以前,从我国北方到长江流域都是广阔的干旱气候带,在喜马拉雅造山运动以后,距今几百万年时,大高原抬升,才建立了亚洲的季风气候地形,对降水分布的影响还与坡向和高度有密切关系。

当海洋气流与山地坡向垂直或交角较大时,则迎风坡多成为"雨坡",背风坡则成为"雨影"区域,这可以从北美洲加利福尼亚海岸的圣克鲁斯附近到内华达高原一线地形与年降雨量之间的关系看出(图3-20)。当地盛行西风,自太平洋吹来,正好与南北向的海岸山脉垂直相交,在迎风坡气流上升,至山顶降水量达第一高峰。背风坡气流下沉,降水量即锐减。从图3-20中可见,图上部的年降水量分布形势与当地地形的起伏十分相似。当西来气流翻越内华达山脉后已经变得很干燥,因此内华达高原所获得的降水量只有170mm,比迎风坡少90%以上。

又例如在夏季青藏高原南坡正对来自印度洋的西南季风的迎风坡,降水量特丰沛,最著名的如乞拉朋齐的年平均降水量超过11 000mm,最多年降水量高达26 461.2mm,其中7月份的降水量就有9300mm。西南季风到达高原上空时,水分已经大大减少,因此高原夏季雨量不大。例如地处喜马拉雅山脉主峰北麓的定日,海拔约为4300m,年降水量仅为318.5mm,再跨过高原,降水量更少于100mm。

在迎风山地,由山脚向上,降水量起初是随着高度的增加而递增的,达到一定高度降水量最大。过此高度后,降水量又随着高度的增加而递减,此一定高度称为最大降水量高度(H)。H所在的高度因气候条件和地区而异,一般是气候愈潮湿,大气层结愈不稳定,H愈低。例如印度西南沿海山地空气异常潮湿,其最大降水高度H一般都在500~700m之间。我国皖浙山地如黄山、天目山其H大致在1000m左右。气候干燥的新疆山地H则出现在2000~4000m间。西藏高原H从高原外围向内部逐渐增高。在几个主要水汽来向的迎风面H皆在2000m以下,其中喜马拉雅山西端和印度北部最大降水高度H仅在1500m左右。高原内部因气候干燥大部分地区H都在5000m左右。

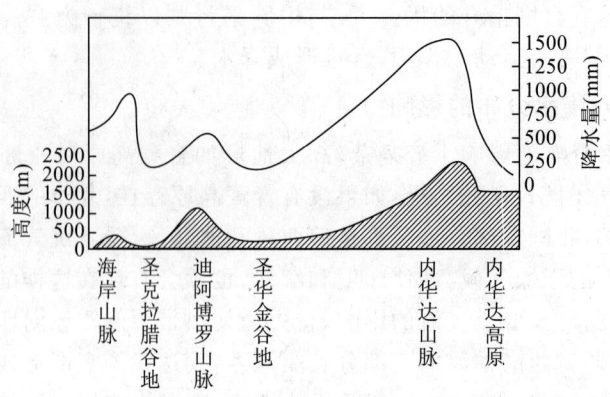

图 3-20　北加利福尼亚的年平均降水量与地形之间的关系

综上所述,高大山脉不仅本身具有特别的气候特征,而且还影响邻近地区的气候。有些山脉可以阻障或改变气流的活动情况,使北来的寒潮不易南下,南来的暖流滞缓北上,又可使湿润气团的水分在迎风坡大量成为降水降落,背风坡则变得异常干燥。所以在山脉两侧的气候可以出现极大的差异,往往成为气候区域的分界线。我国秦岭山脉就是一个佳例。秦岭山脉横亘东西,其一般高度在 2000～3000m,使冬季风的南下与夏季风的北上受到阻障,使华北、华中气候显然不同,成为我国北亚热带与南温带气候的重要分界线。

第四章

气候变化概述

地球上各种自然现象都在不断地变化之中,气候也不例外。根据观测事实,地球上的气候一直不停地呈波浪式发展,冷暖干湿相互交替,变化的周期长短不一。研究地球气候变化的历史,弄清现代气候变化的趋势,具有重大的理论意义,更为我们按照气候演变规律,采取适当措施及早预防和抗御异常气候灾害,合理地利用气候资源,改造气候条件提供科学依据,其实用价值愈来愈明确。

本章着重论述气候变化的历史事实,探讨导致气候变化的因素和人类活动对气候变化的影响。

第一节 气候变化的史实

地球形成为行星的时间尺度为 50 ± 5 亿年。据地质沉积层的推断,约在 20 亿年前地球上就有大气圈和水圈。地球气候史的上限,可追溯到 20 ± 2 亿年。据地质考古资料、历史文献记载和气候观测记录分析,世界上的气候都经历着长度为几十年到几亿年为周期的气候变化。现在为科学界所公认的有:

大冰期与大间冰期气候:时间尺度约为几百万年到几亿年。

亚冰期气候与亚间冰期气候:时间尺度约为几十万年。

副冰期与副间冰期气候:时间尺度约为几万年。

寒冷期(或小冰期)与温暖期(或小间冰期)气候:时间尺度约为几百年到几千年。

世纪及世纪内的气候变动:时间尺度为几年到几十年。

从时间尺度和研究方法来看,地球气候变化史可分为三个阶段:地质时期的气候变化、历史时期的气候变化和近代气候变化。地质时期气候变化时间跨度最大,从距今 22 亿～1 万年,其最大特点是冰期与间冰期交替出现。历史时期气候一般指 1 万年左右以来的气候。近代气候是指最近一、二百年有气象观测记录时期的气候。

一、地质时期的气候变化

地球古气候史的时间划分,采用地质年代表示。在漫长的古气候变迁过程中,反复经历过几次大冰期气候。下面我们将比较详细描述,其中震旦纪大冰期、石炭-二叠纪大冰期和第四纪大冰期这三个大冰期都具有全球性的意义,发生的时间也比较确定。震旦纪以前,还有过大冰期的反复出现,其出现时间目前尚有不同意见。在大冰期之间是比较温暖的大间冰期。

1. 震旦纪大冰期气候

震旦纪大冰期发生在距今约6亿年前。根据古地质研究,在亚、欧、非、北美和澳大利亚的大部分地区中,都发现了冰碛层,说明这些地方曾经发生过具有世界规模的大冰川气候。在我国长江中下游广大地区都有震旦纪冰碛层,表示这里曾经历过寒冷的大冰期气候。而在目前黄河以北地区震旦纪地层中分布有石膏层和龟裂纹现象,说明那里当时曾是温暖而干燥的气候。

2. 寒武纪—石炭纪大间冰期气候

寒武纪—石炭纪大间冰期发生在距今3亿~6亿年前。这里包括寒武纪、奥陶纪、志留纪、泥盆纪和石炭纪五个地质时期,共经历3.3亿年,都属于大间冰期气候。当时整个世界气候都比较温暖,特别是石炭纪是古气候中典型的温和湿润气候。当时森林面积极广,最后形成大规模的煤层,树木缺少年轮,说明当时树木终年都能均匀生长,具有海洋性气候特征,没有明显季节区别。在我国石炭纪时期,全国都处于热带气候条件下,到了石炭纪后期出现三个气候带,自北而南分布着湿润气候带、干燥带和热带。

3. 石炭-二叠纪大冰期

石炭-二叠纪大冰期发生在距今2亿~3亿年。从所发现的冰川迹象表明,受到这次冰期气候影响的主要是南半球。在北半球除印度外,目前还未找到可靠的冰川遗迹。这时我国仍具有温暖湿润气候带、干燥带和炎热潮湿气候带。

4. 三叠纪-第三纪大间冰期气候

三叠纪-第三纪大间冰期发生在距今约2亿~200万年前,包括整个中生代的三叠纪、侏罗纪、白垩纪,都是温暖的气候。到新生代的第三纪时,世界气候更趋暖化,共计约为2.2亿年。在我国三叠纪的气候特征是西部和西北部普遍为干燥气候。到侏罗纪,我国地层普遍分布着煤、粘土和耐火粘土等,由此可以认为我国当时普遍在湿热气候控制下。侏罗纪后期到白垩纪是干燥气候发展的时期,当时我国曾出现一条明显的干燥气候带。西起新疆经天山、甘肃,向南伸至大渡河下游到江西南部都有干燥气候下的石膏层发育。到了新生代的早第三纪,世界气候更普遍变暖,格陵兰具有温带树种,我国当时的沉积物大多带有红色,说明我国当时的气候比较炎热。晚第三纪时,东亚大陆东部气候趋于湿润。晚第三纪末期世界气温普遍下降,喜热植物逐渐南退。

5. 第四纪大冰期气候

第四纪大冰期约从距今 200 万年前开始直到现在。当冰期最盛时在北半球有三个主要大陆冰川中心,即斯堪的那维亚冰川中心,冰川曾向低纬伸展到 51°N 左右;北美冰川中心:冰流曾向低纬伸展到 38°N 左右;西伯利亚冰川中心:冰层分布于北极圈附近 60°～70°N 之间,有时可能伸展到 50°N 的贝加尔湖附近。估计当时陆地有 24% 的面积为冰所覆盖,还有 20% 的面积为永冻土,这是冰川最盛时的情况。在这次大冰期中,气候变动很大,冰川有多次进退。根据对欧洲阿尔卑斯山区第四纪山岳冰川的研究,确定第四纪大冰期中有 5 个亚冰期。在中国也发现不少第四纪冰川遗迹,定出 4 次亚冰期。在亚冰期内,平均气温约比现代低 8～12℃。在两个亚冰期之间的亚间冰期内,气温比现代高。北极约比现代高 10℃ 以上,低纬地区约比现代高 5.5℃ 左右。覆盖在中纬度的冰盖消失,甚至极地冰盖整个消失。在每个亚冰期之中,气候也有波动,例如在大理亚冰期中就至少有 5 次冷期(或称副冰期),而其间为相对温暖时期(或称副间冰期)。每个相对温暖时期一般维持 1 万年左右。目前正处于一个相对温暖的后期。

据研究,在距今 1.8 万年前为第四纪冰川最盛时期,一直到 1.65 万年前,冰川开始融化,大约在 1 万年前大理亚冰期(相当于欧洲武木亚冰期)消退,北半球各大陆的气候带分布和气候条件基本上形成为现代气候。

二、历史时期的气候变化

自第四纪更新世晚期,距今 1 万年左右的时期开始,全球进入冰后期。挪威的冰川学家曾作出冰后期的近 1 万年来挪威的雪线升降图(图 4-1)。从图上来看,近 1 万年雪线升降幅度并不小,它表明这期间世界气候有两次大的波动:一次是公元前 5000 年到公元前 1500 年的最适气候期,当时气温比现在高 3～4℃;一次是 15 世纪以来的寒冷气候,其中 1550～1850 年为冰后期以来最寒冷的阶段,称小冰河期,当时气温比现在低 1～2℃。中国近 5000 年来的气温变化大体上与近 5000 年来挪威雪线的变化相似。

根据对历史文献记载和考古发掘等有关资料的分析,可以将 5000 年来我国的气候划分为 4 个温暖时期和 4 个寒冷时期(表 4-1)。

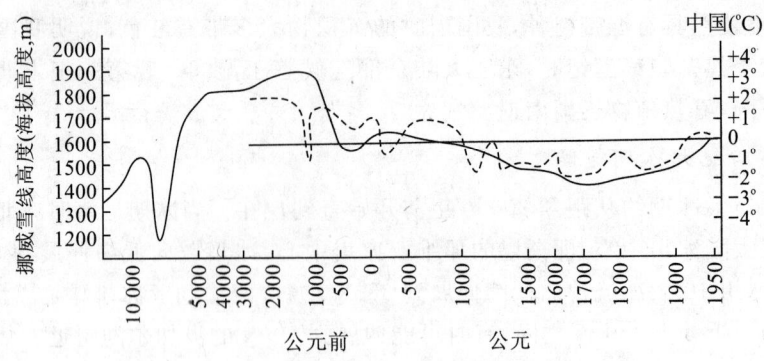

图 4-1 近 1 万年来挪威雪线高度(实线)和近 5000 年来中国气温(虚线)变迁图(竺可桢,1973)

表 4-1 我国近 5000 年的寒暖变化:4 个温暖时期和 4 个寒冷时期

时　　　期	气象征候
第一次温暖时期 公元前 3500 年—1000 年左右(仰韶文化到河南安阳殷墟时代)	黄河流域有象、水牛和竹等。估计当时大部分时间年平均气温比现在高 2℃,1 月温度约比现在高 3～5℃,年降水量比现在多 200mm 以上,是我国近 5000 年来最温暖的时代
第一次寒冷时期 公元前 1000 年—公元前 850 年 (西周时期)	《竹书纪年》中记载有公元前 903 年和公元前 897 年汉水两次结冰,紧接着又是大旱,气候寒冷干燥
第二次温暖时期 公元前 770 年—公元初(秦汉时期)	气候温暖湿润,《春秋》中提到鲁国(今山东)冬天没有冰,《史记》写到当时竹、梅等亚热带植物分布界限偏北,表明当时气候比现在暖湿
第二次寒冷时期 公元初—6 世纪(东汉、三国到六朝)	据史书记载,公元 225 年淮河结冰,在公元 366 年前后从昌黎到营口的渤海海面连续三年全部结冰,物候比现在晚 15～28 天
第三次温暖时期 7—9 世纪(隋唐时期)	公元 650 年、669 年和 678 年的冬季,当时长安(今西安)无冰雪,梅和柑桔都能在关中地区生长。8 世纪梅树生长于皇宫,9 世纪初西安还种有梅花
第三次寒冷时期 10—12 世纪(宋代)	华北已无野生梅树。公元 1111 年太湖全部冻结。公元 1131—1260 年杭州每 10 年降雪最迟日期是 4 月 9 日比 12 世纪以前推迟 1 个月左右。公元 1153—1155 年苏州附近的南运河经常结冰,福建的荔枝两次冻死(公元 1110 年和 1178 年),当时的气候比现在寒冷得多
第四次温暖时期 13 世纪(元代)	短时期回暖。公元 1200 年、1213 年、1216 年杭州无任何冰雪。元代初西安等地又重新设立"竹监司"的衙门管理竹类,显示气候转暖
第四次寒冷时期 15—19 世纪末(明清时期)	长达 500 年。当时极端初霜冻日期平均比现在提高 25～30 天,极端终霜日期平均比现在推迟约 1 个月。北京附近的运河封冻期比现在长 50 天左右。估计 17 世纪的冬温要比现在低 2℃ 左右

综上所述,在近5000年的最初2000年中,大部分时间的年平均温度比现在高2℃左右,是最适气候期。从公元前1000年的周朝初期以后,气候有一系列的冷暖变动。其分期的特征是:温暖期愈来愈短,温暖的程度愈来愈低。从生物分布可以看出这一趋势。例如,在第一个温暖时期,我国黄河流域发现有象;在第二个温暖时期象群栖息北限就移到淮河流域及其以南,公元前659—627年淮河流域有象栖息;第三个温暖时期就只在长江以南,例如,信安(浙江衢县)和广东、云南才有象。而5000年中的四个寒冷时期相反,长度愈来愈大,程度愈来愈强。从江河封冻可以看出这一趋势。在第二个寒冷时期只有淮河封冻的例子(公元225年),第三个寒冷时期出现了太湖封冻的情况(公元1111年),而在第四个寒冷时期的17世纪(如公元1670年)长江也出现封冻现象。

三、近代气候变化

1. 温度和降水

近百余年来由于有了大量的气温观测记录,区域的和全球的气温序列不必再用代用资料。由于各个学者所获得的观测资料和处理计算方法不尽相同,所得出的结论也不完全一致。但总的趋势是大同小异的。研究结果表明,自1861年至2000年,全球表面年平均温度上升了0.4~0.8℃,20世纪可能是近千年中地表增温速率最大的一个世纪,在北半球,20世纪90年代很可能是近百年中最暖的一个十年,1998年是最暖的一年。上述结果比IPCC第二次评估报告所公布的(19世纪末至1994年)高出了0..15℃,这主要是由于1995—2000年地表温度资料的加入以及统计方法的进一步改进的结果(图4-2)。

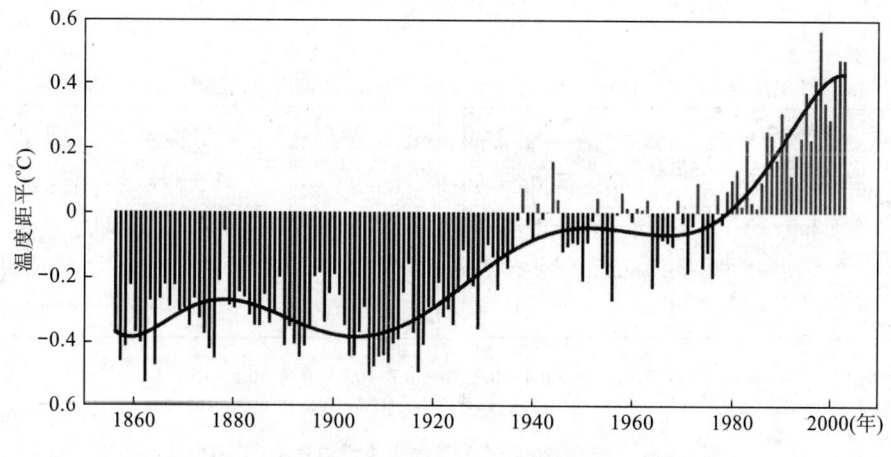

图4-2 1861—2000年全球平均地表温度距平

不同时期、不同季节全球地表温度的增加速率存在明显差异。通过对不同时段增温趋势进行分析发现,1910—1945年和1976—2000年两个时期的增温速率相对较大,其中后一个时期的增温速率最大,特别是以北半球中高纬地区最为明显,个别地区的增温速率高达1℃/10年以上(图4-3);而1946—1975年间,北半球大部分地区的年平均温度存在着下降的趋势。

在1976—2000年间,全球地表冬季平均温度升高最为显著,特别是以北半球中高纬地区更为明显,春季的增温幅度次之;而秋季的增温幅度最弱,某些地区还表现为降温趋势;夏季增温也比较弱(图4-4)。

总体上看,近百年来的地表年平均温度在全球绝大多数地区均表现为增高趋势。在海洋上的部分地区,特别是南半球海洋上的一些区域,温度呈现微弱下降趋势。全球地表温度变化还存在着明显的季节差异,20世纪70年代中期以来的增温以冬季和春季最为明显,秋季和夏季比较弱。

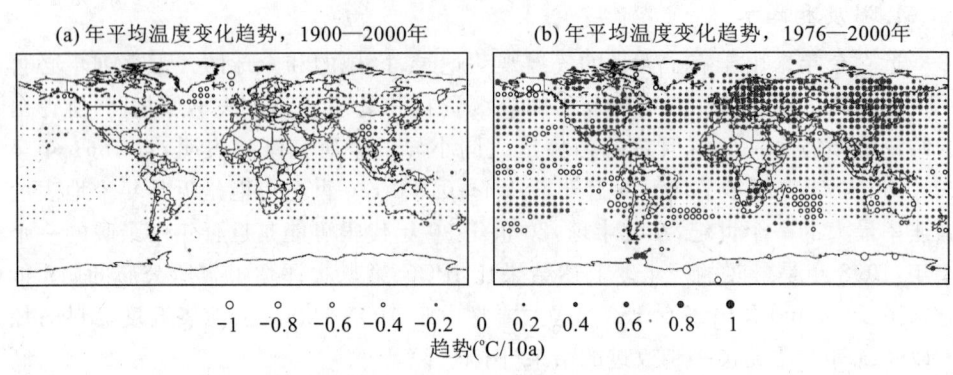

图4-3　1901—2000年不同时期增温速率(℃/10a)

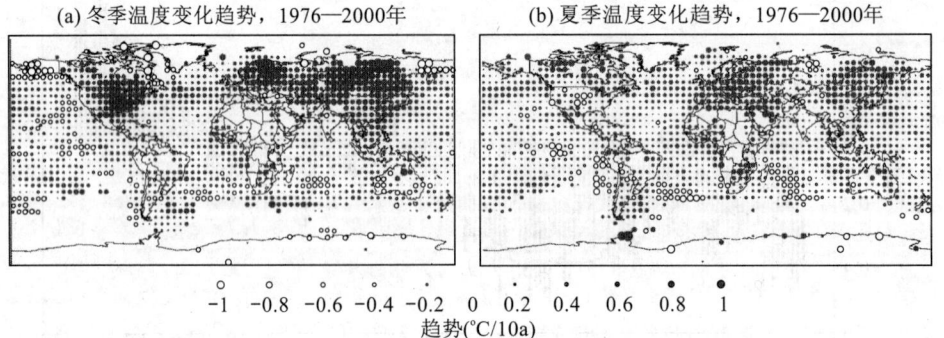

图4-4　1976—2000年冬季与夏季增温速率(℃/10a)

但是,在全球增暖最明显的近 20 多年里,卫星微波探测技术获取的全球对流层中下层温度数据却给出了相互矛盾的结论。由于卫星资料的覆盖面非常广,除极地和高山(如喜马拉雅山)外,几乎覆盖了全球所有地区,包括沙漠、海洋、热带雨林等难以实施常规观测的地区。最近有研究者发现,从具有完整卫星观测数据的 1978 年底开始,卫星资料的分析表明,对流层中低层大气温度也在明显升高,Y. Konstantin 等专家研究认为增暖速率达到 0.22~0.26℃/10a,这和同期地球表层温度变化速率比较接近。J. Christy 给出了中间估计值,认为在 1978—2003 年期间,对流层中低层大气平均温度上升了 0.19℃,其中北半球平均上升了 0.37℃,而南半球的升温还不到 0.02℃;过去 25 年间全球对流层中下层平均增暖速率约为 0.08℃/10a,仍明显弱于同期地球表层温度增暖速率。

准确估计全球平均降水量的变化趋势还很困难。有研究表明,20 世纪全球陆地上的降水增加了 2%左右,但显然各个地区实际的变化并不一致。北半球中高纬度大陆地区降水的增多更明显,北纬 30°~85°陆地地区降水量平均增幅达7%~12%,且以秋冬季节最为显著。北美洲大部分地区 20 世纪降水增幅为 5%~10%;欧洲北部地区在 20 世纪后半叶降水明显增多;1891 年以来,苏联东经 90°以西地区降水增加了 5%左右。但是,在北半球的副热带陆地地区,年降水量却明显减少了,这在非洲北部表现得特别明显。20 世纪南半球南纬 0°~55°大陆区域的降水增加了 2%左右。

海洋上的降水观测资料非常少,目前还无法估计全球海洋平均降水变化趋势,因而也难以估计过去 100 多年全球平均的降水量变化趋势。

2. 极端天气、气候事件

从极端事件的变化研究来看,主要集中在利用近 50 年全世界比较丰富的逐日地面观测资料,P. Frich 等对 10 个温度和降水有关的极端事件监测指标的变化进行了研究。结果指出,与温度有关的指标在近 50 年中都显示出了显著的变化,如夏季暖夜日数显著增加,霜冻日数显著减少(图 4-5);与降水有关的指标反映出显著的局地性,但连续 5 天最大降水量和大雨降水事件的频率显著增加了(图 4-6)。需要指出的是,现有研究中许多地区如南美洲、非洲、西亚和东南亚地区资料仍然严重不足。

对于区域性研究,T. R. Karl 的研究揭示了在美国和苏联极端最低温度在过去几十年有明显上升的趋势,而极端最高温度的变化则表现出较强的区域性,从大范围来看,无显著的变化趋势;N. Plummer 对澳大利亚的研究表明,极端最低温度具有与平均温度类似的上升趋势,而极端最高温度的变化趋势则很弱;G. Gruza 发现俄罗斯的极端高温日数在过去几十年里显著增加,R. Heino 揭示了欧洲中部和北部霜冻日数逐步减少。其他一些研究也都进一步证实了在全球范围内热日增多

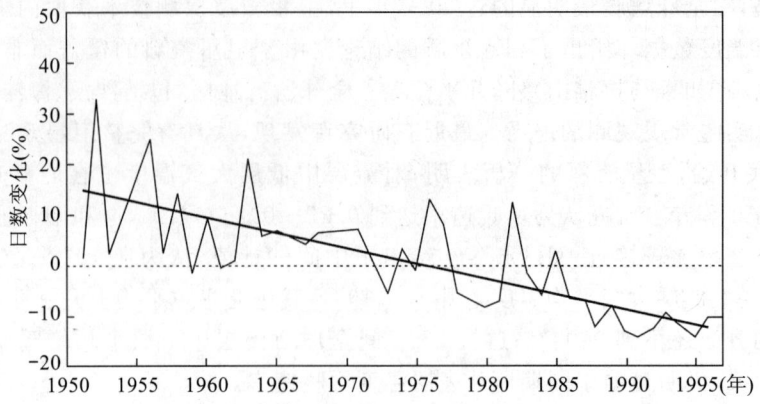

图4-5 近50年全球逐年霜冻日数的相对变化(标准值:1961—1990年)
直线实线为线性趋势,线性趋势在95%的信度水平下显著

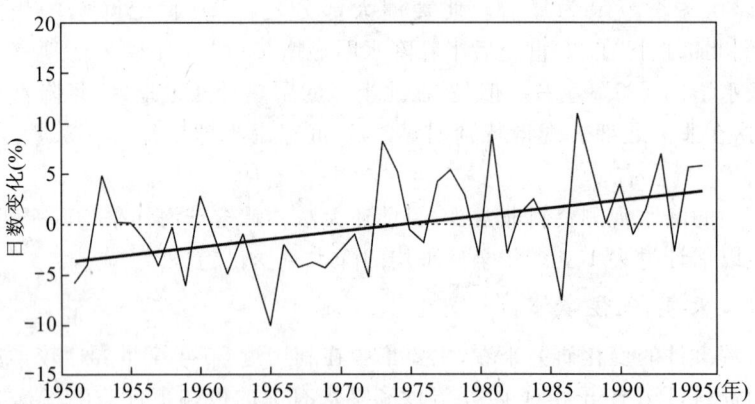

图4-6 近50年全球逐年大雨日数的相对变化(标准值:1961—1990年)
直线实线为线性趋势,线性趋势在95%的信度水平下显著

而冷日减少的变化事实。

在降水的研究方面,尽管在资料的完整性和研究工作上还很有限,但研究成果还是揭示了极端降水变化的一些基本特点。T.R.Karl研究揭示美国、苏联和中国在过去几十年里强降水占季节和年总降水量的比率有明显增加的趋势;Easterling研究显示在过去50年中,雨季的极端强降水和总降水变化的线性趋势在全球不同地区存在着明显的差异,但共同的特点是极端强降水的线性趋势比总降水在幅度上要大。这表明在对气候变化的响应上,极端强降水事件表现得更加明显。另外一些研究共同表明,在过去几十年中北半球中高纬度地区极端强降水

事件的频率平均上升了 2%~4%。

澳大利亚海域、东北太平洋、印度洋在过去几十年内,无论是热带气旋总频数,还是强热带气旋频数都没有明显的变化趋势;西北太平洋的热带气旋则表现出显著的年代际变化特征,1960—1980 年期间表现为下降,而 1981—1994 年又明显上升;对北大西洋 1899 年以来的飓风资料分析表明,飓风频率除了表现出明显的年代际变化外,也不存在显著的长期变化趋势。

1900—1995 年严重干旱/雨涝没有表现出明显的全球性长期变化趋势,但在最近的二三十年中撒哈拉沙漠、亚洲东部和南非等地区干旱更趋严重,而美国和欧洲等地雨涝增多。

对龙卷风、冰雹等小尺度极端天气现象的研究,目前还面临严重的资料困难。由于这些现象的尺度太小,加上局地性又太强,现有的观测资料很难全面反映出它们的真实情况。尽管如此,一些试探性研究表明,冰雹和闪电与平均最低温度和湿球温度之间存在显著的关系;自 1920 年以来美国的龙卷风在强度上表现出增强的趋势。

对温带气旋的研究目前仅有一些区域性的结果,多数研究结果表明,在 20 世纪的后半叶北半球温带气旋活动趋于增多,而南半球则趋于减少。

四、中国近百年平均气温、降水量变化

(一)温度变化

1. 100 年温度变化

采用最新的器测时期资料,对中国地区近 100 年的温度和降水变化规律进行再分析。资料来自国家气象信息中心资料室整理的 1841—2001 年的逐年、逐月温度和降水量数据集。由于历史的原因,观测台站及观测资料的情况非常复杂,变化也很大。首先是早期台站数量很少,以后随时间逐渐增加,其间在 1950 年以前的部分时段有较大波动,台站最多时达到 687 个。与台站数量少相对应,早期的资料覆盖面不完全,其主要特点是分布稀疏,位置偏东,西部无资料,这种情况随台站数量的增加而逐渐改善。考虑到 1904 年以前台站数量过少,因此以 1905 年作为起始年。

解放前中国温度资料的观测时制与时次不统一、日值统计方法不统一,这是影响温度序列均一性的一个非常重要的原因。为解决这个问题,新的研究采用求取最高、最低温度平均值表示平均温度的方法,这样做的好处是避免了观测时制、时次及日值统计方法不统一造成的不均一性,提高了解放前后温度资料的可比性。

图 4-7 是 1905—2001 年的全国平均温度变化情况。可以看到,中国年平均

温度呈现明显的上升趋势,97年中上升了0.79℃,平均增温速率约为0.08℃/10a。这一变化略高于全球平均的增温幅度,也高于国内其他学者的估计值。在近百年中,20世纪40年代和80年代中期以后是两段温度明显偏高的时期,90年代和40年代分别比平均值偏高0.37℃和0.36℃,其他时期则以偏凉为主。两个明显的偏凉时期是20世纪10—20年代和50—60年代,早期的偏凉程度尤其突出。

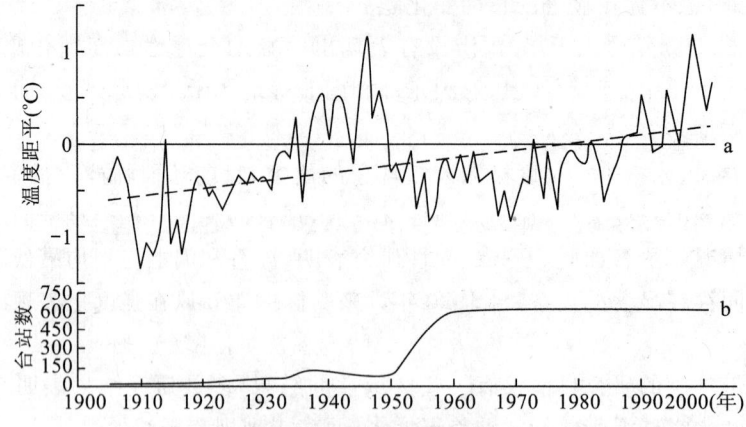

图4-7 中国近百年来年平均地表气温变化(1905—2001年)
a.温度距平;b.台站数量

2. 近50年温度变化

使用全国726个地面站的月平均观测记录,对中国近50年来的温度变化做了分析。图4-8是年平均气温时间序列。1951—2001年中国年平均气温整体的上升趋势非常明显,温度变化达0.22℃/10a;51年间平均气温上升了约1.1℃。增温主要从80年代开始,且有加快趋势。

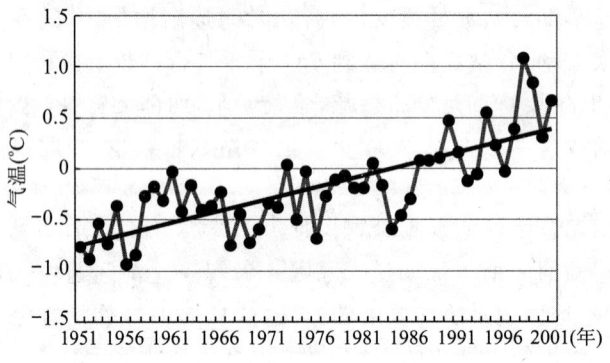

图4-8 1951—2001年中国年平均气温变化

从偏暖年份看,80 年代以前的 30 年中,只有 1973 年偏暖,而且仅比 1971—2000 年平均偏暖 0.03℃;而以后的 21 年中,出现了 13 个偏暖年份,而且偏暖的幅度也越来越大,51 年中最暖的 1998 年相对 1971—2000 年平均值高出 1.13℃。如果把界限放到 1987 年来看,增暖的趋势就更加明显。1987 年以前的 36 年里,中国只有 2 个偏暖年份(1973 年、1982 年),而在以后的 15 年里,却出现了 12 个偏暖年份。90 年代是中国 20 世纪后半叶最暖的 10 年,1998 年是最暖的 1 年。

(二)降水变化

图 4-9 是 1905—2001 年全国平均的年降水量标准化序列的变化曲线。近百年来,中国的年降水量呈现出明显的年际和年代振荡,但趋势变化不明显,仅有微弱的减少(97 年减少了 8.6mm)。从降水的年代变化看,20 世纪 10 年代、30—40 年代和 80—90 年代降水偏多,其他时段降水偏少。

从各季节的降水变化来看,秋季和春季变化较明显,分别减少 27.3mm 和增加 20.6mm,而夏季和冬季的变化趋势则不甚明显。

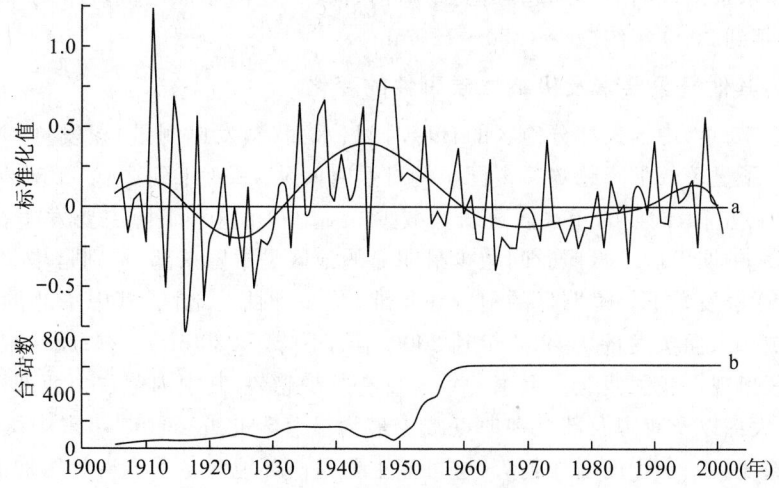

图 4-9 中国近百年降水量标准化值变化(1905—2001 年)
a. 标准化值;b. 台站数量

图 4-10 是 1956—2002 年期间全国平均的逐年降水标准化距平值序列。这项分析利用了更多的国家基准和基本站月降水资料。从全国平均来看,近 47 年来年降水量呈现小幅增加趋势。但是,降水量变化对计算所取的时间区段比较敏感,如果取 1951—2000 年,则全国平均的降水量几乎没有趋势性变化。在 1956—2002 年期间,降水最多的年份是 1998 年,最少的年份是 1986 年。1990 年以来,大部分年份的降水量均高于常年,而 60 年代多数年份则低于常年值。

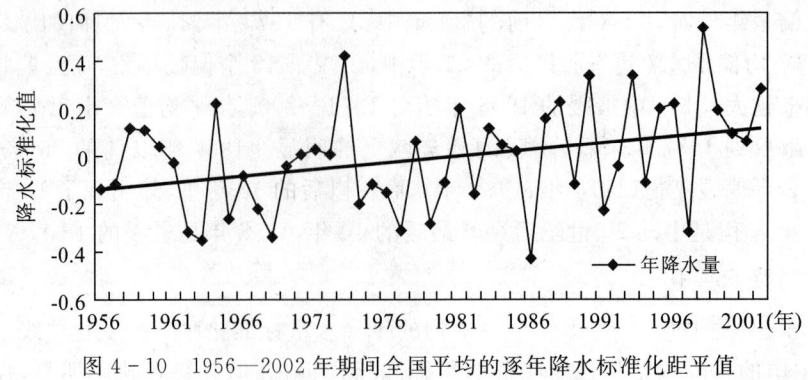

图 4-10 1956—2002 年期间全国平均的逐年降水标准化距平值

从空间分布上看,长江中下游和东南地区年降水量从 1956 年到 2000 年平均增加了 60~130mm,西部大部分地区的年降水量从相对意义上看也有较明显的增加,东北北部和内蒙古大部分降水有一定程度增加;中国华北、西北东部、东北南部等地区降水量出现明显下降趋势,其中黄河、海河、辽河和淮河流域平均年降水量从 1956 年到 2000 年约减少了 50~120mm。

(三)其他气象要素及极端气候事件的变化

最近 50 年,中国大部分地区的日照时间、水面(蒸发皿测量)蒸发量和平均风速都经历了显著的下降趋势。全国平均日照时间从 1956 年到 2000 年减少了 5%(130 小时)左右,同期的年水面蒸发量减少 6% 左右。这种下降主要发生在 20 世纪 70 年代中期以后。日照时间减少最明显的地区是中国东部,特别是华北和华东地区;水面蒸发量下降最明显的地区在华北、华东和西北地区,其中华北的海河和淮河流域年水面蒸发量从 1956 年到 2000 年约下降了 220mm 左右;风速减少最明显的地区出现在我国西北。全国的总云量有减少趋势,其中内蒙古中西部、东北东部、华北大部以及我国西部个别地点减少最为显著。此外,近 50 年来中国平均最大积雪深度呈一定程度增加趋势,这可能主要是西部地区冬季降雪量增加的结果。

自 1950 年以来,中国全国平均的炎热日数没有出现显著的趋势性变化,而霜冻日数减少了 10 天以上,这和日最低气温增加明显的事实是一致的。同期中国的寒潮事件频数显著下降;近 50 年来长江中下游流域夏季暴雨日数明显增多,而西北东部、华北和东北的主要农业区干旱面积也呈增加趋势,但全国从总体上看,近 50 年内强降水事件影响范围和干旱面积的变化趋势并不显著;近 50 年特别是 20 世纪 90 年代以来,登陆中国的台风数量呈现一定下降趋势,东南沿海地区由于台风造成的降雨量也有减少现象;我国北方地区包括沙尘暴在内的沙尘天气事件出现频率总体上呈下降趋势。因此,与北半球一些地区不同,近 50 年来中国主要类型的极端天气气候事件没有呈现显著的增加趋势。

第二节 气候变化的因素

气候的形成和变化受多种因子的影响和制约,图4-11表示各因子之间的主要关系。图中C、D是气候系统的两个主要组成部分,A、B则是两个外界因子。由图4-11上可以看出:太阳辐射和宇宙-地球物理因子都是通过大气和下垫面来影响气候变化的。人类活动既能影响大气和下垫面从而使气候发生变化,又能直接影响气候。在大气和下垫面间,人类活动和大气及下垫面间,又相互影响、相互制约,这样形成重叠的内部和外部的反馈关系,从而使同一来源的太阳辐射影响不断地来回传递、组合分化和发展。在这种长期的影响传递过程中,太阳又出现许多新变动,它们对大气的影响与原有的变动所产生的影响叠加起来,交错结合,以多种形式表现出来,使地球有史以来气候的变化非常复杂。

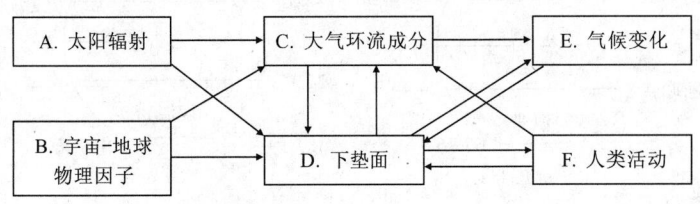

图 4-11 气候变化的因子

一、太阳辐射的变化

太阳辐射是气候形成的最主要因素。气候的变迁与到达地表的太阳辐射能的变化关系非常密切,引起太阳辐射能变化的条件是多方面的。

(一)地球轨道因素的改变

地球在自己的公转轨道上,接受太阳辐射能。而地球公转轨道的三个因素——偏心率、地轴倾角和春分点的位置都以一定的周期变动着,这就导致地球上所受到的天文辐射发生变动,引起气候变迁。

1. 地球轨道偏心率的变化

上一章节中已有所述,到达地球表面单位面积上的天文辐射强度是与日地距离(b)的平方成反比的,地球绕太阳公转轨道是一个椭圆形,现在这个椭圆形的偏心率(e)约为0.016。目前北半球冬季位于近日点附近,因此北半球冬半午比较短(从秋分至春分,比夏半年短7.5日),但偏心率是在0.00~0.06之间变动的,其周期约为9.6万年。以目前情况而论,地球在近日点时所获得的天文辐射量(不考虑其他条件的影响)较现在远日点的辐射量约大 1/15,当偏心率 e 值为极大时,则此差异就成为 1/3。如果冬季在远日点,夏季在近日点,则冬季长而冷,夏季热而短,使一年之内冷热差异非常大。这种变化情况在南北半球是相反的。

2. 地轴倾斜度的变化

地轴倾斜(即赤道面与黄道面的夹角,又称黄赤交角)是产生四季的原因。由于地球轨道平面在空间有变动,所以地轴对于这个平面的倾斜度(ε)也在变动。现在地轴倾斜度是 23.44°,最大可达 24.24°,最小为 22.1°,变动周期约 4 万年。这个变动使得夏季太阳直射达到的极限纬度(北回归线)和冬季极夜达到的极限纬度(北极圈)发生变动(图 4-12)。

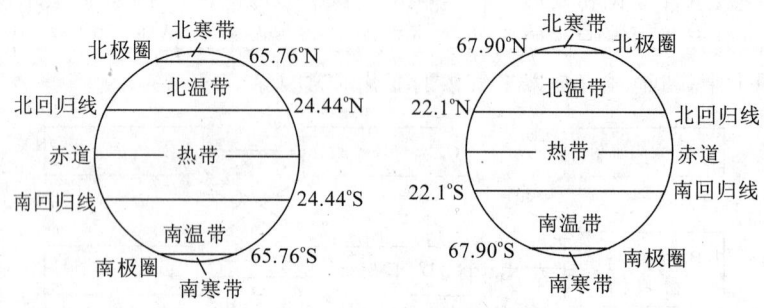

图 4-12 黄赤交角变动时回归线和极圈的变动

当倾斜度增加时,高纬度的年辐射量要增加,赤道地区的年辐射量会减少。例如当地轴倾斜度增大 1°时,在极地年辐射量增加 4.02%,而在赤道却减少 0.35%。可见地轴倾斜度的变化对气候的影响在高纬度比低纬度大得多。此外,倾斜度愈大,地球冬夏接受的太阳辐射量差值就愈大,特别是在高纬度地区必然是冬寒夏热,气温年较差增大;相反,当倾斜度小时,则冬暖夏凉,气温年较差减小。夏凉最有利于冰川的发展。

3. 春分点的移动

春分点沿黄道向西缓慢移动,大约每 21 000 年,春分点绕地球轨道一周。春分点位置变动的结果,引起四季开始时间的移动和近日点与远日点的变化。地球近日点所在季节的变化,每 70 年推迟 1 天。大约在 1 万年前,北半球在冬季是处于远日点的位置(现在是近日点),那时北半球冬季比现在要更冷,南半球则相反。

上面三个轨道要素的不同周期的变化,是同时对气候发生影响的。米兰柯维奇曾综合这三者的作用计算出 65°N 纬度上夏季太阳辐射量在 60 万年内的变化,并用相对纬度来表示。例如,23 万年前在 65°N 上的太阳辐射量和现在 77°N 上的一样,而在 13 万年前又和现在 59°N 上的一样。他认为当夏季温度降低 4~5℃,

冬季反而略有升高的年份,冬天降雪较多,而到夏天雪还未来得及融化时,冬天又接着到来,这样反复进行,就会形成冰期。他还绘制成 65°N 纬度上夏季辐射量在 60 万年内的变化(用相对纬度表示)图,并在图上标出第四纪冰期中历次亚冰期出现的时期。后按米兰柯维奇的思路,利用大型电子计算机重新计算在距今 100 万年以前至 100 万年以后 65°N 的相对纬度(图 4-13),图中相对纬度在 68°N 以上时涂黑,表示冰期,并标出过去定出的冰期。其计算结果大体上对过去第四纪中几个著名的冰期均有明显的反映。

图 4-13 中还给出今后 100 万年由于太阳辐射量的变化还将出现的多次亚冰期和亚间冰期。气候变化受多种因子的制约,这仅是因地球轨道因素改变而引起的太阳辐射量变化的一个值得参考的因子。

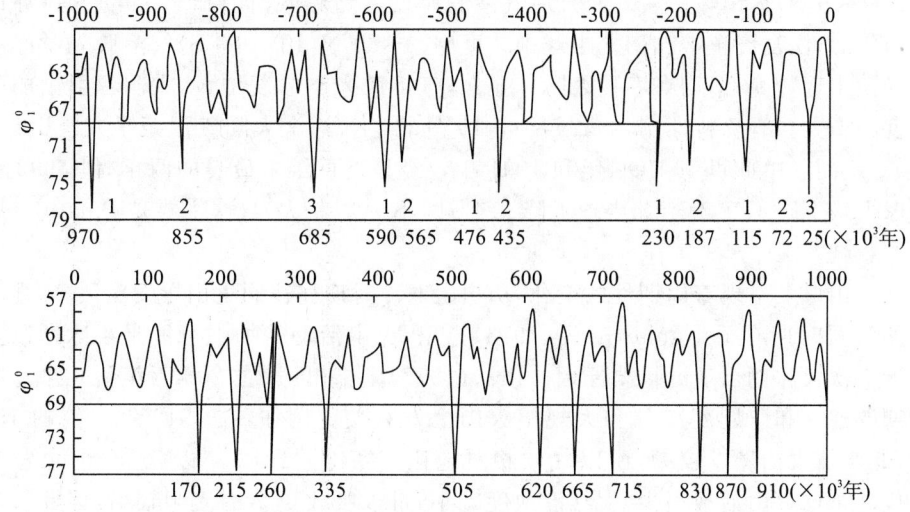

图 4-13　过去 100 万年及未来 100 万年 65°N 的相对纬度

(二)火山活动引起大气透明度的变化

到达地表的太阳辐射的强弱要受大气透明度的影响。火山活动对大气透明度的影响最大,强火山爆发喷出的火山尘和硫酸气溶胶能喷入平流层,由于不会受雨水冲刷跌落,它们能强烈地反射和散射太阳辐射,削弱到达地面的直接辐射。据分析火山尘在高空停留的时间一般只有几个月,而硫酸气溶胶则可形成火山云在平流层飘浮数年,能长时间对地面产生净冷却效应。据历史记载,1815 年 4 月初 Tambora 火山(8.25°S,118.0°E)爆发时,500km 内有三天不见天日,各方面估计喷出的固体物质可达 100~300km。大量浓烟云长期环绕平流层漂浮,显著减弱太阳辐射,欧美各国在 1816 年普遍出现了"无夏之年"。据 Bryson(1977)估计,当年整个北半球中纬度气温平均比常年偏低 1℃ 左右。在英格兰夏季气温偏低 3℃，在加拿大 6 月即开始下雪。再从我国华东沿海各省近 500 年历史气候资料中可见，在 1817 年 8 月 11 日赣北彭泽($29.9°N,116.0°E$)见雪，木棉多冻伤。皖南东至县($30.1°N,117.0°E$)在同年 8 月 14 日降雨雪，平地寸许。在我国中部夏季有两处以上出现霜雪记载的这类严重冷夏在 1500—1865 年间竟有 35 年。这说明"六月雪"是确有其事的，它们绝大多数出现在大火山爆发后的两年间。

20 世纪以来，火山强烈喷发后，太阳直接辐射(Q)的减弱有实测记录可查。例如，Santa-Maria 火山($14.8°N,91.6°W$,1902 年)1903 年 Q 比 1902 年下降 15%；St-Helen 火山($46.2°N,122.2°W$,1980 年)1980 年我国 5 站 Q 下降 15%。

1991 年 6 月菲律宾 Pinatubo 火山爆发是近 80 年来最强的一次。在热带地区($20°S \sim 30°N$)火山爆发后 3 个月后气溶胶厚度达到峰值，直到 1993 年 5 月(亦即约两年后)恢复到正常。南北半球中纬度($40°\sim 80°N,40°\sim 60°S$)气溶胶光学厚度的峰值出现较晚，但均在春夏之际。显然，气溶胶光学厚度增大，太阳辐射削弱的程度亦增大。有资料证明，1992 年 4—10 月北半球两个大陆气温距平在 $-0.5 \sim 1.0℃$ 之间。由此可见 1990 年和 1991 年曾经是近百年来最暖的两年，但 1992 年全球平均下降了 0.2℃，北半球下降 0.4℃。不少学者认为，这主要是 Pinatubo 爆发的影响。

火山爆发呈现着周期性的变化，历史上寒冷时期往往同火山爆发次数多、强度大的活跃时期有关。Baldwin 等(1976)指出，火山活动的加强可能是小冰期以至最近一次大冰期出现的重要原因。Bray(1977)则指出，过去 200 万年间几乎每次冰期的建立和急剧变冷都和大规模火山爆发有关。例如，在 1912 年以前的 150 年，北半球火山爆发较频，所以气候相对地比较寒冷。1912 年以后至 20 世纪 40 年代北半球火山活动很少，大气混浊度减小，可以吸收更多的太阳辐射，因此气温增高，形成一温暖时期。

总之，火山活动的这种"阳伞效应"是影响地球上各种空间尺度范围为时数年以上气候变化的重要因子。

(三)太阳活动的变化

太阳黑子活动具有大约 11 年的周期。据 1978 年 11 月 16 日到 1981 年 7 月 13 日雨云 7 号卫星(装有空腔辐射仪)共 971 天的观测，证明太阳黑子峰值时太阳常数减少。最近富卡尔和马利安(1986)的研究指出，太阳黑子使太阳辐射下降只是一个短期行为，但太阳光斑可使太阳辐射增强。太阳活动增强，不仅太阳黑子增加，太阳光斑也增加。光斑增加所造成的太阳辐射增强，抵消掉因黑子增加而造成的削弱还有余。因此，在 11 年周期太阳活动增强时，太阳辐射也增强，即从长期变化来看太阳辐射与太阳活动为正相关。

据最新研究,太阳常数可能变化在 1%～2%。模拟试验证明,太阳常数增加 2%,地面气温可能上升 3℃,但减少 2%,地面气温可能下降 4.3℃。我国近 500 年来的寒冷时期正好处于太阳活动的低水平阶段,其中三次冷期对应着太阳活动的不活跃期。如第一次冷期(1470—1520 年)对应 1460—1550 年的斯波勒极小期;第二次冷期(1650—1700 年)对应着 1645—1715 年的蒙德尔极小期;第三次冷期(1840—1890 年)较弱,也对应着 19 世纪后半期的一次较弱的太阳活动期。

二、宇宙-地球物理因子

宇宙因子是指月球和太阳的引潮力,地球物理因子是指地球重力空间变化,地球转动瞬时极的运动和地球自转速度的变化等。这些宇宙-地球物理因子的时间或空间变化,引起地球上变形力的产生,从而导致地球上海洋和大气的变形,并进而影响气候发生变化。近年来这方面的研究工作正在大力开展,在我国已有专著出版。

月球和太阳对地球都具有一定的引潮力,月球的质量虽比太阳小得多,但因离地球近,它的引潮力等于太阳引潮力的 2.17 倍。月球引潮力是重力的 0.56‰～1.12‰,其多年变化在海洋中产生多年月球潮汐大尺度的波动,这种波动在极地最显著,可使海平面高度改变 40～50mm,因而使海洋环流系统发生变化,进而影响海-气间的热交换,引起气候变化。

天文观测证明,地轴是在不断地移动的,地球自转速度也在变动着,这些都会引起离心力的改变,相应地也会引起海洋和大气的变化,从而导致气候变化。据研究,厄尔尼诺事件的发生与地球自转速度变化有密切联系。从地球自转的年际变化来看,1956 年以来发生的 8 次厄尔尼诺事件,均发生在地球自转速度减慢时段,尤其是自转连续减慢两年之时。再从地球自转的月变化来看,1957 年、1963 年、1965 年、1969 年、1972 年和 1976 年 6 次厄尔尼诺事件,无论是海温开始增暖和最暖的时间,都发生在地球自转开始减慢和最慢之后或处在同时,表明地球自转减慢有可能是形成厄尔尼诺的原因。其物理原因在于,上述 6 次厄尔尼诺增温都首先开始于赤道太平洋东部的冷水区,海水和大气都是附在地球表面跟随地球自转快速向东旋转,在赤道转速为最大,达 465m/s。当地球自转突然减慢时,必然出现"刹车效应",使大气和海水获得一个向东的惯性力,从而使自东向西流动的赤道洋流和赤道信风减弱,导致赤道太平洋东部的冷水上翻减弱而发生海水增暖的厄尔尼诺现象。1982—1983 年和 1986—1987 年 2 次厄尔尼诺事件,海水增暖首先开始于赤道中太平洋,这两次地球自转开始减慢时间虽落后于海温增暖,但对其后的赤道东太平洋冷水区的增温以及厄尔尼诺增温抵达盛期,仍有重要贡献。

三、下垫面地理条件的变化

在整个地质时期中,下垫面的地理条件发生了多次变化,对气候变化产生了深刻的影响。其中以海陆分布和地形的变化对气候变化影响最大。

1.海陆分布的变化

在各个地质时期地球上海陆分布的形势也是有变化的。以晚石炭纪为例,那时海陆分布和现在完全不同(图 4-14),在北半球有古北极洲、北大西洋洲(包括格陵兰和西欧)和安加拉洲三块大陆。前两块大陆是相连的,在三大洲之南为特提斯海。在此海之南为冈瓦纳大陆,这个大陆连接了现在的南美、亚洲和澳大利亚。在这样的海陆分布形势下,有利于赤道太平洋暖流向西流入特提斯海。这个洋流分出一支经伏尔加海向北流去,因此这一带有温暖的气候。从动物化石可以看到,石炭纪北极区和斯匹次卑尔根地区的温度与现代地中海的温度相似,即受此洋流影响的缘故。冈瓦纳大陆由于地势高耸,有冰河遗迹,在其南部由于赤道暖流被东西向的大陆隔断,气候比较寒冷。此外,在古北极洲与北大西洋洲之间有一个向北的海湾,同样由于与暖流隔绝,其附近地区有显著的冰原遗迹。

例如,大西洋中从格陵兰到欧洲经过冰岛与英国有一条水下高地,这条高地因地壳运动有时会上升到海面之上,而隔断了墨西哥湾流向北流入北冰洋。这时整个欧洲西北部受不到湾流热量的影响,因而形成大量冰川。有不少古气候学者认为,第四纪冰川的形成就与此有密切关系。当此高地下沉到海底时,就给湾流进入

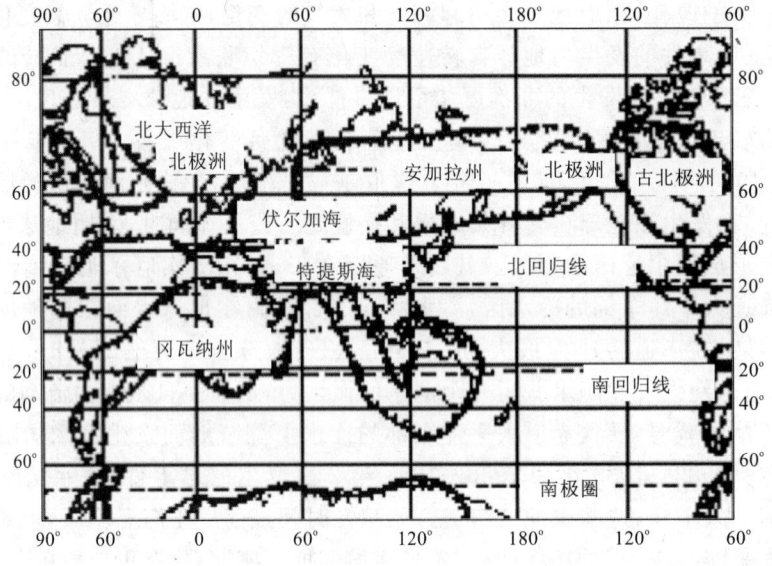

图 4-14 晚石炭世全球海陆分布

北冰洋让出了通道,西北欧气候即转暖。这条通道的阻塞程度与第四纪冰川的强度关系密切。

2. 地形变化

在地球史上地形的变化是十分显著的。高大的喜马拉雅山脉,在现代有"世界屋脊"之称,可是在地史上,这里却曾是一片汪洋,称为喜马拉雅海。直到距今约7000万~4000万年的新生代早第三纪,这里地壳才上升变成一片温暖的浅海。在这片浅海里缓慢地沉积着以碳酸盐为主的沉积物,从这个沉积层中发现有不少海生的有孔虫、珊瑚、海胆、介形虫、鹦鹉螺等多种生物的化石,足以证明当时那里确是一片海区。由于这片海区的存在,有海洋湿润气流吹向今日我国西北地区,所以那时新疆、内蒙古一带气候是很湿润的。其后由于造山运动,出现了喜马拉雅山等山脉,这些山脉成了阻止海洋季风进入亚洲中部的障碍,因此新疆和内蒙古的气候才变得干旱。

四、大气环流变化

大气环流形势和大气化学组成成分的变化是导致气候变化和产生气候异常的重要因素。例如近几十年来出现的旱涝异常就与大气环流形势的变化有密切关系。在 20 世纪五六十年代,北半球大气环流的主要变化,就是北冰洋极地高压的扩大和加强。这种扩大加强对北极区域是不对称的,在极地中心区域平均气压的变化较小,平均气压的主要变化发生在大西洋北部区域,最突出的特点是大西洋 50°N 以北的极地高压的扩展,它导致北大西洋地面偏北风加强,促使极地海冰南移和气候带向低纬推进。

根据高纬度洋面海冰的观测记录,在北太平区域海冰南线与上一次气候寒冷期(1550—1850 年)结束后的海冰南线位置相差无几,而大西洋区域的海冰南线却南进甚多,这是极地高压在北大西洋区域扩大与加强的结果。

北极变冷导致极地高压加强,气候带向南推进,这一过程在大气活动中心的多年变化中也反映出来。从冬季环流形势来看,大西洋上冰岛低压的位置在一段时间内一直是向西南移动的;太平洋上的阿留申低压也同样向西南移动。与此同时,中纬度的纬向环流减弱,经向环流加强,气压带向低纬方向移动。

从 1961—1970 年这 10 年是经向环流发展最明显的时期,也是我国气温最低的 10 年。在转冷最剧的 1963 年,冰岛地区竟被冷高压所控制,原来的冰岛低压移到了大西洋中部,亚速尔高压也相应南移,这就使得北欧奇冷,撒哈拉沙漠向南扩展。在这一副热带高压中心控制下,盛行下沉气流,再加上前述的生物地球物理反馈机制,因而造成这一区域的持续干旱。而在地中海区域正当冷暖气团交绥的地带,静止锋在此滞留,致使这里暴雨成灾。

第三节 人类活动对气候的影响

人类活动对气候的影响有两种：一种是无意识的影响，即在人类活动中对气候产生的副作用；另一种是为了某种目的，采取一定的措施，有意识地改变气候条件。在现阶段以第一种影响占绝对优势，而这种影响在以下三方面表现得最为显著：①在工农业生产中排放至大气中的温室气体和各种污染物质，改变大气的化学组成；②在农牧业发展和其他活动中改变下垫面的性质，如破坏森林和草原植被，海洋石油污染等；③在城市中的城市气候效应。自世界工业革命后的200年间，随着人口的剧增，科学技术发展和生产规模的迅速扩大，人类活动对气候的这种不利影响越来越大。因此，必须加强研究力度，采取措施，有意识地规划和控制各种影响环境和气候的人类活动，使之向有利于改善气候条件的方向发展。

一、改变大气化学组成与气候效应

大量观测资料显示，地球大气组成已经并将持续发生引人注目的变化。受人类活动影响的主要大气温室气体（CO_2、CH_4、N_2O、近地面O_3）的全球平均浓度已经从工业革命（1750年）以前的大约 280ppmv、0.7ppmv、270ppbv 和 25ppbv 分别增加到 2002 年的 372ppmv、1.7～1.8ppmv、317ppbv 和 34ppbv（1ppmv＝1000ppbv＝10^{-6}体积分数）。大气温室气体浓度的变化有可能给地球气候和环境造成深刻的影响。其中，最重要的是增强大气"温室效应"。事实上，近250年来大气温室气体浓度变化所产生的气候变化辐射强度已达＋2.43W/m^2，可能是造成全球变暖的主要原因。

大气 CO_2 作为碳元素的一种形态，在地球大气、陆地生态系统、海洋以及岩石圈之间循环。化石燃料的使用和水泥生产等人类活动，直接向大气排放 CO_2，不仅导致大气浓度的升高，而且也打破了全球碳循环的自然平衡。CH_4 主要产生于沼泽地、稻田、垃圾处理场、反刍动物消化道等；N_2O 则主要来自施用氮肥的农田，以及森林、草原、动物废弃物和己二酸生产等。O_3 本来主要是平流层光化学反应的产物，但是近年来人为排放的大量一氧化碳（CO）、氮氧化物（NO_x）、CH_4 和非甲烷烃（NMHC）等经过一系列大气化学反应，致使对流层 O_3 浓度增加；而 CFCs 等含氯氟烃气体，由于在对流层不易分解，将直接进入平流层，并通过催化反应破坏平流层大气中的 O_3。目前，作为 CFCs 可能替代物的 HCFCs 和 HFCs，以及 PFCs 和 SF_6 等，虽然它们的排放量很少，但是在 100～500 年的时间尺度上，其中某些气体的全球增温潜能（GWP）是大气 CO_2 的几千倍甚至 1 万倍以上，因此它们对全球气候和环境可能造成的影响不可忽视。

1. 二氧化碳(CO_2)

碳在较短的时间尺度上，主要以 CO_2 的形式在地球陆地生态系统、海洋与大气三个碳库之间交换。据估算，在20世纪80年代，这三个碳库的碳储量分别为2万亿吨碳、38万亿吨碳和0.73万亿吨碳，而且每年陆地生态系统与大气之间以及海洋与大气之间的交换量高达1200亿吨碳和900亿吨碳。这就意味着，即使陆地生态系统与海洋的碳储量发生微小变化，也有可能导致大气 CO_2 浓度出现巨大变化。研究表明，20世纪八九十年代，化石燃料燃烧和水泥生产等人类活动直接向大气排放的 CO_2 达到53亿~64亿吨碳，其中大约一半滞留在大气中，造成大气 CO_2 浓度的增加，剩余的约50%进入海洋和陆地生态系统，分别为17亿~19亿吨碳和2亿~14亿吨碳（图4-15）。值得注意的是，20世纪90年代与80年代相比，化石燃料燃烧和水泥生产等人类活动直接向大气排放的 CO_2 每年增加了9亿吨碳左右，但其在大气中的滞留量和海洋吸收并无显著变化。这就意味着陆地生态系统必须（或者必定）吸收更多的人为 CO_2，并可将其归因于大气 CO_2 浓度升高而产生的"增产效应"以及森林生态系统的恢复。

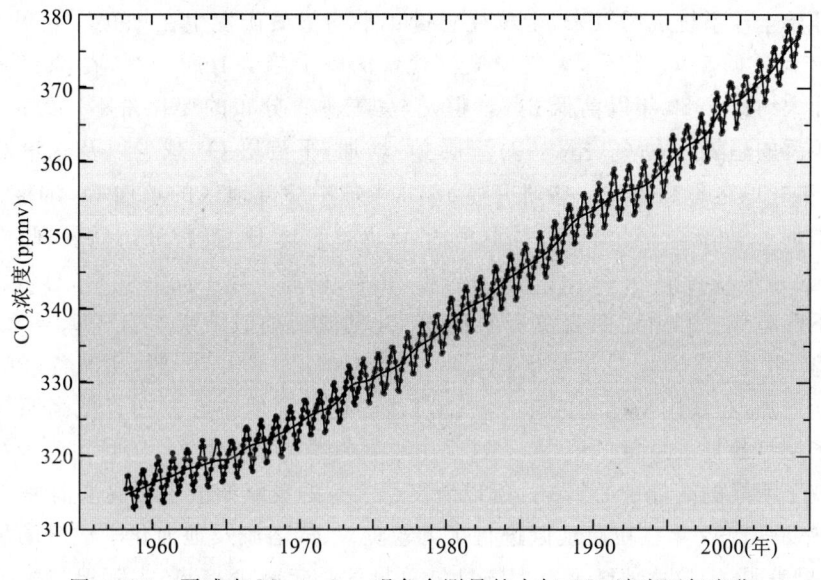

图4-15 夏威夷 Mauna Loa 观象台测量的大气 CO_2 浓度逐年变化

2. 甲烷(CH_4)

1800年以前，大气中甲烷(CH_4)的浓度约是0.7ppmv（1ppmv=10^{-6}体积分数）。目前它正以每年0.6%左右的速度增加。虽然现在 CH_4 的浓度是1.7~2.0ppmv，远小于 CO_2 的浓度372ppmv，但其温室效应却不可忽略，因为单位质量甲烷的全球增温潜能(GWP)约为二氧化碳的 23～62 倍。迄今为止,CH_4 对全球变暖的贡献仅次于 CO_2。

大气 CH_4 约有 80% 来自地表生物源,20% 来源于人为源。其主要自然源是天然湿地,人为源主要包括水稻田、反刍动物消化、动物粪便管理系统、生物质燃烧、天然气管道、油井和煤层泄漏、垃圾处理场等;对全球稻田 CH_4 排放的估算每年大约 2000 万吨甲烷进入大气。大气 CH_4 最主要的汇是大气中的 OH 自由基,可将 CH_4 氧化。此外,森林和草原及旱地农业土壤也是大气 CH_4 的汇。

3. 臭氧(O_3)

臭氧(O_3)是一种重要的大气微量气体。O_3 在红外波段有许多振转吸收带,特别是在 9.6μm 处有一很强的吸收带,使之成为一种重要的温室气体,在对流层产生增暖效应。近地面 O_3 对人类健康及地表生态系统有直接影响。近地面 O_3 浓度增加对农作物生长发育造成影响,作物(油菜、小麦等)出现退绿、失水等急性伤害症状。O_3 已成为各国政府和科学家关注和研究的热点。

观测和研究结果表明,就全球总体而言,臭氧总量在减少。从 20 世纪 60 年代中期开始全球系统观测以来,全球柱总量年平均值最低发生在 1992—1993 年,比 1980 年以前低 5%。其后,大气臭氧柱含量的减少趋势有所减缓,在 1997—2001 年期间大约比 1980 年以前低 3%。但是,臭氧垂直分布的变化是不一致的,甚至呈现相反的趋势。WMO 指出,对流层 O_3 增加、平流层 O_3 减少以及总量的减少是 O_3 变化的全球趋势。一些研究显示,北半球中纬度地区的地面 O_3 浓度比 130 年前增加了 1 倍多。对雨云 7 号卫星的 TOMS 全球 O_3 资料分析后发现,南极上空 O_3 总量呈现每 10 年减少 20% 的趋势,北极、南北半球中高纬度 O_3 总量也存在明显下降趋势。利用地面观测资料的研究,也得到类似结果。自 1979 年以来的 13 年里,我国大气 O_3 总量年平均递减率为 0.077%～0.750%,递减程度随纬度增大而增加,在我国东北地区存在一个明显的递减高值中心。在青藏高原 6 月份出现了明显的臭氧总量低值中心,这个中心一直维持到 9 月份,同时在我国东北方向出现了明显的高值中心;10 月份以后高原上空的臭氧低值中心逐渐消失。

1998—1999 年在拉萨地区进行了大气臭氧、气溶胶及地面化学成分的加强观测,结果表明:①拉萨地区上空大气臭氧总量的长年减少趋势,实际上与整个北半球一致;②1979—2003 年 25 年间拉萨地区(30.0°N,90.0°E)与同纬度西部波斯湾北部(30.0°N,50.0°E)及东部九州南部海洋上空(30.0°N,150.0°E)月平均臭氧总量的季节变化。波斯湾北部上空的大气臭氧总量比拉萨上空高 10DU 以上,但季节变化趋势非常类似;拉萨地区与东部的九州南部海洋上空相比,冬季与早春的臭氧总量实际上是相同的,仅夏秋季表现出明显不同;③拉萨地区大气臭氧探空的观测结果表明,即使在夏季,大气臭氧的垂直分布也与南极地区臭氧洞的情况明显不同。南极臭氧洞期间,臭氧总量的减少主要出现在中、下部平流层,而拉萨地区的大气臭氧廓线看起来却是"正常"的。因此,形成"青藏高原臭氧低谷"的机制值得进一步研究,有可能是高原上空下级对流活动加强的一种"自然"结果,也可能与其在大气中的化学变化有关。

4. 氧化亚氮(N_2O)

在大气中,氧化亚氮也是一种重要的温室气体,单位质量 N_2O 的增温潜能是 CO_2 的 280~310 倍。N_2O 排放源由自然源和人为源组成,前者包括海洋、天然森林、天然草地,后者包括农田(含施肥果园或林地)、动物废弃物、化石燃料燃烧、生物质燃烧、己二酸生产等。其中农业生产活动导致的 N_2O 排放量占人为源 N_2O 排放量的 75%~80%。施肥农田是 N_2O 最主要的人为排放源。迄今为止,我国在主要农作物种植区先后开展了一些 N_2O 排放的田间观测研究;并观测到施入我国农田的肥料氮素,其 N_2O 直接排放因子变化范围很大,介于 0.002%~0.026 4% 之间。

二、气溶胶

大气中的气溶胶主要源于自然界和人类活动的排放。自然气溶胶的来源包括地表源、大气自身产生和外部空间注入。最重要的自然气溶胶来源是地表源,其中有一些粒子来自地层深处,通过火山爆发进入大气,并可直达平流层。气溶胶粒子也可通过人为机制(有直接和间接两个途径)进入大气。人类活动排放的气体可以通过化学或光化学反应转化为气溶胶粒子。

1. 自然气溶胶

对流层中的自然气溶胶主要来源于海洋、土壤、生物圈以及火山灰等,平流层中的气溶胶除了来源于火山灰之外,还源于陨石碎片和宇宙尘埃等。

空气中的总悬浮颗粒物(TSP)80%以上来源于自然环境中地面的排放。沙尘是对流层气溶胶的主要成分之一,在大气化学过程、生态过程以及地气系统能量平衡中起着非常重要的作用。据估计,2000 年全球向大气排放的矿物尘埃达 10 亿~30 亿吨,其中直径<1 μm 的粒子约占 5%,直径 1~2 μm 的粒子占 13.5%,而直径 2~20 μm 约占 81.4%。全球沙尘主要来自撒哈拉沙漠、美国西南部沙漠和亚洲地区。中国西北地区处于宽广的欧亚大陆中部,该地区被认为是大气中自然沙尘气溶胶的第二大源地(继非洲北部的撒哈拉大沙漠之后)。

近年来,我国北方经常发生的沙尘暴事件已对大气环境和气候产生了明显的影响,引起了科学家和社会各界的广泛关注。1983 年 6 月,在银川用飞机对一次沙尘暴天气过程中的沙尘粒子浓度进行了测量,这是目前看到的沙尘暴期间进行飞机测量的最早也是唯一一次实验。沙尘粒子的质量浓度为 $1mg/m^3$,其中 50% 的粒子直径大于 20 μm,而 3.6km 高度有直径 350 μm 的巨形粒子。在一般情况下,如果没有其他的大气净化过程,50% 的沙尘粒子可随大气环流输送到 1000km,20% 的粒子可输送到 10 000km。

海洋源气溶胶主要包括海洋表面由于风浪作用使海水泡沫飞溅而生成的海盐粒子,以及海洋生物生理活动产生的有机物通过海-气交换进入大气,并经一系列化学物理转化过程形成的液体或固体粒子等。2000 年全球向大气排放的海盐粒子达到 10 亿~60 亿吨,平均值为 33 亿吨。显然,此估计值的不确定范围很大。在气溶胶自然源中,海盐气溶胶占首位。其中,直径小于 1 μm 的粒子只占总量的约 1.6%,直径 1~16 μm 的粒子占 98.4%。尽管海洋气溶胶向陆地输送的距离相对来说不是太远,但全球 1/3 的人口居住在离海洋 100km 的范围内。海洋气溶胶对沿海陆地环境有着不可忽视的影响。

火山大规模爆炸性喷发后,进入平流层的大量气体形成气溶胶,这是平流层气溶胶的主要来源之一,同时它也会进入对流层。火山气溶胶被认为是地气系统气候变化中一个重要的外因。进入对流层和平流层的强火山喷发出的大量火山灰和气体随风飘浮,几年后才能消失。IPCC 报告指出,1991 年菲律宾皮纳图博火山喷发后约 3 个月,经过一系列化学和物理过程在平流层产生的硫酸盐气溶胶及其光学厚度达到峰值(0.55 μm 波长处为 0.1),约 4 年后才返回到平流层气溶胶光学厚度的背景值 0.003。

2. 人为气溶胶

人为气溶胶是由人类活动产生的各种粒子,包括原生粒子和污染气体转换的次生气溶胶,主要来自化石燃料的燃烧、工农业生产活动等。工业革命以来,人类活动在向大气排放大量颗粒物的同时,还向大气排放大量的 SO_2 和 NO_x 气体。SO_2 和 NO_x 在大气中通过化学反应逐渐转化成硫酸盐和硝酸盐粒子,形成次生气溶胶。自工业革命以来,这种污染气体形成的大气气溶胶有大幅度增加,主要源自人口众多的城市和工业发达地区。IPCC 给出各种主要人为气溶胶前体物的年排放总量为 1.09 亿吨/年,其中北半球 1.04 亿吨/年,南半球 500 万吨/年。主要来源于化石燃料燃烧、生物质燃烧(秸秆燃烧、烧荒)、硫酸生产以及铜、铅、锌冶炼。硫酸盐是人为大气气溶胶细粒子的重要成分,特别是对于以燃煤为主要能源的城市和工业区具有特殊的重要意义。全球年平均人为 SO_2 排放总量约为 0.70~0.90 亿吨硫/年,东亚地区占全球排放总量的 16.7%~21.5%,我国大陆的排放占东亚排放量的 78.8%,且 100°E 以东的我国东部经济发达地区排放占全国大陆总排放量的 97.7%。导致大气中 NO_x 净增长的主要来源是化石燃料燃烧、生物质燃烧、水泥生产、硝酸生产、农田施氮肥等。

黑碳和有机碳是大气气溶胶的重要组成部分,来源于燃料不完全燃烧排放的细颗粒物以及气态含碳化合物(沉积在固体颗粒物上)。黑碳气溶胶在从可见光到近红外的波长范围内对太阳辐射有强烈的吸收作用,其单位质量吸收系数要比沙尘高两个量级,因而,尽管黑碳气溶胶在大气气溶胶中所占的比例较小,但它对区域和全球气候的影响甚大。1995—1999 年一个由 250 位科学家组成的国际科学工作组,对印度洋上空进行科学监测发现,一层 3km 厚,相当于美国大陆面积的棕色污染云层笼罩在印度洋、南亚、东南亚和我国上空。其中含有大量硫酸盐、硝酸盐、有机物、沙尘及其他颗粒污染物,被形象地称为大气棕色云(简称 ABC)。目前,国际社会对此给予了极大关注(图 4-16)。

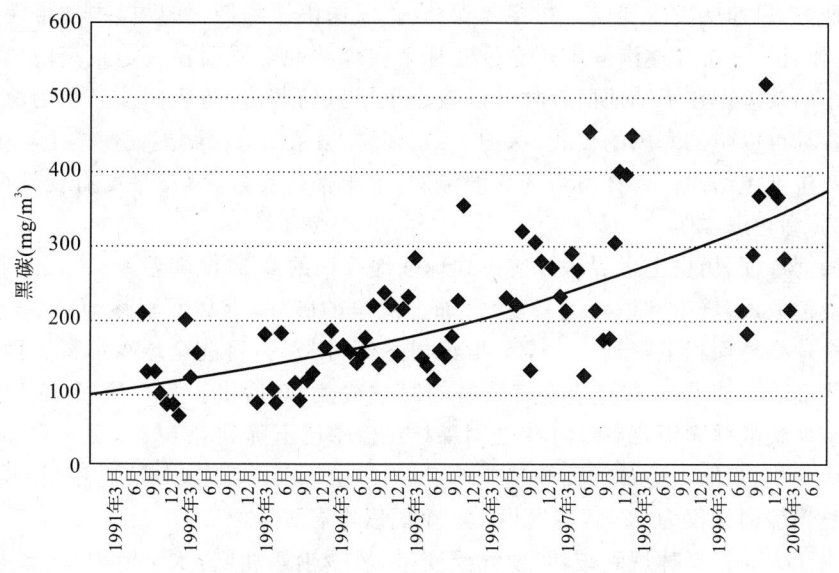

图 4-16 青海瓦里关地区大气黑碳气溶胶的增加

三、改变下垫面性质与气候效应

1. 土地利用变化

土地利用的变化是多方面的,最突出的有破坏森林、坡地、干旱地的植被。

森林是一种特殊的下垫面,它除了影响大气中 CO_2 的含量以外,还能形成独具特色的森林气候,能够影响附近相当大范围地区的气候条件。森林林冠能大量吸收太阳入射辐射,用以促进光合作用和蒸腾作用,使其本身气温增高不多,林下地表在白天因林冠的阻挡,透入太阳辐射不多,气温不会急剧升高,夜晚因有林冠的保护,有效辐射不强,所以气温不易降低。因此林内气温日(年)较差比林外裸露地区小,气温的大陆度明显减弱。

森林树冠可以截留降水,林下的疏松腐植质层及枯枝落叶层可以蓄水,减少降雨后的地表径流量,因此森林可称为"绿色蓄水库"。雨水缓缓渗透入土壤中使土壤湿度增大,可供蒸发的水分增多,再加上森林的蒸腾作用,导致森林中的绝对湿度和相对湿度都比林外裸地大。

森林可以增加降水量,当气流流经林冠时,因受到森林的阻障和摩擦,有强迫气流的上升作用,并导致湍流加强,加上林区空气湿度大,凝结高度低,因此森林地区降水机会比空旷地多,雨量亦较大。据实测资料,森林区空气湿度可比无林区高15%～25%,年降水量可增加6%～10%。

森林有减低风速的作用,当风吹向森林时,在森林的迎风面,距森林100m左右的地方,风速就发生变化。在穿入森林内,风速很快降低,如果风中挟带泥沙的话,会使流沙下沉并逐渐固定。穿过森林后在森林的背风面在一定距离内风速仍有减小的效应。在干旱地区森林可以减小干旱风的袭击,防风固沙。在沿海大风地区森林可以防御海风的侵袭,保护农田。森林根系的分泌物能促使微生物生长,可以改进土壤结构。森林覆盖区气候湿润,水土保持良好,生态平衡有良性循环,可称为"绿色海洋"。

根据考证,历史上世界森林曾占地球陆地面积的2/3,但随着人口增加,农、牧和工业的发展,城市和道路的兴建,再加上战争的破坏,森林面积逐渐减少,到19世纪全球森林面积下降到46%,20世纪初下降到37%,目前全球森林覆盖面积平均约为22%。我国上古时代也有浓密的森林覆盖,其后由于人口繁衍,农田扩展和明清两代战祸频繁,到1949年全国森林覆盖率已下降到8.6%。后来党和政府组织大规模造林,人造林的面积达4.6亿亩,但由于底子薄,毁林情况相当严重,目前森林覆盖面积仅为12%,在世界160个国家中居116位。

由于大面积森林遭到破坏,使气候变旱,风沙尘暴加剧,水土流失,气候恶化。相反,我国在解放后营造了各类防护林,如东北西部防护林、豫东防护林、西北防沙林、冀西防护林、山东沿海防护林等,在改造自然、改造气候条件上已起到显著作用。

在干旱、半干旱地区,原来生长着具有很强耐旱能力的草类和灌木,它们能在干旱地区生存,并保护那里的土壤。但是,由于人口增多,在干旱、半干旱地区的移民增加,他们在那里扩大农牧业,挖掘和采集旱生植物作燃料(特别是坡地上的植物),使当地草原和灌木等自然植被遭到很大破坏。坡地上的雨水汇流迅速,流速快,对泥土的冲刷力强,在失去自然植被的保护和阻挡后,就造成严重的水土流失。在平地上一旦干旱时期到来,农田庄稼不能生长,而开垦后疏松了的土地又没有植被保护,很容易受到风蚀,结果表层肥沃土壤被吹走,而沙粒存留下来,产生沙漠化现象。畜牧业也有类似情况,牧业超过草场的负荷能力,在干旱年份牧草稀疏、土地表层被牲畜践踏破坏,也同样发生严重风蚀,引起沙漠化现象的发生。在沙漠化的土地上,气候更加恶化,具体表现为:雨后径流加大,土壤冲刷加剧,水分减少,使当地土壤和大气变干,地表反射率加大,破坏原有的热量平衡,降水量减少,气候的大陆度加强,地表肥力下降,风沙灾害大量增加,气候更加干旱,反过来更不利于植物的生长。

据联合国环境规划署估计,当前每年世界因沙漠化而丧失的土地达 $6\times 10^4 km^2$,另外还有 $21\times 10^4 km^2$ 的土地地力衰退,在农、牧业上已无经济价值可言。沙漠化问题也同样威胁我国,在我国北方地区历史时期所形成的沙漠化土地有 $12\times 10^4 km^2$,最近数十年来沙漠化面积逐年递增,因此必须有意识地采取积极措施保护当地自然植被,进行大规模的灌溉,进行人工造林,因地制宜种植防沙固土的耐旱植被等来改善气候条件,防止气候继续恶化。

2. 海洋污染

海洋石油污染是当今人类活动改变下垫面性质的一个重要方面。据估计每年大约有10亿吨以上的石油通过海上运往消费地。由于运输不当或油轮失事等原因,每年约有100万吨以上石油流入海洋,另外,还有工业过程中产生的废油排入海洋。有人估计,每年倾注到海洋的石油量达200万~1000万吨。倾注到海中的废油,有一部分形成油膜浮在海面,抑制海水的蒸发,使海上空气变得干燥。同时又减少了海面潜热的转移,导致海水温度的日变化、年变化加大,使海洋失去调节气温的作用,产生"海洋沙漠化效应"。在比较闭塞的海面,如地中海、波罗的海和日本海等海面的废油膜影响比广阔的太平洋和大西洋更为显著。

此外,人类为了生产和交通的需要,填湖造陆,开凿运河以及建造大型水库等,改变下垫面性质,对气候亦产生显著影响。例如我国新安江水库于1960年建成后,其附近淳安县夏季较以前凉爽,冬季比过去暖和,气温年较差变小,初霜推迟,终霜提前,无霜期平均延长20天左右。

3. 城市化

城市是现代人类活动的中心,下垫面变化最大,城市里人口密集,工商业和交通运输频繁,耗能最多,是大量温室气体、"人为热"、"人为水汽"、微尘和污染物排放源地。在上一章中有专门的介绍,这里不再叙述。

第五章

户外运动与气象

第一节 体育与气象

一、体育与气象紧密相关

人类活动于天地之间,自然受大气状况和天气气候条件的影响,体育活动当然也不例外。大雨天,田径赛难以进行;刮风,风压造成的阻力或推力影响比赛成绩;射击、球类等无不受天气气候的影响;航空航模类运动所受影响更为显著。天气状况和气温、湿度、气压等气象要素还会影响人的生理变化和情绪,从而对不同人的临场发挥产生影响。就连观众的情绪和舒适度,甚至门票销售等也受天气和气候要素的影响。刮风下雨影响体育活动似乎是常识,但气象与体育的关系远不止于此。

体育气象是气象科学和生命科学的边缘科学,是"应用气象学"的分支科学。

体育活动是积极的典型的生命活动,是最大体能的表现,具有一切生命过程的特点,服从于一切生命过程的原理。以其自身的基本物质为基础与外界环境构成一个不可分割的系统,进行着基本的物理化学过程,从而实现生命过程。也就是说,气象环境、天气气候条件是包括体育在内的生命活动的必要条件和充分条件。

首先,研究体育和气象的关系,据此对某一些地区的气候和天气情况进行鉴定,可以评价地区的体育气象资源条件,可为选择最佳比赛时期、地点、安排具体项目于最合适的时间进行,使运动员的体能得到最佳发挥提供科学依据,从而可以出现准确的好成绩。

其次,研究各项体育活动与天气气候条件的关系,提高适应不利气象因素的能力,寻求适应和对付不利气象因素的办法和技术,藉以夺冠。例如帆板比赛,可根据对赛场风浪的了解,风浪大,派体重较重的运动员,风浪小,派体重较轻的运动员则可取胜。雨中踢球多采用大脚过中场,使球在对方门前混战,有利于入门进球。提高运动员的适应能力(如对时差和节律的变化、气候变化、气压的变化等的适应能力)也是取胜的重要因素。

第三，研究体育活动与气象要素、天气状况，并考虑生命活动的特点及其他有关因素，在天气预报(长、中、短期)的基础上做出准确的预报和更具针对性的服务。应当指明的是，尽管应用气象学中的预报服务考虑了对象专业特点，体育气象预报服务考虑了气候、天气对生物(人体)影响的滞后效应、生物(人体)的抗逆性、可塑性而可能比单纯的通用天气预报要好些，但是由于目前人类对大自然的认识程度和科学水平所限，凡基于天气预报的各种预报服务，还都是"最大可能性预报"，尚未达到"必然性预报"的科学水平。当然，调动预报服务人员的主观能动性，做好长中短期配套服务和及时的警报服务，还是可以尽可能搞好体育气象服务的。

第四，就是体育气象的理论研究，应用气象科学、生命科学、医学等学科的有关理论知识和方法，从物理、化学、数学、生理、环境及生命和行为等多方面进行深入的综合研究，使天气气候既作为环境又作为资源，既是生命过程的环境又是生命过程的参与者，尽量搞清其作用机制。这是前三方面的理论基础，也为制定各项比赛规定提供科学依据。例如，当风速大于 2m/s 时，短跑取得的成绩只能决定本次比赛的名次，而不能与世界记录或全国记录相比。投掷、跳伞等是否也应规定一个风力影响指标，这方面的研究和探索还有待进行。

从气象因素对体育赛事的影响，大致可分为三类：第一类是限制性的，人们对这一类一般有所了解，比如狂风暴雨限制了各项室外赛事进行；35℃以上高温酷暑会造成运动员中暑休克；严寒天气除冰雪运动外，使多项赛事难于进行等。第二类是影响比赛成绩。运动员在同一赛场虽可决出名次，但成绩并不准确(不甚可靠)。例如，逆风向短跑，2m/s 的风可使 100m 成绩降低 0.16s 左右；反之，顺风则使成绩提高。顺风可使投掷成绩提高。这若作为有效成绩是值得研究的。第三类是影响体能的发挥，使运动员发挥不出或者"超水平"发挥其体能。这一类是人们知之不多和需花时间进行研究的。

气象与体育赛事的具体关系，可按气象要素的影响进行探索，也可按体育项目研究气象条件。

就气象要素来说，影响成绩的因素以风、能见度等较为多见，影响体能发挥的有气温、湿度、气压、大气成分，其他环境因素等较为明显。温度适宜则体能效率高，例如射箭、拳击、柔道等适宜温度为 13～16℃，而羽毛球运动则 7℃ 为宜，对于体操新手 17℃ 合适，而训练有素的老运动员则以 13～14℃ 为宜。田赛运动要求的温度高一些要 20℃ 左右，而径赛则要低一些要 17～20℃。这是从肌肉能发挥作用角度说的。另外温度过低可使血压上升。能见度可以影响跳伞、射击成绩。湿度过大不仅影响排汗，影响休热散发，还使运动员呼吸得氧量明显减少，从而影响二氧化碳的代谢，影响体能发挥，对中长短这类需氧量很大的运动影响更为明显。

不同的体育项目对气象条件的要求是不同的。例如，跳伞要求水平风速变小、晴朗、能见度好；滑翔则要掌握波状气流，据地形（如山丘）和云（如积状云）判断波状气流，利用波状气流升至相当高度再滑至另一波状气流处，则可以滑翔得很远。气象与体育关系密切是一新的科学领域，体育也是气象服务应当拓宽的领域之一。随着进一步研究和服务的开展，体育气象科学可望有较大发展。

二、体育场建设要南北朝向

1998年世界杯亚洲区决赛，中国队主场定在中国足球城大连。大连足协宣称，即将全面竣工的大连市人民体育场将以新姿新貌迎接国际足联和亚洲足联官员。体育场8万多人的定员将使来自全国各地的球迷，有机会亲临现场观看精彩的足球比赛，为中国足球队呐喊助威。然而出入意料的是，主场最终却选定了金州体育场，这是一座只能容纳3万人的场地。以平均票价200元计算，整整少收入1000万元。这仅仅是门票收入一项，间接的经济损失则更大。

弃大连市人民体育场而独选金州体育场的原因何在？国人不得其解。据媒体透露，断然否决大连市人民体育场的人是亚足联主席维拉潘。因为大连市人民体育场不符合国际足联的要求。不合要求之处不在球场、草皮，也不在建筑质量、安全和隐患，而是存在"方向"错误。国际足联规定，世界杯比赛场地必须是南北向，而即将投入使用的大连市人民体育场却是东西向。一座投资几亿人民币，重新翻修近似于新建的现代化足球场，竟因为一个小小的疏忽，变成了一座不能用作国际比赛的体育运动场。

国际足联为何要求比赛场地必须是南北朝向呢？地球自转和公转的科学原理是国际足联要求运动场地方向的主要依据。第十五届世界杯足球赛亚洲区预选赛A组第二阶段比赛，中国队主场设在成都。成都市体育场就是南北向，符合国际足联要求。以成都体育场为例，中午12时以前，太阳光从体育场的东面向西面照射。中午12点以后，太阳光从运动场的西面向东面照射，对于自北向南或自南向北跑动的运动员来说都是"侧光"，从而避免了阳光直射人眼。如果运动场是东西走向，那么在上午，太阳光就会直接照射面向东的运动员的眼睛，不但使运动员看不清前面的情况，而且也使运动员的眼睛受到损害。而位于西面的物体所产生的反射光，也会使面向西的运动员产生目眩。在下午，情况则相反。这样势必会影响比赛成绩和正常训练，同时也给场上的裁判员、工作人员带来许多不便。因此，国内外在修建体育场时，总是将体育场的纵轴线顺着南北向，以最大限度地避免太阳光直射和漫反射引起晃眼、刺眼等不利因素。

目前，我国许多城市有为数不少的体育运动场，在"方向"上不符合要求，有的是东西向、有的是东北西南向或西北东南向，这样的体育场不仅不能作为国际比赛场地，同样也不适合举办正规的大型体育运动会。这次中国队主场被迫选择金州体育场的教训告诉我们：中国足球乃至整个中国体育要想健康顺利地发展,就必须不断增加科技含量。看来,在科学普及方面,还有很多工作要努力去做。

第二节 气象要素对户外体育锻炼选时的影响

气温、湿度、气压等各种气象要素具有周期性变化,会使人们户外体育活动的生理、心理、习惯等因素也呈现一定规律性,故在选择何时进行户外体育锻炼时,必须考虑气象要素周期性及人体生物节律性,进行科学地选择体育锻炼时段。

一、主要气象要素的周期性与户外体育锻炼两个时段

1. 气温的周期性变化

气温日变化和纬度、季节、地表面性质及天气情况等密切相关,一般一天当中有一个最高值和一个最低值,最高值出现在午后14时左右,最低值出现在清晨日出前后。

2. 湿度的周期性变化

湿度又称大气水汽压,通常大陆湍流混合比较强的季节里,水汽压有两个高值、两个低值。日出后,水汽压逐渐上升;到了9～10时,水汽压减小,直到下午或日落前;以后,水汽压又重新增大;到了晚上21～22时,水汽压降低,直至次日清晨达到最低。

3. 气压的周期性变化

地面气压日变化以双峰最为普遍,其特点是早晨气压上升,最高值出现在9～10时;以后气压下降,到15～16时出现最低值;此后又逐渐升高,到21～22时出现次高值,以后再度下降,到次日3～4时出现次低值。

4. 户外体育锻炼的适宜时段

从以上论述看出,有两个时段适合户外体育锻炼。一是清晨5～7时,湿度、气压、气温正处于上升阶段,气温最低,湿度较大,称为第一时段,而下午17～19时,湿度、气压再次上升,气压最低,而气温处于降低阶段,称为第二时段。

二、科学选择各种气象要素的户外体育锻炼时段

1. 选择适宜的气温时段

机体对环境温度变化由发生反应到适应的一系列的生理变化称为对气候的服习,人体在冷热环境中进行训练,可使机体的产热和散热过程得到改善,人体对冷

热环境适应能力就可提高,但对于绝大多数非运动员来说,选择适宜的气温,使体温适度升高则是有利的,也是有益的。

2. 选择适宜的湿度时段

潮湿或干燥的天气,不宜户外体育锻炼,湿度太大的潮湿环境,能使人体发生病理变化的环境因素——环境致病因素增多,不利于人体呼吸,运动意外事故与伤害也易于发生;长期在潮湿环境里锻炼可导致发病率增高,如"矽肺"、癌瘤病等,在湿度小的干燥环境下,易发生中暑、人体代谢紊乱等不利于健康的现象。

3. 选择适宜的气压时段

气压的高低对人体的影响也是比较显著的,特别是对高血压的人,不宜在气压过高或过低的天气里进行体育锻炼。高气压的天气,进行体育运动易增加心脏的压力,抑制机体充分有效的活动,也不易达到锻炼效果。低气压的天气,则会增加人体肌肉、血管及心脏的负担,易导致高血压、脑溢血等疾病的发生,也不利于运动后的休息与恢复。

另外,在风速大、能见度低、云量多、辐射强、日照强以及恶劣天气里,都不利于户外体育锻炼,应重新选择与安排锻炼时间,灵活处理。

第二时段为较理想的户外体育锻炼时间,人不仅需要与自己的体内节律同步,还需同外部环境适应同步,因为周围的环境也随时间呈周期性变化。在进行户外体育锻炼时,必须系统地科学地考虑气象要素的周期性变化与人体生命活动的生物节律性以及运动生理的特征。一般而言,选择在下午 17~19 时,即适宜锻炼的第二时段进行体育锻炼比较合适。

影响户外体育锻炼选时的多因素:就大气环境而言,远不止主要受气象要素的影响,如因下垫面不同,山区、盆地在清晨易形成逆温层,极不利于户外锻炼。因此从事大气环境与体育运动的关系探讨是很有实践意义的,可以帮助与指导人们进行合理地、科学地、正确地选择体育锻炼时段。

第三节 田径比赛与气象

一、田径比赛与气象

田径运动员比赛成绩的好坏,除了与运动员临场竞技状态等因素有关外,还与比赛时的气象要素,风、气温、湿度有密切关系。

风有利于田径比赛,跳高的最好气象条件是风速 2m/s 以下,铁饼比赛要注意看好最佳风向,有利于创造最好成绩;顺风时对 100m 短跑、跨栏、跳远、三级跳远等运动员有利,但顺风的风速不能超过 2m/s,否则记录将不被国际田联承认,如 1968 年 6 月 20 日美国运动员齐姆在 100m 短跑比赛中,创造了 9.8s 的世界最佳成绩,但由于比赛时的顺风风速为 2.6m/s,超过规定风速 0.6m/s,因而未被承认。风还对马拉松运动员有影响,主要是风压对运动员呼吸方面的影响。

气温对田径赛的最适范围是 20～22℃,较高的气温对长跑有利一些,但不能过高,不然就有副作用。如 1967 年 7 月 18 日在日本举行的马拉松比赛中,由于当时气温已超过 30℃,比赛途中许多运动员病倒,其中 1 人死亡,8 人进医院抢救;在小雨中进行马拉松比赛有利于创造好成绩;三级跳远赛前如下雨,土壤湿润、松软,对运动员有利,不易伤脚。

二、跑步与气象

跑步是人们喜爱的户外体育运动,视不同天气每天坚持跑步,既锻炼意志,又增强体质。

冷天跑步:由于冷空气的刺激,身体的造血机能发生变化,对疾病的抵抗力增强。所以,冷天坚持跑步的人,很少患贫血、感冒、气管炎和肺炎等疾病。冷天一般阳光较微弱,在室外跑步能弥补阳光不足,阳光可促进身体对钙、磷的吸收,有助于骨胳生长发育。阳光中的紫外线还能杀死人体、衣服上的病菌,对人体能起到"消毒作用"。冷天气温较低,体表的血管遇冷收缩,血流缓慢,肌肉的粘滞性增高,韧带的弹性和关节的灵活性降低,在跑步前要充分做好准备活动,防止发生运动损伤。此外,冷天跑步还要注意身体、手、耳的保暖,防止冻伤。

热天跑步:热天气温高,如果跑步方法不当很容易中暑。炎热天气跑步最好选较凉快的清晨和傍晚。白天跑步应尽量避开强阳光的直射,戴上草帽,防止日射病。

风天跑步:风天跑步会感到呼吸费力,上不来气,这时应掌握好呼吸的节奏和深度,不要张口吸气,以防止冷风刺激咽喉和气管,引起咳嗽。若风太大,尘土飞扬,可改在室内运动。

雾天跑步:雾天空气潮湿些,能见度不好,跑步时速度要慢一些,防止发生跌伤等意外事故。在有大气污染的地方,雾会阻止有害废气向空中扩散,使空气更加变坏,在这样的地方,雾天不宜在室外跑步。

雨天跑步:若雨下的不大,可穿上短雨衣在柏油路上跑步,但速度不要太快,小心滑倒。跑完后要擦干身体的汗迹和雨水,尽快换上干衣服。

雪天跑步:雪天跑步要戴好帽子和手套,选择平坦的路面或在运动场上跑步,跑步时步子要小,频率要快,防止踏在不平的地方扭伤踝关节。雪天白雪茫茫,在阳光下银光刺眼,不宜在强阳光下的雪地里跑步,以防止雪反射的光刺伤眼睛,引起雪盲症。

三、高温天气与中长跑

在体育比赛中,运动员需要大量的氧气来维持人脑皮层的激烈活动和能量的高速释放。对于短跑这类短时间的运动来说,人体可以通过本身的机能来调节在运动中对氧的需求。而对中长跑运动员来说,由于大脑的激烈活动和能量的释放速度始终都接近于百米短跑,而持续时间却长得多,因此,体内能量和氧气的需求量,都大大超出体内呼吸和循环系统本身的能力,氧气入不敷出,大量乳酸在体内积聚,使人感到疲劳。所以,中长跑成绩如何,很大程度上取决于运动员本身的最大吸氧量。

在高湿天气里,人在呼吸过程中既吸进了氧,同时也吸进了大量的水汽。水汽填塞了肺部的部分极细小支气管,减少了肺泡内的气体交换量,使吸进的氧不能很好地进入循环系统(当然,二氧化碳也不能顺利地排出),造成运动员吸氧最大幅度下降。因此,高温天气是不利于中长跑运动员创造良好成绩的。

鉴于上午的相对湿度一般都比较大,而下午相对湿度比较小,同时,也考虑到人体的生理特点,现在一般都把 800～1500m 的中长跑比赛安排在下午,以便使运动员发挥出更高的水平。

四、马拉松成绩与气象条件

马拉松长跑(全程 42.195km)是运动会主要比赛项目之一。马拉松的成绩好坏,除对运动员的体质和技能有较高的要求外,气象条件也起到重要作用。有人估计,一次马拉松长跑,运动员约消耗 3000 千卡的能量。能量代谢所产生的热量可由人体每小时吸入的氧气和呼出的二氧化碳计算出来,这要求运动员具有特殊的呼吸和利用大量氧气的能力及高效率散热的本领。如果运动过程中产生的热量全部储存在体内,则运动员的体温将以约 $0.2℃/min$ 的速度上升,事实上运动员到达终点时体温仅增加 1～2℃,这说明人体具有高效率的散热机制。人体和环境之间的热交换除与人的体质、皮肤特性、出汗率、呼吸散热及衣着有关外,还受空气的温度和湿度、风速和辐射等影响,也就是说,气象条件对运动员的散热能力起着重要的作用,直接影响到马拉松成绩的好坏。

人体散热有以下几个途径:①传导:体内热能到达体表,直接传导给与体表接触的物体;②对流:对流散热约占人体全部散热的 15%,正常情况下,与人体周围的 1～2mm 厚的薄空气层的湿度和温度有关;③辐射:即肌体以发射红外线方式来散热。在一般情况下,以辐射方式散发热量大约是总散热量的 40%～60%;④蒸发:即通过汗液的蒸发来散发热量。

空气温度直接影响散热量的大小,空气温度低时有利于传导、对流和辐射散热,空气温度高时使辐射散热减少,但汗液增多使蒸发散热加大。空气中水汽含量的多少直接关系到汗液的蒸发快慢,影响蒸发散热的多少。日照是影响马拉松成绩的重要因素,因阳光照射使运动员体温升高,而太阳红外辐射使运动员散热能力降低。云量反映阳光照射的多少,阴天最有利于创造好成绩。降水对马拉松成绩的影响一分为二,大雨影响成绩;而微量降水对马拉松长跑最为有利,虽说雨水淋湿衣服运动员感到不舒服,但因体表雨水蒸发散热快,更有利于创造好成绩。

有人对美国波士顿自1957年以来每年举行一次的马拉松成绩进行分析,得出了一些有趣的结果:当空气温度和相对湿度足够高时,世界级优秀马拉松运动员都因气象条件不利而跑不出理想的成绩;当气温在 10~24℃ 之间时,湿球温度和云量成为马拉松成绩理想的预报指标;当阴天并且湿球温度低于 7.8℃ 时,成绩好的可能性很大,且很有可能破纪录;如果是晴天或者少云,湿球温度在 7.8℃ 以上,成绩通常较差。绝大多数破纪录的成绩出现在阴天并伴有微量降水的日子。至于在其他地方举行的比赛,这些气象因子同样具有指示性,只是其指标值要作相应的调整。因此我们可以根据比赛当日气象条件,对马拉松比赛成绩的好坏,能否打破纪录预先作出估计。

第四节　登山运动与气象

一、高山气候的一般特性

随着海拔高度的升高,空气、水汽、尘埃等随之减少,太阳直接辐射增强,紫外辐射增强尤为明显,但有效辐射也增大。在有积雪的高原面上,反射率增大,地面吸收辐射减少,故净辐射比同纬度平原小。高山气候具有气温低,日较差大,年较差小的特点。降水在湿润气流的迎风面上增多,在背风面大大减少;高山的风力一般比较大,风向不稳定。

一般来说,高山气候具有明显的垂直地带性,这种垂直地带性又因高山所在地的纬度和区域气候条件而有所不同,其特征如下。

(1)山地垂直气候带的分布因所在地的纬度和山地本身的差而异。在低纬山地,山麓为赤道或热带气候,随着海拔的增加,地表热量和水分条件逐渐变化,垂直气候带依次发生。这种变化类似于低地随纬度的增加而发生的变化。如果山地的纬度较高,气候垂直带的分异就减少。如果山地的高差较小,气候垂直带的分异也就较小。

(2)山地垂直气候带具有所在地大气候类型的"烙印"。例如,赤道山地从山麓到山顶都具有全年季节变化不明显的特征。珠穆朗玛峰和长白山都具有季风气候特色。

(3) 湿润气候区山地垂直气候的分异主要以热量条件为垂直差异的决定因素。而干旱、半干旱气候区，山地垂直气候的分异与热量和湿润状况都有密切关系。这种地区的干燥度都是山麓大，随着海拔的增高，干燥度逐渐减小。

(4) 同一山地还因坡向、坡度及地形起伏、凹凸、显隐等局地条件不同，气候的垂直变化各不相同，山坡暖带、山谷冷湖即为一例。山地气候确有"十里不同天"之变。

(5) 山地的垂直气候带与随纬度而异的水平气候带在成因和特征上都有所不同。

二、山区温度的推算

山区地形复杂，其温度的空间变化很大；同时我国山区面积广大，而山区气象站稀少，积累的气候资料不能满足研究山区热量资源的需要。因此，研究和利用山区气温的推算方法，这对分析山区热量资源具有重要意义。

不同作者提出了不同的山区气温推算模式。这里我们介绍一种较有代表性的分离综合法（傅抱璞等，1996）。

这种方法首先把影响山区气候的因素分为比较稳定的宏观地理因素和不稳定的微观地理因素，并把二者中的各种因子一一加以分解，根据各种地形因素对气候的影响规律，分别确定它们对温度（或其他气候要素）的具体影响，然后把宏观与微观的各种因子的影响综合起来，最后得出该地局部地形影响的订正值。

该方法的理论基础是，相邻地区大气候变化的规律基本上是一致的，而地形影响也有一定规律可循。具体方法如下：假设气象站（称 B 点）的气温为 T_B，要推算 A 点的气温 T_A，则 A、B 两地的气温差可写成如下形式：

$$T_A - T_B = \Delta T\varphi + \Delta T\lambda + \Delta T_g + \Delta T_e + \Delta T_h + \Delta T_m \tag{5-1}$$

式中：$\Delta T\varphi$ 为该两地地理纬度 φ 影响引起的温差；$\Delta T\lambda$ 为经度 λ 影响引起的温差；ΔT_g 为宏观地形 g（山脉走向、总体高度和长度）影响引起的温差；ΔT_e 为自然环境 e（大森林、大水体）影响引起的温差；ΔT_h 为局地海拔高度 h 影响引起的温差；ΔT_m 为小地形 m 的影响引起的温差。

令

$$\Delta T_s = \Delta T\varphi + \Delta T\lambda + \Delta T_g + \Delta T_e \tag{5-2}$$

则 ΔT_s 代表宏观地理因素引起的温差。因此，式(5-1)可写成

$$T_A - T_B = \Delta T_s + \Delta T_h + \Delta T_m \tag{5-3}$$

若 A、B 两地的海拔高度为 h_A、h_B（以 100m 为单位），温度递减率为 γ_h（℃/100m），则上式可写成

$$T_A - T_B = \Delta T_s + (h_B - h_A)\gamma_h + \Delta T_m \tag{5-4}$$

如果已知 ΔT_s、ΔT_m 和 γ_h，就可用上式由 B 气象站温度 T_B 推算 A 点的温度 T_A。

改写式(5-4)为

$$\Delta T_s = [T_A + (h_A - h_0)\gamma h] - [T_B + (h_B - h_0)\gamma h] - \Delta T_m \quad (5-5)$$

式中：h_0 为标准高度。一般丘陵地区取海平面为标准高度，即 $h_0 = 0$；在高山或高原地区，h_0 可以取山麓高度或该区域内大多数气象站的平均高度。显然上式中 $[T_A + (h_A - h_0)\gamma h]$ 和 $[T_B + (h_B - h_0)\gamma h]$ 分别代表 A、B 两地订正到标准高度上的温度，以 T_{A0} 和 T_{B0} 表示，则式(5-5)可改写成

$$\Delta T_s = (T_{A0} - T_{B0}) - \Delta T_m \quad (5-6)$$

若 A、B 两地小地形相似，即 $\Delta T_m = 0$，则有

$$\Delta T_s = T_{A0} - T_{B0} \quad (5-7)$$

可见在小地形相似或没有小地形影响（如平地）的情况下，A、B 两地由于宏观地理因素引起的温差 ΔT_s，就等于标准高度上的温差。

由于山区气象站一般都设立在周围比较开阔的山顶或山岗上，可以认为没有小地形影响或小地形相似，因此，可以利用该山区及其周围邻近气象站资料（温度、海拔高度等）以及该地区的 γh 值，将各气象站的温度订正到标准高度上，并绘制等温线图。此图称为仅仅反映宏观地理因素影响的宏观温度分布图（图 5-1）。根据宏观温度分布图就可以确定该区域内任意一点的宏观温度或者任何两地的宏观温度差 ΔT_s。

关于微观地形温度订正 ΔT_m，如果没有实地考察资料，可以利用地形相似法，选用其他地方得到的各种小地形影响温度订正。

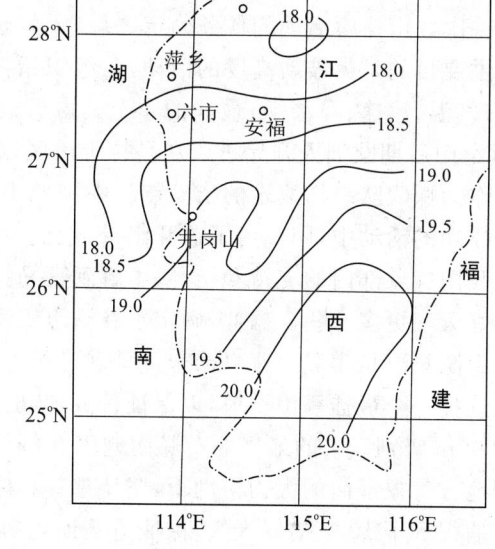

图 5-1 标准高度（海平面）上的宏观温度分布图
（江西省西南部，1975）

三、如何选择登山季节

实践表明，登山特别是登顶阶段，与当时的气象条件有着极为密切的关系。天气变化的好坏直接关系到登顶的成败。在登山史上因气象预报不准确或不能正确使用气象预报而失败的例子是不少的。因此，在登山前和登山过程中了解和掌握当地的气候特征和天气变化规律是非常必要的。

这里讲的如何选择登山季节,是从气候角度提供一个适宜登山的最佳天气时段。至于在该时段内的具体天气如何,还得靠登山时的天气预报和运动员们的观天经验。

根据我国登山队历年来的实践,在我国登山的有利气象条件是:①峰顶附近的高空风速要小于 18～20m/s;②无降水或只有少量降水;③气温不要低于－30℃;④日照时数要长;⑤通过大本营应无积雪;⑥能见度要好,无雷电或很少雷电等。

按照上述条件来选择登山季节,一般是容易办到的。我国是季风气候盛行的国家,季节的变化非常明显,对于登山来说,大致都以春秋两季为宜。由于我国幅员辽阔,地形复杂和山的海拔高度不同,各座山的气候特征也迥然各异。

四、登山运动的气象保障

登山运动与气象的密切关系是其他任何体育项目所不能比拟的。

一次登山探险活动的任务确定之后,天气也是最后致胜的决定性条件。比如一次主要目的是突破新高度的活动,在组织指挥工作上首先是选择好该山区气象条件(气温、风速、降水等)最好的季节。翻开现代登山运动史,我们可以看到,自 19 世纪中后期欧洲人开始进入喜马拉雅山区以来,无不是把选择当地最好的登山季节作为探险队一切战术的出发点。中国登山队 1960 年从北坡首次攀登珠穆朗玛峰成功的活动中,同样为了首开纪录,他们收集了大量外国人的登山记录,并得到了我国气象部门的支持和指导,了解到喜马拉雅春秋两季为适合登山的季节,春季的好天气更多一些。据此,确定了春季组织攀登活动并一举成功。直到今天,各国登山队只要是攀登一座自己未曾攀登过的"处女峰",往往还是从客观气象条件上先选择一个最佳登山季节,以保证首战成功。1991—1992 中日联合登山队向当时 8000m 级别以下的最高处女峰南迦巴瓦峰挑战时,也是坚持了这一原则,在国家和地方气象部门的大力协助下,坚持选择秋季作为登山最佳季节,并在最后突击阶段捕捉到了 10 天的好天气,保证了登顶成功。

登山探险活动类似一场战斗。战斗一经展开,在其后数天(或十几天至数十天)的战术实施过程中,恶劣气象因素的骚扰和脱离预报的天气突变是经常出现的。这些难以预测的气候变化就成了登山运动员的"冤家对头",既定的战术方案被打乱。一名运动员、一支登山队的实力强弱往往集中表现在这种时候。他们要依靠气象预报和自己的经验去区分是大气流的改变还是小气候的骚扰,是短期现象还是较长过程,在此基础上才能从战术上作出是进是退、是动是停等的调整安排。

登山探险活动中比较注重长期预报。一次大型活动,由于要解决物资上运输和取得人体对缺氧的适应能力,往往需要有几个持续 3～5 天的好天气过程。如能准确地捕捉到这些天气过程,就可使登山活动得以有序安排和顺利进行。短期预报同样也很重要,它不仅是安排运动员在山上具体行止的依据,而且还靠它订正中长期预报。

登山探险是科学行为。每一个登山运动员都明白,自己的行动是运用人类已掌握的知识去追求、探索大自然和人类自身的未知领域。在登山运动员所需要掌握的各种技能中,气象知识是最重要的内容之一。他们在接受任务时,不仅需要聆听气象专家授课,还应具备在山区有主动积极识别各种天象的常识。没有气象预报保障,不熟悉气象学常识,这样的登山不是探险,而是冒险。同样,面对可能出现的各种恶劣气象条件畏首畏尾,不敢用已掌握的知识、技能予以迎击,便会失去探险的意义。气象学是登山探险的有关武器,登山运动员也应该是为探索气象与人类利害关系而冲锋陷阵的侦察兵。

现代登山运动发展到今天,世界 8000m 以上所有高峰都已经被踏上了人类的足迹。可以说完成了对地球表面海拔高度极限的挑战。对高度的挑战也就是对缺氧的挑战。根据早期航空生理学,8000m 以上高空是人类的"死亡带",即这里的空气中的氧气分压,已满足不了人类生存的基本需要。因此直到 1960 年中国队攀登珠峰之前,各国登山界在向 8000m 以上很少高峰进军时,还没有敢于不带人造氧气装置的。由于种种原因,当年攀登珠峰的中国队员许多人在 8000m 以上很少甚至没有使用人造氧气,这一情况的报道大大鼓舞了各国登山界。大约从 20 世纪 70 年代开始,人们开始尝试 8000m 以上的"无氧(装备)登山"。

随着人类对"高山缺氧"这一"禁区"认识的深化,登山探险也在向其他纵深发展。最明显的是"登山季节"这一禁区也被打破。就拿珠峰来说,尽管首登者不乏选择春季的,但登山强国、强队已在向夏、秋、冬挑战了。特别是冬季登山,是集地形、缺氧、低温、强风等各种恶劣自然条件之大成,探险者面对的生存条件是极其严酷的。现代登山运动,与其说是向高度的挑战,他们这些壮举的意义就在于证明人类在综合的恶劣的自然环境下,其生命潜力究竟有多大。

一次大型登山活动中的气象保障工作十分重要。正如部队打仗时的侦察工作一样,气象保障工作是登山探险活动组织实施各项战术方案的依据。登山探险中的气象保障,由于各国各队经费、交通等情况不同,对其预报的要求和手段也多种多样。20 世纪五六十年代在中国组织的大型登山活动中,在编制序列上都建有由专业人员组成的组,随队进山,驻扎大本营,通过抄收附近国家、地区的预报和实地观测,绘制天气图,进行预报。进入 20 世纪八九十年代,随着预报手段更加先进,随队进山的专业气象人员便大大压缩,甚至一个人就可以承担,不必设立什么"组"了。比如中日联合 1992 年攀登南迦巴瓦峰活动中就只有一个人,每天通过接收"努瓦"卫星(美国,围绕地球两极运行)和"向日葵"卫星(日本,围绕赤道运行)的云图而作出预报。当然,像组织突击顶峰等重要战术行动时,为了稳妥起见,也经常同当地气象台进行会商订正。有些规模较小的登山探险运动,往往就不再配备专业气象人员,而是依靠老运动员的常识和接收附近地区的广播预报来作出判断。

在我国登山运动的发展中,特别是 20 世纪五六十年代的早期,每组织一次重大登山活动,都有气象工作者的积极配合和直接参与。后方,有中央气象局(现国家气象局)的宏观指导;前方,有气象工作者与广大登山运动员一起风餐露宿、卧冰饮雪,从而保证了活动的成功。1957 年全国总工会贡嘎山登山队的气象预报工作是由北京大学气象专业教师丁行友先生承担的。为了把预报作得更准确,他不是坐在大本营,而是与广大运动员同攀登共甘苦,最终在一次雪崩中献出了年轻的生命。

1960 年攀登珠峰活动中的气象保障工作规模是最大的,时间也是最长的。从史料记载上看,也是世界登山史中所从未有过的。为了摸清当地大气活动规律,中央气象局钱增进等几位先生提前进山,在海拔 5000m 的大本营进行了长达 1 年多的实地观测。此后,又有中央、地方各台站不下 10 人次投入了当年的重大登山活动的气象保障工作。

40 年来中国登山运动长足发展,有广大登山运动员的前仆后继、忘我拼搏,也有广大气象部门、气象工作者的顽强战斗和无私奉献,他们相互间密切的合作为我国登山运动的发展史奏响了一曲又一曲凯歌。

五、珠穆朗玛峰天气气候概况

珠穆朗玛峰顶常年积雪,4—6 月气候最佳,是登山的黄金时节。

对登珠峰的天气气候了解主要包括雨季的起始与结束时间,7000m 以上的高空风速变化情况以及不同海拔高度的地面风速的日变化情况。了解珠峰雨季的始末时间主要是为了安排珠峰登山计划,登山时间应尽力避开雨季,选择旱季。为了了解珠峰 7000m 以上的高空风速变化情况,对于从北侧攀登更为重要。根据我国登山家的经验,在珠峰地区登山应选择风速小于 6 级风的季节。前面提到的气候状况是登山者选择珠峰登山季节的重要气象依据。了解山区地面风速的日变化情况主要是为了每天登山的时间安排。

(一)登山季节选择

珠峰北侧地区的雨季时段为 6 月中旬至 9 月中旬,其中以 7—8 月降水量最大。珠峰地区 7000m 以上高空风速的季节变化,主要决定于副热带西风急流带(也称南支西风急流带)的变化,副热带西风急流带所处的位置即是出现大风的位置。据统计,珠峰上空(7000～9000m)的风速在 1—3 月和 11—12 月最大,一般不宜攀登。综合上述两个条件,再从珠峰北侧攀登顶峰的登山季节以 4 月下旬至 6

月上旬、9月中旬至10月上旬为最好。

(二)登山时间选择

统计分析表明,在山区地面风速变化比平原地区的大,而且海拔高度越高风速日变化越大。例如,春季和夏初在青藏高原上,海拔4500m高度地面风速的日变化为海拔1000m高度的4.5倍,在这一高度上当地时间下午14—18时的风速比夜间和上午的风速平均大5.5m/s。

由此推测,在海拔6000～8000m高度地面风速日变化约为海拔1000m高度的6～8倍,即下午风速约比夜间和上午的风速大7.3～9.8m/s。有鉴于此,我们建议登山队员在高海拔地区登山应"早出发,早宿营"。中国登山队自1975年起把"早出发,早宿营"作为登山行动准则之一。在珠峰地区,中国登山队规定当地时间早晨2时出发,下午14时宿营。登山爱好者可根据不同季节和不同海拔高度,自己确定"早出发,早宿营"的时间。从原则上讲,海拔高度越高,出发和宿营的时间越早,春季和秋季的地面风速日变化较大,应尽可能提早,夏季地面风日变化小,可以少提早一些时间。

(三)珠峰山区天气现象

在珠峰山区活动,除了上述很重要的气候知识外,了解一些珠峰山区天气知识也很有必要。掌握好这些天气知识,除了有助于登山活动外,也会学习到丰富多彩的气象知识。

1.冰川风

这是珠峰北侧的特殊天气现象。在一般山区,往往盛行日变化显著的山谷风。在一昼夜中,下山风和上山风交替出现的现象叫山谷风。一般来说,上山风又叫谷风,空气由山谷向山坡流动;下山风又叫山风,空气由山坡向山谷流动。形成山谷风的原因主要是山谷中下垫面与山谷中大气接收太阳辐射能力不同而形成山坡上空气温度及山谷中同高度上大气温度的差异。一般说来,当地时间正午后至午夜前为山风,其他时间为谷风。

在珠峰北侧,由于在海拔5300～7000m主要为冰雪表面,日出后的冰雪表面气温仍然低于山谷中同高度的大气温度,因而几乎昼夜盛行下山风,这种因冰川分布而形成的下山风又称作冰川风。冰川风在当地时间下午14—18时最强,在离地1000m以下的风速平均可达10m/s,阵风达到7～8级。

2.河水流量的日变化

一般来说,高山地区河水流量的日变化主要决定于冰川融水量的日变化,而冰川融水量的日变化又主要决定于气温的日变化。春夏秋三季日出后,当阳光照射在冰川表面时,冰川逐渐消融,流水汇入河谷,增大了河水流量。在珠峰绒布河水流量中,67%左右来源于冰川融水。因此,高山河流的河水流量都在正午前较小,午后至傍晚最大。

3. 看云识天气

在高山地区,云与天气变化有一定关系。有经验的登山者可以从云的形态变化推测短期天气的变化,特别是在珠峰北侧地区登山时,珠峰特有的"旗云"变化与天气变化联系紧密。

"旗云"是指在珠峰顶端不断生成的对流性的"积云",受强烈的高空风影响随风飘动,远望宛如一面旗帜挂在峰顶上的特殊天气现象。

观测研究表明,珠峰顶端出现的"旗云",绝大部分是自西向东飘动,但当特殊天气系统来临时,"旗云"也会自东向西飘动。

从多次制作攀登珠峰的登顶天气预报中我们知道,珠峰顶上的"旗云"的确可称作"世界最高的风向标"。

首先,从珠峰"旗云"飘动的方向可以判断珠峰顶高度附近(海拔8000～9000m)的风向;其次从"旗云"顶部起伏波涛的形态可以估计高空风速的级别大小。

如果"旗云"自西向东飘动,云的顶部平而光滑,并在离开峰顶后云顶高度逐渐下降或是云的顶部起伏波动剧烈。高空西风风速在17m/s以上,当日不适宜7000m以上的登山活动。

如果"旗云"自西南向东北飘动,云的顶部起伏波动大,而且在离开峰顶后云顶高度逐渐上升,表明高空风速不超过15m/s,当日还可以在7000m以上登山活动。但一天后会有高空西风槽来临,大风伴随降雪发生,2～3天内不宜在7000m以上登山活动。

如果"旗云"自东向西飘动,表明高空有偏东风气流,未来1～3天内会有印度低压来临,带来大雪伴随小风的天气,一般不宜在7000m以上登山活动。然而在珠峰北侧,对于熟悉登山地形和路线的攀登者,也可以利用这种小风而气温高的天气在8500m以下登山,因为从北侧攀登对登山者威胁最大的是大风。

如果在珠峰顶端的云量很少,没有形成"旗云",而且云几乎垂直向上,表明高空风小于15m/s,宜于在7000m以上登山活动。如果在珠峰顶部附近有荚状高积云,表明在峰顶附近大气层结构稳定,高空风不大,也宜于7400m以上的登山活动。

六、高原体育训练基地

国内外大量研究结果表明,高原训练的最佳高度在2000～2500m之间,尤以2300m为最好。在高原,由于随着海拔的升高,地球引力逐步减小,空气密度减小,气压随之降低,肺泡内的氧分压也就随之降低,对人体就会产生不同程度的缺氧刺激,尤其在运动过程中更甚。在高原训练过程中,机体对高原缺氧和运动缺氧双重刺激的反应是一个从不适应到适应逐渐变化的过程。高原训练是有意识地打破机体内环境的相对平衡,使之发生向较高机能的转化,从而重新获得一个与较高机能水平相适应的相对平衡的内环境。运动员在高原缺氧条件下训练,可以造成比平原更为深刻的缺氧刺激,人体对此产生的适应,大大地调动了身体的机能潜力。高原训练时,由于溶解在运动员血管里的部分氧气,因气压降低不容易被身体吸收而变成气体释出,增大了血管体积,使得血管扩张,管壁增厚,血管变粗,血流量增加,更好地锻炼心血管系统,提高最大吸氧量,增强耐乳酸能力,提高运动成绩。

据了解,高原训练作为一种提高运动员运动能力的训练方法,早在20世纪50年代就引起了国际上的重视,世界各国都在开展有关方面的研究。目前世界各地建成并投入使用的高原训练基地有60多个。最新报道表明,采用高原训练的项目几乎包括了所有的奥运会项目。

这就是高原训练的训练学意义所在。不同海拔阶梯式的基地或训练场所,符合高原训练的海拔要求,适合于不同项目开展高原训练,可进行高高交替、高低交替、高住低练、低住高练等不同的组合训练,以提高高原训练的效果,并在多年的训练实践中取得了显著的成效。

中国的高原体育训练基地共有两处:一处是多巴基地,另一处是云南海埂基地。

1. 多巴高原训练基地简介

青海多巴国家高原体育训练基地建于1982年,距离西宁市26km,位于青海省湟中县多巴镇,海拔高度2366m,年平均气温6.5℃左右,是世界公认的提高耐力性项目的理想的高原体育训练场所。多巴基地纬度高,大气密度低,氧气稀薄,这种低氧环境保证了高原训练的质量。此外,多巴高原训练基地附近没有工厂,空气无污染,自然生态环境优越。科学研究证实,没有工业与都市的污染、富含氧离子的新鲜空气,能使运动员机体得到某种清洗,使体内的有害物质通过剧烈运动排出体外,为运动员提供了一个优越的训练环境。近年来,基地不仅接待了国家中长跑队、竞走队、游泳队等队伍的训练,为我国备战奥运会做出贡献,还接待了来自全国的20多个省、市、行业体协的体育项目队,并且蜚声海外,日本等国家的队伍也慕名前来。

大批优秀运动员从这里走出。多巴基地是天赐的发展高原体育训练项目的风水宝地。多年来,有大批运动员从这里走出,在世界级的各类大赛中斩金夺银。据不完全统计,截至2009年,仅在多巴基地训练过的我国运动员在奥运会、世界以及洲际等各类大赛中共取得了近50个冠军,27人56次平破世界纪录及创造亚洲最好成绩。尤其是我国田径项目在奥运会上取得的5块金牌中,其中中长跑、竞走取得的4块金牌就是在赛前进行了高原训练。我国游泳、赛艇及皮划艇项目在北京奥运会上取得3金4银3铜3破世界纪录的好成绩也得益于高原训练。这些奇迹般的成绩让青海人感到很自豪。

2. 海埂高原训练基地简介

云南海埂体育训练基地位于云南省昆明市南郊，海拔1888m，占地面积约$41×10^4m^2$，建筑面积$12×10^4m^2$，较零米海拔缺氧17%。年平均气温15.5℃，年温差为12.1℃，年平均降雨量1000mm左右。基地坐落在"高原明珠"滇池之滨，与著名风景名胜西山龙门相眺，与云南民族村相毗邻。基地布局由东向西，与昆明滇池国家旅游度假区的布局协调。为充分利用海埂得天独厚的气候条件和区位优势，训练基地由原国家体委和云南省人民政府共同开发，于1973年破土动工，1975年开始使用至今。经过近30年的发展建设，如今已成为一个以足球为龙头，以网球、篮球、排球、沙滩排球、手球、垒球、橄榄球、曲棍球、藤球、游泳、跳水、铁人三项、田径(竞走、长跑)等为主体的多功能、综合型、在国内外享有盛誉的高原体育训练基地。

基地有草坪足球场16块；两块标准400m炭渣跑道田径场；2块标准棒、垒球场，2块棒、垒球训练场；17块灯光网球场(其中室内软塑胶标准网球场5块、室内沙地标准网球场6块、室外硬塑胶标准网球场6块)；游泳训练馆和跳水馆各1座；室内篮(排)球馆2座；室外沙滩排球训练场8块；室内专业健身房1座；综合馆1座，建筑面积13 398m²，馆内设有网球、保龄球、台球、乒乓球、壁球、模拟高尔夫球、健身房、棋牌等运动、娱乐健身活动场所，以及4个大小会议室、1个语音训练室、14个舞厅等配套设施；球类训练馆1座，建筑面积15 000m²，设a、b、c三区，a、c区各设排球场4块，共8块，可进行排球、篮球、手球、曲棍球、藤球、室内足球、羽毛球、乒乓球等室内球类项目训练。b区设有大堂1个，标准间客房48间(包括两套高档套房)，中、西餐厅各1座。有接待楼4幢，其中1幢为宾馆，3幢为标准客房楼，综合馆内还设有高档客房。基地的床位达889张，可容纳900人住宿。有一座能容纳600人的大餐厅，5个雅座室，综合馆餐厅可供100人就餐，球类馆餐厅可供100人就餐，基地可提供800人同时就餐。目前，客房和餐饮设施条件能同时接待800人，可提供不同档次的客房和中、西餐服务。

七、2008年奥运火炬珠峰传递气象保障

2008年5月8日，奥运圣火成功登顶珠峰，并在珠峰顶完成火炬传递活动，履行了中国对世界的承诺，也创造了奥运火炬传递史上的又一个奇迹。在随后的国家体育总局在京召开北京奥运火炬接力珠峰传递庆功表彰大会上，中国气象局获"北京奥运火炬接力珠峰传递成功纪念牌"。

在奥运圣火成功登顶珠峰的背后，一支由38位气象专家组成的中央气象台珠

峰气象保障队也创造了我国珠峰地区天气预报服务的历史,展示了我们对珠峰地区天气预报难题的突破和进展,为保障北京奥运火炬珠峰安全传递,登山队员和火炬手顺利登顶、下撤,工作人员和组织者平稳有序活动做出了重要贡献。

珠峰气候极端恶劣,天气异常复杂。强风、暴雪、云雾等恶劣天气以及雪崩等灾害是攀登珠峰的最大自然障碍,也是北京奥运火炬珠峰传递面临的最大威胁。在其他条件基本具备的情况下,选择合适的天气气候就成为最后的关键因素。

奥运圣火登顶珠峰给气象服务带来了前所未有的挑战。"由于珠峰地理位置特殊,我们的预报员对青藏高原的天气系统缺乏足够的认识,以前也从未开展过相关的业务,预报服务经验也不足。同时,我们还比较缺乏珠峰地区的观测信息,对其天气系统的监视能力明显低于平原地区。"国家气象中心常务副主任端义宏表示。

"火炬登顶珠峰的气象保障确实有其独特性,压力较 2000 年悉尼奥运会和 2007 年上海特奥会的气象服务保障更大一些。"3 月 26 日就抵达珠峰大本营的珠峰气象保障队预报组组长、中央气象台首席预报员何立富说,"大型运动会我们关注的多是赛场气象要素的变化,而珠峰气象保障,因为其所处的高海拔,则要更多的关注高层的天气和风力的变化,另外,如果出现预报失误,会造成严重的人员伤亡,压力也更大。"

经过 2007 年为期 37 天的奥运圣火抵达珠峰气象保障演练,何立富早已熟悉珠峰的各种天气气候特征。"风速是登山队最为关心的气象要素。特别是在登山队员攀登过程中,超过 20m/s 的风将直接危害到登山队员的生命安全。"何立富说。

因此,如何对珠峰进行针对性的观测成为珠峰气象服务的重中之重,但这也是珠峰气象保障服务的薄弱环节。

为做好现场气象保障工作,在中国气象局党组的高度关注和坚强领导下,中国气象局珠峰气象保障队克服恶劣的自然条件和电力通信保障条件较差等各种困难,利用综合遥测、遥感和人工观测等手段,在珠峰大本营架设了综合高空探测车、GPS 探空系统、自动气象站和全天空成像仪等先进设备。在海拔 5200m、5500m、5800m、6000m、6300m 和 7028m 6 个高度安装了自动气象站。在珠峰海拔 6500m 的垭口、海拔 6600m 的山路上,以及海拔 7450m 的山脊上分别安装使用了 3 台单测风仪。其中,在海拔 7450m 的山脊上工作的单测风仪也成为我国气象史上最高的观测设备。这些综合观测手段不仅为登山队提供了可靠的实况数据,也为珠峰地区精细天气预报提供了重要的基础数据。何立富告诉记者,有了这些针对性的观测资料,再利用数值模式产品和卫星遥感产品,我们就可以提供珠峰地区长、中、短期预报,以及 5000m 至 9000m 不同高度上的天气预报和临近预报、预警服务。

"准确和精细的天气预报确保火炬接力珠峰传递活动顺利进行。"奥组委和国家登山队如此评价。

第五节 野外活动和露营与气象

人们进行户外运动时,免不了要在野外露营。这时安全是最重要的内容,而气象因素又是野外露营环境中必须考虑的重点内容之一。

一、野外活动和露营要防闪电与雷击

长久住在都市的人在进行户外运动时,遇到闪电、听到雷声常容易慌了手脚。事实上只要掌握了这方面的知识后,就不用紧张。当发生闪电、雷击时,只要不在最高地势的山头或光秃秃的地方,危险性就减少了很多。遇到闪电时还应避免站在高树之下,手中身上金属类东西最好丢弃。如果逃避不及,那么就地卧倒也可将危险降至最低。

在雨季或多雷电区,营地绝不能扎在高地上、高树下或比较孤立的平地上。那样很容易招至雷击。

二、野外活动和露营要防山洪威胁

扎营时应注意洪水流向,沙滩冲积地是扎营佳处,但洪水袭来时受害也是首当其冲,下雨后应采取行动,换个营地,否则会有被洪水冲失的可能。

三、野外活动和露营要防山体滑坡和泥石流

露营不要在沟口和沟道上,在山区或高地,会有很多山麓扇形地。实际上山麓扇形地是历史泥石流活动的见证,从长远的观点看,绝大多数沟谷都有发生泥石流的可能。因此,当野外活动露营时,不宜离沟岸过近,不能占据泄水沟道,以避免或减轻因泥石流造成的伤害。

四、帐篷搭设应考虑气象因素

(1)地点的决定:在考虑风向及地形后,选择一个平坦之地。

(2)铺设地面垫:在环境温度较低时,铺设地面垫应厚实些,可起到保温防寒作用;地面较潮湿时,应采取一些隔湿措施,如先铺上席子后,再于其上铺置垫子,以防地湿引起的有关疾病。

(3)防风:面垫铺好后,要考虑露营地风力大小及其变化情况,以钉子将四个角固定。

五、野外活动和露营应注意的其他因素

户外运动非常辛苦与劳累,运动一天后,人会感到十分疲倦。晚上入睡后会很香,夜间也很难醒来,这也给安全带来隐患。所以,野外露营要重点防范一些突发的气象事件出现。

(1)离水源较近但地势要相对较高的地方:露营休息离不开水,离水源较近是选择营地的第一要素。因此,在选择营地时应选靠近溪流、湖潭、河流边,以便取水。但也不能将营地扎在河滩上,有些河流上游有发电厂,在蓄水期间河滩宽、水流小,一旦上游出现暴雨,水库放水时,将涨满河滩,出现意外。还有一些溪流、小河,平时水量小,一旦上游下暴雨,都有可能发大水。所以,一定要注意防范这种问题,尤其在雨季。

(2)背风处露营:在野外扎营,不能不考虑背风问题,尤其是在一些山谷、河滩上,应选择一处背风的地方扎营。还要注意帐篷门的朝向不要迎着风。背风同时也是考虑用火安全与方便。

(3)背阴露营:如果是一个需要居住两天以上的营地,在好天气情况下应当选择一处背阴的地方扎营,如在大树下面及山的北面,最好是朝照太阳,而不是夕照太阳。这样,如果在白天休息,帐篷里就不会太闷热。

(4)远离悬崖露营:扎营时不能将营地扎在悬崖下面,这样很危险,一旦山上刮大风时,有可能将石头等物刮下,造成伤亡事故。

(5)选择离村落较近的地方露营:营地靠近村庄有什么急事可以向村民求救,在没有柴禾、蔬菜、粮食等情况时就更为重要。近村的同时也是近路,即接近道路,方便队伍的行动和转移。

六、攀岩项目与气象

攀岩是一项新兴、时尚,具有挑战性、刺激性、健身性、群体性的体育运动。在许多户外运动俱乐部所设项目中,攀岩是一种常见的项目。攀岩是从登山运动中派生出来的新项目,从气象对其的影响情况来看,又与登山运动不同。影响攀岩项目的气象要素主要有气温、风速、降水和雾,前三个要素的影响更为突出。

气温:最好在25~26℃左右。这是最理想的温度。如果太高,超过30℃,太热,影响运动员的体力。而太低,低于15℃,热身受影响,并且手会发僵。

风:室外进行攀岩,风速不能大于2级,不然就会对攀岩的运动员产生影响。

降水:下雨的话,影响就更大。人工岩壁,上面都有遮雨棚,可是真下雨的话,还是有雨落到赛道的支点和抓手上,支点和抓手一湿,摩擦力就下降,对运动员造成直接影响。并且下雨时往往风也不小。

雾：雾大时，湿度大，使支点和抓手易打滑。

每到一个地方进行攀岩比赛时，应先找当地的气象部门和有关的《地方志》，从里面的气候条目了解当地的气温极值、风速极值、日照时数等，从历史记录中对当地的气候特征进行了解。这是进行攀岩比赛所必须开展的事先准备工作。在正式比赛开始之前和之时，更应有相应的气象服务参与。

第六节 球类运动与气象

一、网球比赛与气象

近几年来，国际体育舞台上经常爆出大冷门，弱队（者）战胜强队（者）层出不穷。网球界也不例外。在人们的头脑里产生两个问号：为什么美洲网球骁将难夺欧洲冠军？为什么欧洲名手难登美洲宝座？

诚然，网球比赛的胜负，除了个人技巧、竞技状态外，不外乎天时、地利、人和。其中天时在一定程度上又会成为主要因素。

网球场有硬场和软场之分，草地球场和沥青面球场都称为硬场。泥场称为软场。温布尔顿是草地网球赛，全美公开赛中心一号场是沥青场地，而全法公开赛却是在泥场上举行。在硬场上比赛，球的反弹性能强，有利于炮弹型发球和猛烈抽击的美国型选手——以力和速度为主。在软场上击球，球的反弹性能差，有利于习惯在泥场作战的欧洲型选手——出球落点恰到好处，球反弹时带下垂性。因此，这两种不同类型的选手，历来分别在硬场或软场上称霸。历史上有一场欧美选手的争霸战是天气起了主导作用的最典型例子。

在20世纪30年代初，美国新崛起的网球明星梵恩斯在温布尔顿大赛上横扫各路英雄，夺取冠军。他胜法国第一高手柯显的一场球，更是摧枯拉朽，以直落三局取胜。但事隔一个月，他和柯显在全法公开赛上再次相遇。请读者注意，这不是在草地场上打球，而是在泥场上竞赛。一般人都认为梵恩斯仍能取胜。理由很简单，因为梵恩斯正当青春年华，而柯显已近中年，前两盘，梵恩斯先胜了，但已不像一个月前赢得那么轻松了。到了第三盘，起初仍是梵恩斯领先，看来柯显已无回天之力了。但是"天有不测风云"，一片乌云突然飘来，随之一阵大雨……比赛被迫中断。等雨过天晴继续比赛时，这时场上风云突变，梵恩斯昔日的炮弹式发球和有力的抽击都失去了效力，这究竟为什么？难道一场雷雨就把梵恩斯的锐气冲垮了？是的，细心琢磨一下不难找出答案，因为泥场本是软场，再加上雨淋，球的反弹降到最低度。这就使梵恩斯这颗"炮弹"式选手难以发挥特长。相反，柯显稳扎稳打，以美妙的落点球控制了全场，胜了第三局。第四局因场地仍显潮湿，优势显然仍在柯显一边,柯显继续获胜。到了决胜局,观众不约而同地预料柯显可以转败为胜,哪知球场又起风波,经太阳光普照,场地渐渐干了起来,球的速度又发生了变化,梵恩斯的重磅发球和猛抽猛杀重显威力,一路领先,胜利就在眼前。岂料,天公不作美,又是一场阵雨,只好雨停再战。毋庸多言,天气又帮了老将柯显的大忙,柯显以美妙的落点控制局面,取得了最后胜利。

从这个历史事实中可以悟出一点球赛和气象关系的科学道理来。

据说,近代法国网球公开赛为了避免重蹈覆辙,专门雇用了20多名大学生,在场内边看球,边服务。若遇雷阵雨,20多位大学生立即把油布盖在网球场上,等雨止后再掀开,这样就可以继续比赛。

二、高尔夫球与气象

高尔夫球在世界上是广受人们喜欢的一项全天候型体育项目。球场一般都设在开阔地带,职业高尔夫球比赛,男子比赛要连续赛4天,女子比赛也要连赛3天,比赛进行中遇上刮风、下雨,也仍然照常进行。所以高尔夫球比赛受许多环境因素的影响,其中与风的关系较为密切。风对高尔夫球飞行距离的影响因风向、风速而异,顶风较之顺风的影响小些。

顶风时,高尔夫球在飞行中与空气的相对运动增大,空气的阻力增加,球会被风顶回一定的距离,使球的飞行距离减少,球的落下角度增大,球的滚动距离减小。在顶风时,若想把球击得远些,应该把球击得低一些,低弹道为好。顺风时,因空气的相对运动减少而阻力也减少,球乘风前进,飞行距离增加,落下角度变小,滚动距离增加。在顺风时,要由下向上击球,高弹道才能把球打得远。

根据实验,高尔夫球的初速度为60m/s,击球角度为10°,旋转数为50rad/s。在无风时,球的飞行距离为182m;在风速为5m/s顶风时,球的飞行距离为160m,与无风时相比,球的飞行距离减少22m;在风速为5m/s顺风时,球的飞行距离是206m,比无风时增加24m。因风向不同,球的飞行距离相差46m。

高尔夫球的初速度、击球角度、旋转数不变,风速为10m/s,在顶风时,球的飞行距离为141m,顺风时,球的飞行距离为235m。风速增加5m/s,球的飞行距离顶风减少19m,顺风增加29m,顶风与顺风球的飞行距离相差94m。

高尔夫球既然易受风的影响,运动员在比赛时就要注意细心观察风,科学地利用风等气象因素,确定自己的打法,方能创造出好的成绩。

三、足球与气象

据研究,温度、晴雨、气压、风等都对足球比赛有直接影响。

气压与足球:低气压下运动员的奔跑能力和射门力量明显减弱,第13届世界杯在地处高原的墨西哥举办,全部52场比赛只射进132个球,平均每场2.54个球,是历届世界杯赛中最低的。这与高原气压低不无关系。

温度与足球:非洲国家多处于热带,很自然地适应高温下的比赛。例如在第13届世界杯赛上,摩洛哥队在32℃的高温比赛中逼平了第12届世界杯赛季军波兰队;喀麦隆队也是在下午冒着高温,以2∶1击败罗马尼亚队。这两场比赛,行家们都说老天在帮非洲球队的忙。

降水与足球:东南亚国家多雨,这些国家的足球队自然就更加适合雨中作战。在第23届奥运会足球预选赛亚洲赛区的小组赛上,中国队和适宜踢"水球"的泰国队的比赛适逢大雨,泰国队利用一次任意球击败了中国队。当时中国队守门员因为骤雨影响了视线,球被泰国队的皮耶篷补射入网,中国队惨遭淘汰。

风与足球:1900年在一次英国的足球赛中,曼彻斯特队迎战新德兰队。曼彻斯特队守门员威廉士长得腰粗腿壮,脚力过人。在他发一个门球时,猛力一脚将球踢出,此时突然刮起一阵大风,球借风势,直飞对方大门。新德兰队守门员叉着双手,正与一个队友说话。等到他如梦初醒,想跳起接球时,已经迟了,裁判员判曼彻斯特队进球得分。

雾与足球:1987年6月9日在广东梅县体育场,辽宁队和青海队正在进行第6届全运会足球预赛。下半场10分钟左右,辽宁队前锋接到同伴的高调球,一个狮子甩头,球呈抛物线状"飞进"大门。"进了,进了!"在球迷的呐喊声中,主裁判吹响了辽宁队得分的哨子。可一瞬间,奇迹发生了,球落在网外。检查球网,又毫无破损的迹象。无奈,主裁判只得改判未进。赛后,裁判对新闻记者说,只有一种理由可以解释,那就是天气原因,比赛是在时阴时雨的条件下进行的,雾气始终弥漫赛场,雾滴浓度水平分布的不均匀很有可能使人对飞着的足球产生类似"海市蜃楼"的错觉,认为球进了网,其实并没有进网。

雪与足球:大雪纷飞中踢球该是何等的壮观!1987年12月13日在日本东京举行的第8届丰田杯足球赛上,来自欧洲的葡萄牙波尔图队和来自南美的乌拉圭佩纳罗尔队开始了一场雪地足球大战,争夺世界足球俱乐部的冠军宝座。雪地踢球既要斗勇,也要斗谋。虽然雪地和寒冷影响了他们的技术动作,但是两队都随气候应变,雪地和寒冷无疑要影响球员的技术动作,对技术细腻,讲究地面短传配合的南美球队尤其不利。果然,开赛后以大脚中长传见长的波尔图队就积极拼抢,在场上占据优势,而佩纳罗尔队则显得有些盘带过多。上半场波尔图队成功地组织了一次进攻,乱中射门,球碰到人后弹向底线,本来是个出界的球,却因雪地而停住,被抢先冲上来的波尔图队球星戈麦斯巧妙地铲射入网。失球后的佩纳罗尔队对场地有雪恼恨不已。

正是因为天气条件影响着足球比赛的攻防战术,所以天气预报显得尤其重要。

因此,有经验的领队、教练不仅熟悉本地的气象情况,也很注意收集和收听客场赛地的气候资料和天气预报。因天制宜,做到赛前心中有数,自然有利于比赛的技战术水平发挥。这样无论主、客场,都能时时抓住"天时地利"的优势,从而在比赛时处于主动的地位,成为一支"全天候"的足球队。

不同的天气状况,球队所采取技战术策略应有所不同。有经验的球队在雨天比赛时,进攻上常采用大脚中场直传和45°斜传,以控制球的着地时间,从而使球早入对方禁区寻找机会射门,在防守上多采用区域防守,因为雨天不利于盘带,高空球较多,这样,只要抢到球的落点再大脚传出就达到瓦解对方攻势的目的。而在高温天气下比赛,进攻上则注意控制节奏,该快则快,该慢则慢,而且多运用短传配合向前推进;防守上则采取盯人战术或禁区内密集防守战术。

第七节　特种体育运动与气象

一、摩托比赛

对摩托车比赛影响最明显的要数降水。跑道湿了,影响拐弯速度,故要求使用适应降水天气的轮胎。另外,若跑道过于干燥,特别是在热的天气状况下,则引起轮胎强磨损。较大型的比赛,通常安排在一年中气候对于赛车类型最佳的时期。因为多雨和泥泞条件,或者炎热和沙暴,都是影响比赛的主要因素。成功的比赛车队需在其比赛策略中考虑天气因素。

二、航空运动

飞行需要的天气保障,不仅仅是起飞和着陆时的近地面天气条件;航线上的天气条件,包括不利的风、风切变、湍流、结冰、热对流、山地波动以及恶劣天气等,对飞行也至关重要。

三、热气球运动

很难列举出其他项目比操纵气球更加依赖于天气条件及其准确的预测了。驾驶热气球飞行,要根据不同的气象条件、地形、地物、载重、燃气动力、高度和飞行状态,灵活地掌握加热时机,使气球按照驾驶员的意愿飞行。

热气球的低空飞行是件很有趣的旅行。大多数驾驶员喜欢低空飞行,这样可以与地面上的农民和行人简短交谈,向正在行驶的火车和汽车里的乘客招手致意,乐趣无穷。对于乘坐气球者也是一种美的享受。低空飞行由于变幻莫测的天气和复杂的地形,给飞行带来困难,甚至发生事故。那么是什么原因呢?造成低空飞行事故除了碰上高压输电线外,就是气象原因。气象原因主要是指低空风切变。低空风切变有3种类型,其中威胁最大的是垂直切变。在形成低空风切变的原因中,雷暴、地形、地物形成的切变更是气球飞行的大敌。在炎热的季节里,一旦发现50km之内积云不断形成,应立即选择着陆。如果风速超过4m/s时,那么在山区、高大建筑和树林的背风面,存在着下沉气流。因此,气球飞行在这些地方,应有足够的高度,以保证安全。1989年10月7日,澳大利亚5名乘客乘坐热气球在墨尔本西北50km的山区低空飞行,他们被迷人的景色陶醉,这时有一股强大的下沉气流吹来,把气球压到地面,撞到山石上,结果气球着火爆炸,3人受了重伤。

四、航海运动

1995年美国杯航海比赛,要求圣地亚哥地区的天气条件是微风轻浪。然而这里风向特别,会随时出现40°以上变化。在1995年的比赛中,新西兰队雇佣了专门的天气咨询员,他给领航员提供每天天气简报。对于决赛的第二场比赛,美国队和新西兰队在风的预报上有所不同,美国队预测比赛期间是弱风条件,而新西兰队预测比赛期间风力要增加。结果尽管新西兰队晚出发,却以 4′14″ 取得胜利。

五、划船运动

蒲福依照水面状况的描述设计的风力等级表,直至今天对每个船员来说,仍然有用。但对航海、划船和其他水上运动,还需要补充一些信息,以决定风和波浪的影响,特别是风浪区、水深、近海区的狭管效应。对大水体的近岸活动,由海洋和陆地表面受热的日变化差异形成的海陆风也是重要的。气候条件影响海上赛事航行路线和策略的制订,而比赛期间盛行的天气条件(风向、阳光、云和风暴等)以及它们的变化,也影响着比赛战略和策略的制订。

六、帆船运动

帆船是水上运动之一,帆船比赛是利用风帆力量推动船只在规定距离内比赛航速的运动。

在海上用"帆"航行的任何船只,都离不开风。就拿帆船运动比赛航程来说,有不少特殊规定。从这些特殊规定中可窥见利用、熟悉气象的重要性。比赛航程是指比赛的实际距离,分起航、航行、终点三个阶段,全航程约 18 000m。起航时一定要顶风。所以教练员、运动员及裁判员在赛前都要观风定位。全航程从起点出发后,要在顺风、侧风、顶风、顺风、顶风,绕几个弯,最后到达终点。

帆船在绕三个标记运动时,一定要掌握好风向和风力情况。因为风往往有阵性,而且风向也不是千篇一律的,特别是华北平原的秋季,在一般情况下,上午吹偏北风,到了中午前后开始转偏南风。帆船比赛时间不长,若不熟悉气象要素的变化特点,航行是不会很顺利的。

另一种缩短航程路线,从起点到终点航程约 10 000m,绕三个标记航行一圈就直冲终点,起航时也一定要顶风。

若在遇到大风航行遭困难时,一定要掌握好"迎风折驶"的技巧。就是在帆船前进中遇顶风不能行驶时,要想办法"迂回前进"。就像我们平时骑自行车上桥时,直线踏很费劲,就像迂回前进比较省力一样。即先向左(右)斜驶,再向右(左)斜驶……这样就可借风的推力前进了,也可省许多力气。

七、自行车比赛

自行车问世已经 200 多年,作为一种"节能而无公害"的交通工具,在世界上拥有越来越多的使用者和爱好者;作为一种竞技体育活动的器具,它也越来越受到人们的重视。为了在赛场上拚搏,世界上各种新型自行车赛车层出不穷。谁制造的赛车更趋于科学,谁就能在赛场上以速度取胜。第 23 届奥运会的自行车比赛,一向成绩平平的美国队一鸣惊人,打破了男子 400m 个人追逐赛的世界纪录,并连获数枚金牌,就是得力于耗资 500 万美元研制的新式赛车。

目前,世界上先进的自行车赛车,每辆只有 6~9kg,似乎已经达到轻量化的极限,要再提高质量和性能,获得更高的骑行速度,就必须另辟蹊径。

众所周知,运动员赛跑成绩的优劣与当时气象条件关系很大,同样,人骑着赛车前进,也会受到气象条件的制约。因此,如何使赛车尽量避免因不良气象条件对成绩的影响,就成了研制新型赛车必须考虑的关键性问题。日本生产的"空气动力赛车",就是充分考虑了气象条件,经过空气动力学试验后而定型的。他们把自行车或模拟人骑在车上置于试验风洞中,利用不同风速的人工气流来测定空气在自行车各零部件周围流动时所产生的阻力,并不断调换各种形状的零部件。同时,各种零部件表面都进行了高标准的抛光处理,使之高度光滑,以减少赛车前进中迎面而来的空气所产生的粘滞阻力。经过无数次反复试验,直至空气对赛车的各种阻力均达到最小值为止。使这种新型赛车即使在体力和技术水平发挥不太正常的情况下,也有夺冠的希望。

参考文献

周淑贞,张如一,张超.气象学与气候学[M].北京:高等教育出版社,1997.
吴章文.旅游气候学[M].北京:气象出版社,2002.
朱瑞兆,谭冠日,王石立.应用气候学概论[M].北京:气象出版社,2003.
唐永顺.应用气候学[M].北京:科学出版社,2004.
吴宜进.旅游地理学[M].北京:科学出版社,2005.
胡毅,李萍,杨建功,等.应用气象学[M].北京:气象出版社,2003.
阿帆.冬季防寒防病与体育锻炼[J].湖北气象,1999(4):45.
程冬梅,王忠范.广岛亚运会中的天时利用[J].吉林气象,2001(2):32.
董保华,龙余良,杨华.户外体育运动指数、划船气象指数简介[J].江西气象科技,2005(2):45-46.
冯开明.气候条件对体育教学的制约及其对策[J].江西气象科技,1999(1):22.
左其伟.气候与体育锻炼[J].辽宁气象,1997(3):35.
崔汝宣,王忠范,刘实,等.气象环境影响体育运动的类型及界面[J].吉林气象,1999(2):21.
季元中.气象为体育服务[J].新疆气象,1996(2):35-36.
林之光.气象与体育[J].气象,1998(3):17-21.

附录一

闪电原理与相关知识

闪电与雷声是一对孪生兄弟,有闪电即会有雷声。但为什么闪电与打雷不同时发生?这是因为二者在大气中传播的速度相差很大,因此人们总是先看到闪电然后才听到雷声,若距离太远有可能听不到雷声。光每秒大约能走 30×10^4 km,而声音只能走 340m。根据这个现象,我们可以从看到闪电起到听到雷声止,这一段时间的长短,来计算闪电发生处离开我们的距离。假如闪电在西北方,隔 10s 听到了雷声,说明这块雷雨距离我们约有 3400m 远。

经有关统计,闪电的受害者有 2/3 以上是在户外受到袭击。他们每 3 个人中有 2 个幸存。在闪电击死的人中,85% 是男性,年龄大都在 10～35 岁之间。死者以在树下避雷雨的最多。

1. 闪电原理

闪电是云与云之间、云与地之间和云体内各部位之间的强烈放电。

积雨云通常产生电荷,底层为阴电,顶层为阳电,而且还在地面产生阳电荷,如影随形地跟着云移动。正电荷和负电荷彼此相吸,但空气却不是良好的传导体。正电荷奔向树木、山丘、高大建筑物的顶端,甚至人体之上,企图和带有负电的云层相遇;负电荷枝状的触角则向下伸展,越向下伸越接近地面。最后正负电荷终于克服空气的阻障而连接上。巨大的电流沿着一条传导气道从地面直向云涌去,产生出一道明亮夺目的闪光。一道闪电的长度可能只有数百米(最短的为 100m),但最长可达数千米。闪电的温度,从摄氏 17 000～28 000℃不等,也就是等于太阳表面温度的 3～5 倍。闪电的极度高热使沿途空气剧烈膨胀。空气移动迅速,因此形成波浪并发出声音。闪电距离近,听到的就是尖锐的爆裂声;如果距离远,听到的则是隆隆声。你在看见闪电之后可以开动秒表,听到雷声后即把它按停,然后用所得的秒数除以 3,即可大致知道闪电离你有几千米。

2. 闪电类型

(1)线状闪电:线状闪电与其他闪电不同的地方是它有特别大的电流强度,平均可以达到几万安培,在少数情况下可达 20×10^4 A。这么大的电流强度,可以毁坏和摇动大树,有时还能伤人。当它接触到建筑物的时候,常常造成"雷击"而引起火灾。线状闪电多数是云对地的放电。

（2）片状闪电：片状闪电也是一种比较常见的闪电形状。它看起来好像是在云面上有一片闪光。这种闪电可能是云后面看不见的火花放电的回光，或者是云内闪电被云滴遮挡而造成的漫射光，也可能是出现在云上部的一种丛集的或闪烁状的独立放电现象。

（3）球状闪电：球状闪电虽说是一种十分罕见的闪电形状，却最引人注目。它像一团火球，有时还像一朵发光的盛开着的"绣球"菊花。它约有人头那么大，偶尔也有直径几米甚至几十米的。球状闪电有时候在空中慢慢地转游，有时候又完全不动地悬在空中。它有时候发出白光，有时候又发出像流星一样的粉红色光。球状闪电"喜欢"钻洞，有时候，它可以从烟囱、窗户、门缝钻进屋内，在房子里转一圈后又溜走。球状闪电有时发出"咝咝"的声音，然后一声闷响而消失；有时又只发出微弱的"噼啪"声而不知不觉地消失。球状闪电消失以后，在空气中可能留下一些有臭味的气烟，有点像臭氧的味道。球状闪电的生命史不长，大约为几秒钟到几分钟。

（4）带状闪电：带状闪电是由连续数次的放电组成，在各次闪电之间，闪电路径因受风的影响而发生移动，使得各次单独闪电互相靠近，形成一条带状。带的宽度约为10m。这种闪电如果击中房屋，可以立即引起大面积燃烧。

（5）联珠状闪电：联珠状闪电看起来好像一条在云幕上滑行或者穿出云层而投向地面的发光点的连线，也像闪光的珍珠项链。有人认为联珠状闪电似乎是从线状闪电到球状闪电的过渡形式。联珠状闪电往往紧跟在线状闪电之后接踵而至，几乎没有时间间隔。

（6）火箭状闪电：火箭状闪电比其他各种闪电放电慢得多，它需要1~1.5秒钟时间才能放电完毕。可以用肉眼很容易地跟踪观测它的活动。

（7）黑色闪电：一般闪电多为蓝色、红色或白色，但有时也有黑色闪电。由于大气中太阳光、云的电场和某些理化因素的作用，天空中会产生一种化学性能十分活泼的微粒。在电磁场的作用下，这种微粒便聚集在一起，形成许多球状物。这种球状物不会发射能量，但可以长期存在，它没有亮光，不透明，所以只有白天才能观测到它。

（8）超级闪电：超级闪电指的是那些威力比普通闪电大100多倍的稀有闪电。普通闪电产生的电力约为10亿瓦特，而超级闪电产生的电力则至少有1000亿瓦特，甚至可能达到万亿至100 000亿瓦特。

3. 如何防闪电

（1）不要站在大树下。

（2）不要让自己成为四周最高的物体。

(3)放下所有的金属物件,不要骑自行车。
(4)不要使用电话、水管或须接上插头的电器。
(5)远离门、窗、暖气炉和炉灶、烟囱。
(6)屋内最安全的地方,是楼下最大一个房间的中央。
(7)高地安装避雷针。

4.遇到闪电应该怎么做

(1)除非绝对需要时,不要冒险外出。应该留在室内。
(2)不要靠近打开的门、窗、火炉、暖气片、金属管道、阴沟、插上电源的电气用具。
(3)在风暴期间不要使用插入式电气设备,如电吹风、电压刷或电动剃须刀。
(4)风暴期间,不要使用电话,闪电可能击中外面电话线。
(5)不要去收晒衣绳上的衣服。
(6)不要从事栅栏、电话或输电线、管道或建筑钢材等安装工作。
(7)不要应用金属物体,如鱼竿和高尔夫球棍。穿好钉有铁钉的鞋子的高尔夫球运动员成了极好的避雷针。
(8)不要处理打开的容器里的易燃材料。
(9)离开水和小船,不能在水中游泳与嬉戏。
(10)如果您正驾驶汽车的话,那么呆在您的汽车里,汽车往往是极好的避雷设施。在没有掩蔽所的时候,应避开该地的最高物体。如果附近只有孤立的树,那么您的最好防护就是蹲在露天下,离开孤立的树的距离是其高度的两倍。
(11)避开开阔的空地、金属丝栏杆、金属晒衣绳、敞开的棚子以及任何突出地面的导电物体。
(12)当您感觉到电荷时,即如果您的头发竖起,或者您的皮肤颤动,那么您可能就受到电击了,要立刻倒在地上。受到雷击的人会严重休克,并且可能被烧伤,但是他们身上不带电,可以安全进行处理。被电击昏的人,通常进行及时的口对口的呼吸、心脏按摩以及长时间的人工呼吸时是能够苏醒的。在受电击的一群人里,对于明显的死亡者应首先处理。那些还有活着迹象的人可能会自行恢复过来。

附录二

山洪与相关知识

山洪是山丘区域特殊的洪水,洪水历时一般几十分钟到 2 个小时。

1. 山洪的成因

(1)地形条件:一般形成山洪泥石流的地形特征是中高山区,相对高差大,河谷坡度陡峻。表层为植皮覆盖有较厚的土体,土体下面为中深断裂及其派生级断裂切割的破碎岩石层。

(2)森林覆盖条件:大范围树林、灌木覆盖,汛期当暖湿空气携带大量水气,达到林区上空,与林区温度偏低、相对湿度偏大的冷空气交锋,易造成大的局部降水。

(3)水源条件:水体既是山洪的组成部分,又是激发因素,主要来自降雨。

降雨激发山洪的现象,一是前期降雨和一次连续降雨共同作用;二是前期降雨和最大一小时降雨量起主导激发作用。山顶土体含水量饱和,土体下面的岩层裂隙中的压力水体的压力剧增。当遇暴雨,能量迅速累积;致使原有土体平衡破坏,土体和岩层裂隙中的压力水体冲破表面覆盖层,瞬间从山体中上部倾泻而下,造成山洪和泥石流。

暖湿气流遇山体阻挡,产生暖湿气流上升运动,在山顶和迎风坡形成冷暖锋面产生雷暴雨。由于山体的中上部伸入云层,地面还是十分闷热,山雨欲来风满楼时,山体的中上部早已处于两层之中。所以往往地面降雨不久,山洪就暴发了。

山洪的成因除山体结构条件外,主要是喇叭形河口地形所致,形成短历时雷暴雨,引发山洪。

2. 山洪的危害

山洪冲毁房屋、田地、道路和桥梁,常造成人身伤亡和财产损失。例如,1933 年 12 月 31 日深夜在美国洛杉矶地区降暴雨引起山洪,冲毁房屋 400 栋,淹死 40 人,损失 5000 万美元。1934 年 7 月 11 日在日本石川县下平取川的一次暴雨山洪,一之濑村及赤岩村被淹没,有 50 余人下落不明,福冈金泽市营第二发电所全部被冲走。在中国山西省平顺县东当村,1956 年 8 月 2~3 日降暴雨,在流域面积仅 1km^2 的狼郊沟内山洪暴发,造成沟崖坍塌,堵塞沟道,形成天然水库,随后挡水坝体突然溃决,村内 43 户 92 人和 109 间房屋、财产全遭毁灭。

附录三

泥石流与相关知识

在山区或者其他沟谷深壑、地形险峻的地区,泥石流是暴雨、洪水将含有沙石且松软的土质山体经饱和稀释后形成的洪流,它的面积、体积和流量都较大,而滑坡是经稀释土质山体小面积的区域。典型的泥石流由悬浮着粗大固体碎屑物并富含粉砂及黏土的黏稠泥浆组成。在适当的地形条件下,大量的水体浸透流水山坡或沟床中的固体堆积物质,使其稳定性降低,饱含水分的固体堆积物质在自身重力作用下发生运动,就形成了泥石流。泥石流是一种灾害性的地质现象。泥石流爆发突然,来势凶猛,可携带巨大的石块。因其高速前进,具有强大的能量,因而破坏性极大。

泥石流流动的全过程一般只有几个小时,短的只有几分钟。泥石流是一种广泛分布于世界各国一些具有特殊地形、地貌状况地区的自然灾害,是山区沟谷或山地坡面上,由暴雨、冰雪融化等水源激发的、含有大量泥沙石块的、介于挟沙水流和滑坡之间的土、水、气混合流。泥石流大多伴随山区洪水而发生,它与一般洪水的区别是洪流中含有足够数量的泥沙石等固体碎屑物,其体积含量最少为15%,最高可达80%左右,因此比洪水更具有破坏力。

泥石流的主要危害是冲毁城镇、企事业单位、工厂、矿山、乡村,造成人畜伤亡,破坏房屋及其他工程设施,破坏农作物、林木及耕地。此外,泥石流有时也会淤塞河道,不但阻断航运,还可能引起水灾。影响泥石流强度的因素较多,如泥石流容量、流速、流量等,其中泥石流流量对泥石流成灾程度的影响最为主要。此外,多种人为活动也在多方面加剧这上述因素的作用,促进泥石流的形成。

1. 泥石流发生的规律

季节性:我国泥石流的暴发主要是受连续降雨、暴雨,尤其是特大暴雨集中降雨的激发。因此,泥石流发生的时间规律是与集中降雨时间规律相一致,具有明显的季节性。一般发生在多雨的夏秋季节。因集中降雨的时间差异而有所不同。四川、云南等西南地区的降雨多集中在6—9月。因此、西南地区的泥石流多发生在6—9月;而西北地区降雨多集中在6月、7月、8月三个月,尤其是7月和8月降雨集中,暴雨强度大,因此西北地区的泥石流多发生在7月和8月。据不完全统计,发生在这两个月的泥石流灾害约占该地区全部泥石流灾害的90%以上。

周期性：泥石流的发生受暴雨、洪水的影响，而暴雨、洪水总是周期性地出现。因此，泥石流的发生和发展也具有一定的周期性，且其活动周期与暴雨、洪水的活动周期大体相一致。当暴雨、洪水两者的活动周期与季节性相叠加时，常常形成泥石流活动的一个高潮。

2. 泥石流的诱发因素

自然原因：岩石的风化是自然状态下既有的，在这个风化过程中，既有氧气、二氧化碳等物质对岩石的分解，也有因为降水中吸收了空气中的酸性物质而产生的对岩石的分解，也有地表植被分泌的物质对土壤下的岩石层的分解，还有就是霜冻对土壤形成的冻结和溶解造成的土壤松动。这些原因都能造成土壤层的增厚和土壤层的松动。

人为原因：由于工农业生产的发展，人类对自然资源的开发程度和规模也在不断发展。当人类经济活动违反自然规律时，必然引起大自然的报复，有些泥石流的发生，就是由于人类不合理的开发而造成的。近年来，因为人为因素诱发的泥石流数量正在不断增加。可能诱发泥石流的人类工程经济活动主要有三个方面：①不合理开挖，修建铁路、公路、水渠以及其他工程建筑的不合理开挖。②不合理的弃土、弃渣、采石。③滥伐乱垦，会使植被消失，山坡失去保护，土体疏松，冲沟发育，大大加重水土流失，进而山坡的稳定性被破坏，崩塌、滑坡等不良地质现象发育，结果就很容易产生泥石流。

次生灾害：由于地震灾害过后经过暴雨或是山洪稀释大面积的山体后发生的洪流。如 2008 年四川的汶川地震后，每年夏季当出现暴雨时，因山体表层石土松动，经常发生不同程度的泥石流。云南省东川地区在 1966 年发生强震后，东川泥石流的发展加剧。仅东川铁路在 1970—1981 年的 11 年中就发生泥石流灾害 250 余次。

3. 泥石流的危害影响

泥石流常常具有暴发突然、来势凶猛、迅速的特点，并兼有崩塌、滑坡和洪水破坏的双重作用，其危害程度比单一的崩塌、滑坡和洪水的危害更为广泛和严重。它对人类的危害具体表现在四个方面。

(1) 对居民点的危害：泥石流最常见的危害之一，是冲进乡村、城镇，摧毁房屋、工厂、企事业单位及其他场所设施，淹没人畜，毁坏土地，甚至造成村毁人亡的灾难。如 1969 年 8 月云南省大盈江流域弄璋区南拱泥石流，使新章金、老章金两村被毁，97 人丧生，经济损失近百万元。还有 2010 年 8 月 7 日—8 日，甘肃省舟曲爆发特大泥石流，造成 1270 人遇难，474 人失踪，舟曲长 5km、宽 500m 的区域被夷为平地。

(2)对公路和铁路的危害:泥石流可直接埋没车站、铁路、公路,摧毁路基、桥涵等设施,致使交通中断,还可引起正在运行的火车、汽车颠覆,造成重大的人身伤亡事故。有时泥石流汇入河道,引起河道大幅度变迁,间接毁坏公路、铁路及其他构筑物,甚至迫使道路改线,造成巨大的经济损失。如甘川公路394km处对岸的石门沟,1978年7月暴发泥石流,堵塞白龙江,公路因此被淹1km,白龙江改道使长约2km的路基变成了主河道,公路、护岸及渡槽全部被毁。该段线路自1962年以来,由于受对岸泥石流的影响已3次被迫改线。建国以来,泥石流给我国铁路和公路造成了无法估计的巨大损失。

(3)对水利水电工程的危害:主要是冲毁水电站、引水渠道及过沟建筑物,淤埋水电站尾水渠,并淤积水库、磨蚀坝面等。

(4)对矿山的危害:主要是摧毁矿山及其设施,淤埋矿山坑道,伤害矿山人员,造成停工停产,甚至使矿山报废。

4. 遇泥石流时逃生自救

沿山谷徒步行走时,一旦遭遇大雨,发现山谷有异常的声音或听到警报时,要立即向坚固的高地或泥石流的旁侧山坡跑去,不要在谷地停留。

一定要设法从房屋里跑出来,到开阔地带,尽可能防止被埋压。

发现泥石流后,要马上与泥石流成垂直方向一边的山坡上面爬,爬得越高越好,跑得越快越好,绝对不能向泥石流的流动方向走。发生山体滑坡时,同样要向垂直于滑坡的方向逃生。

要选择平整的高地作为营地,尽可能避开有滚石和大量堆积物的山坡下面,不要在山谷和河沟底部扎营。

5. 我国泥石流分布

以辽西山地、冀北山地、华北太行山、陕西华山、四川龙门山和云南乌蒙山一线为界,该线以西的华北山地、黄土高原、川滇山地和西藏高原东南部山地,是泥石流的主要发育地区,泥石流呈带状或片状分布;此线以东的辽东、华东、中南山地以及台湾和海南岛等山地,泥石流呈零星分布。

需要特别指出的是,我国西部地区,特别是西南诸省区,其地壳活动强烈,地形切割陡峻,地质构造复杂,岩土体支离破碎,再加上西南地区降水量和强度较大,西北地区植被不发育,崩、滑、流(崩塌、滑坡和泥石流)发育强烈,如云南、四川、贵州、陕西、青海、甘肃、宁夏等省区。

目前,全国有15个崩、滑、流多发区,它们是横断山区、黄土高原地区、川北陕南地区、川西北龙门山地区、金沙江中下游地区、川滇交界地区、汉江安康-白河地区、川东大巴山地区、三峡地区、黔西六盘水地区、湘西地区、赣西北地区、赣东北上饶地区、北京北部怀柔-密云地区、辽东岫岩-凤城地区。

按照泥石流形成的自然环境、物质组成和活动特点,不同地区的泥石流各具特点:青藏高原东南部山地泥石流分布区以冰川泥石流为主,规模巨大,暴发频繁而猛烈;川滇山地泥石流分布区以降雨泥石流占优势,暴发较频繁;黄土高原泥石流分布区以暴雨激发而成的黄土泥流为主,其暴发频率、规模和破坏力不及上述泥石流;华北和东北山地泥石流分布区以暴雨或台风雨所引起的泥石流为特色,其暴发频率虽较低,但规模较大,来势迅猛。

附录四

国家标准《人居环境气候舒适度评价》
（GB/T 27963-2011）

气候舒适度采用温湿指数和风效指数评价。当两种指数不一致时，冬半年使用风效指数；夏半年使用温湿指数。当评价时段平均风速大于3m/s的地区使用风效指数。

评价指标的计算方法如下。

温湿指数（I）计算公式：

$$I = T - 0.55 \times (1 - RH) \times (T - 14.4)$$

式中：I 为温湿指数，保留1位小数；T 为某一评价时段平均温度（℃）；RH 为某一评价时段平均空气相对湿度（%）。

风效指数（K）计算公式：

$$K = -(10\sqrt{V} + 10.45 - V)(33 - T) + 8.55S$$

式中：K 为风效指数，取整数；T 为某一评价时段平均温度（℃）；V 为某一评价时段平均风速（m/s）；S 为某一评价时段平均日照时数（h/d）。

评价等级：寒冷、冷、舒适、热和闷热，见附表1。

附表1　人居环境舒适度等级划分表

等级	感觉程度	温湿指数	风效指数	健康人群感觉的描述
1	寒冷	<14.0	<-400	感觉很冷，不舒服
2	冷	14.0~16.9	-400~-300	偏冷，较不舒服
3	舒适	17.0~25.4	-299~-100	感觉舒适
4	热	25.5~27.5	-99~-10	有热感，较不舒服
5	闷热	>27.5	>-10	闷热难受，不舒服

附录五

国家标准《户外体育运动气象指数(OSMI)》

将户外体育运动气象指数规定如附表2。

附表2 户外体育运动气象指数、指数级别及意义与描述

级别	OSMI 指数	意义与描述
1级	0	表示气象条件很差,不适宜户外体育运动
2级	1	表示气象条件较差,不太适宜户外体育运动
3级	2~5	表示气象条件一般,比较适宜户外体育运动
4级	6~12	表示气象条件好,适宜户外体育运动
5级	≥13	表示气象条件很好,是最佳户外体育运动时间

OSMI指数计算方法如下。

户外体育运动指数(OSMI)采用因子相乘法,以天气现象(F)、气温(T)、相对湿度(H)、风速(W)4个因子规定值之乘积。OSMI的计算公式为：

$$OSMI = F \times T \times H \times W$$

式中各项因子的取值标准如下。

F值：预报天空状况为晴、少云、多云时为2；阴天时为1；有雨雪、霜、冰雹、冻雨等天气时为0。

T值：5℃<日最低气温≤24℃时为2；-4℃<日最低气温≤5℃或24℃<日最低气温≤27℃时为1；日最低气温≤-4℃或日最低气温>27℃时为0。

H值：50%≤相对湿度<65%时为2；10%≤相对湿度<50%或65%≤相对湿度<85%时为1；相对湿度<10%或相对湿度≥85%时为0。

W值：风力在3级或以下时为2；4~6级时为1；7级或以上时为0。